わかりやすい紛争解決シリーズ⑤

わかりやすい
消費者信用関係
紛争解決の手引

園部 厚 著

発行 民事法研究会

は し が き

　本書では、消費者信用取引関係事件をめぐる法的紛争を取り扱うが、「消費者信用取引」という言葉に、明確な定義があるわけではない。一般的には、「消費者信用取引」とは、消費者に金銭や物・サービス等を先に与えて、その対価の支払いを当該消費者を信用して後払いでよいとする取引である消費者に信用を与える取引のことをいう（これを「信用供与」「与信」という）。したがって、消費者信用取引関係事件の紛争とは、信販会社等の事業者が、消費者との間で、消費者の信用に基づき一定のサービスを提供する契約を締結し、その法律関係に基づく紛争のことをいう。

　そのような法律関係をめぐる紛争としては、貸金返還請求関係、割賦販売法関係、特定商取引法関係、リース料請求関係、保証関係などの紛争がある。本書では、わかりやすい紛争解決シリーズの第4巻としてすでに刊行されている『わかりやすい貸金・保証関係紛争解決の手引』の対象である貸金返還請求関係および保証関係の紛争（消費者金融取引）を除いたものを対象として取り扱っている。

　具体的には、本書では、「信販関係事件」および「リース関係事件」について説明する。次に、それとの関連で、「消費者契約法」「特定商取引に関する法律」「金融商品の販売等に関する法律」「電子消費者契約及び電子承諾通知に関する民法の特例に関する法律」について説明する。さらに、それらの事件の紛争解決手続について、それぞれ説明をしている。

　なお、本書では、「特定商取引に関する法律の一部を改正する法律」（平成24年8月22日公布法律第59号。公布の日から起算して6月を超えない範囲内において政令で定める日から施行）により「訪問購入」の規制についても説明を加えている。

　本書が、消費者信用取引関係事件の実務に携わる者にとって、役に立つものとなれば幸いである。

　　　平成24年10月

　　　　　　　　　　　　　　　　　　　　　　　園　部　　　厚

－目 次－

序　章 …………………………………………………………………1

第1章　販売信用取引 ………………………………………………3

第1節　信販関係事件 ………………………………………………3
第1　割賦販売法 ……………………………………………………3
1　対象となる取引 …………………………………………………3
［表1］　割賦販売法における割賦販売等の分類／3
2　各取引の内容 ……………………………………………………4
(1)　割賦販売 ……………………………………………………………4
　ア　割賦販売とは ……………………………………………………4
　イ　指定商品、指定権利および指定役務 …………………………4
　ウ　包括割賦販売、個別割賦販売、文化預金方式割賦販売および
　　　リボルビング方式割賦販売 ……………………………………4
　エ　指定商品・指定権利制の維持 …………………………………5
　オ　「2カ月以上かつ3回払い以上」という要件の維持 …………5
〈図1〉　割賦販売の法律関係／6
　カ　「個品」「総合」から「個別」「包括」へ ………………………7
(2)　ローン提携販売 ……………………………………………………7
　ア　ローン提携販売とは ……………………………………………7
　イ　包括ローン提携販売、委託保証ローン提携販売およびリボル
　　　ビング方式ローン提携販売 ……………………………………8
　ウ　個別方式のローン提携販売 ……………………………………8
〈図2〉　ローン提携販売の法律関係／9

エ　指定商品・指定権利制の維持 ………………………………10
　　　オ　「2カ月以上かつ3回払い以上」という要件の維持 ………10
　　　カ　「個品」「総合」から「個別」「包括」へ……………………11
　　(3) 信用購入あっせん ………………………………………………11
　　　ア　信用購入あっせんとは …………………………………………11
　　　イ　包括信用購入あっせん、個別信用購入あっせんおよびリボル
　　　　　ビング方式信用購入あっせん……………………………………12
　　　ウ　指定商品・指定役務制の廃止 …………………………………13
　　　エ　指定権利制の維持 ………………………………………………13
　〈図3〉　信用購入あっせんの法律関係／14
　　　オ　規制対象の拡大、名称の変更 …………………………………15
　　　カ　「個品」「総合」から「個別」「包括」へ ……………………16
　　　キ　2カ月を超える期間の計算～クレジットカード利用代金等請
　　　　　求における訴状の記載 …………………………………………16
　　　ク　個別方式のローン提携販売の個別信用購入あっせんへの取込み …17
　　　ケ　マンスリークリア方式（2月払購入あっせん）からリボルビ
　　　　　ング方式への変更 ………………………………………………18
　3　割賦販売法の規制…………………………………………………18
　4　割賦販売法の規制対象主体………………………………………19
　　［表2］　割賦販売法の規制一覧／19
第2　一括請求等のための催告 ………………………………………20
　1　催告手続…………………………………………………………20
　　(1) 催告手続 ………………………………………………………20
　　(2) 催告に応じないことを条件とする解除の意思表示
　　　　～訴状等送達による催告 ……………………………………21
　　(3) 期間を定めない催告、20日に満たない期間の催告等の効力 …………21
　　(4) 所在不明の購入者等に対する催告 ………………………………22

目　次

  2　一括請求等のための催告手続に反する特約の無効……………22

  3　適用除外……………………………………………………………22

  4　催告の相手方〜連帯保証人に対する催告………………………23

  5　債務者破産等の場合の期限の利益喪失条項……………………23

 第3　割賦販売法における契約の解除等に伴う
    損害賠償等の額の制限……………………………………………23

  1　契約の解除に伴う損害賠償等の額の制限………………………23

  2　期限の利益喪失に伴う損害賠償等の額の制限…………………24

  3　損害賠償等の額の制限と履行遅滞後の分割払いの合意………24

  4　商品引き揚げによる商品評価額相当分の控除…………………25

  5　適用除外……………………………………………………………25

 第4　個別信用購入あっせんにおけるクーリング・オフ…………25

  1　与信契約（個別クレジット契約）および販売契約等のクーリ
   ング・オフの仕組みの創設………………………………………25

  2　クーリング・オフの要件…………………………………………26

   (1)　訪問販売・電話勧誘販売の場合 ……………………………26

   (2)　特定連鎖販売個人契約・特定継続的役務提供等契約・業務提供
    誘引販売個人契約の場合 ………………………………………28

   ［表3］　特定連鎖販売個人契約等においてクーリング・オフができ
    る場合／28

   (3)　クーリング・オフ行使期間……………………………………29

    ア　クーリング・オフ行使期間…………………………………29

    イ　期間の計算方法………………………………………………30

    ウ　法定書面の記載事項の不備とクーリング・オフ行使期間…………30

    エ　不実の告知等の場合のクーリング・オフの行使期間 ……31

   (4)　口頭によるクーリング・オフ…………………………………31

  3　クーリング・オフの仕組み………………………………………31

4　クーリング・オフ後の個別信用購入あっせん業者・販売業者
　　等・購入者等の関係の一括清算……………………………………32
　5　クーリング・オフの効力発生時期………………………………34
　6　クーリング・オフ規定の強行法規性……………………………34
　7　販売契約等のクーリング・オフ……………………………………35
　8　平成20年改正前割賦販売法のクーリング・オフの規定の削除……35
　9　適用除外………………………………………………………………36
第5　過量販売契約の解除等………………………………………………36
　1　「過量販売」ないし「次々販売」……………………………………36
　2　過量販売契約の解除等の要件………………………………………37
　　(1)　訪問販売により…………………………………………………37
　　(2)　通常必要とされる分量を著しく超える………………………38
　　　ア　過量販売契約の解除等における販売業者等・与信業者（個別
　　　　クレジット業者）の側の主観的事情…………………………38
　　　イ　一度で過量と判断される場合………………………………38
　　　ウ　過去の販売契約等の累積から過量販売となる場合………38
　　　エ　過去の販売契約等の累積からすでに過量となっている場合……38
　　(3)　販売契約の締結を必要とする特別の事情……………………39
　　(4)　1年以内の行使…………………………………………………39
　3　過量販売契約の解除等の効果………………………………………39
　4　売買契約の解除等が行われたときの処理…………………………40
　5　個別信用購入あっせんの解除等が行われたときの処理…………40
　6　与信契約の解除等およびそれと同時またはその後に販売契約
　　等の解除等をしたときの処理………………………………………40
　7　与信契約の解除等の前に販売契約等の解除等をされた場合の処理……41
　8　過量販売契約の解除等の規定の強行法規性………………………41
　9　適用除外………………………………………………………………42

目次

第6 不実告知・重要事項故意不告知による販売契約等および与信契約等の取消し……42
1 不実告知・重要事項故意不告知による販売契約等および与信契約等の取消しの制度……42
2 取消しの要件……42
(1) 「不実のことを告げる行為」……42
(2) 「故意に事実を告げない行為」……43
(3) 不実告知・重要事項故意不告知の対象……43
(4) 因果関係……43
(5) 与信業者の過失等……44
3 取消しの効果、取消し後の処理……44
(1) 購入者等と販売業者等の間……44
(2) 販売業者等、個別信用購入あっせん業者および購入者等との間……44
4 適用除外……46
5 不退去・退去妨害による威迫困惑類型の処理……46

第7 抗弁権の接続……46
1 抗弁権の接続……46
2 接続できる抗弁事由等……47
(1) 接続できる抗弁事由……47
(2) 販売業者からの引渡未了・同時履行の抗弁権……47
(3) 合意解除……48
(4) 特定継続的役務提供における中途解約……49
(5) 心裡留保および虚偽表示を理由とする売買契約・役務提供契約の無効……49
(6) 名義貸しと抗弁権の接続……50
　ア 名義貸し……50
　イ 名義貸しと電話確認〜電話確認による追認……52

　　　　ウ　名義人の名板貸人としての責任……………………………52
　　　　エ　名義貸しと心裡留保 ……………………………………53
　　　　オ　名義貸しと錯誤 …………………………………………53
　　　　カ　名義貸しと詐欺 …………………………………………54
　　(7)　モニター商法と抗弁権の接続……………………………………54
　　(8)　公序良俗違反～デート商法 ……………………………………55
3　抗弁権接続の方法等……………………………………………………56
　　(1)　連帯保証人による抗弁権接続 …………………………………56
　　(2)　リボルビング方式のローン提携販売または信用購入あっせんにおける抗弁権の接続 ………………………………………………57
4　抗弁権接続の時期等……………………………………………………57
　　(1)　抗弁権接続の時期 ………………………………………………57
　　(2)　リボルビング式のローン提携販売または信用購入あっせんにおける抗弁権接続の時期 ……………………………………………58
5　抗弁権接続の効果等……………………………………………………58
　　(1)　業者からの支払請求の拒絶 ……………………………………58
　　(2)　業者に対する既払金の返還請求 ………………………………59
　　(3)　抗弁権の接続と立替払等契約・消費貸借契約の効力 …………60
　　(4)　目的物引渡し等との同時履行の抗弁権等の接続が認められた場合の判決 ……………………………………………………………61
6　抗弁権の接続と消費者契約法4条5項の消費者契約の申込みまたはその承諾の意思表示の取消しにおける善意の第三者に対する不対抗 ……………………………………………………………62
7　適用除外…………………………………………………………………62
　　(1)　営業のため・営業として締結する契約への適用除外 …………62
　　(2)　支払総額・現金販売（提供）価格が政令で定める金額に満たないこと …63
　　(3)　その他の適用除外 ………………………………………………63

7

目 次

第8 割賦販売法における適用除外 ……………………63
1 全面適用除外 …………………………………………63
(1) 主な適用除外の場合 ………………………………64
ア 割賦販売、ローン提携販売および包括・個別の信用購入あっせん共通 …………………………………64
イ 包括・個別の信用購入あっせんのみ ……………65
(2) 主な適用除外規定 …………………………………65
ア 割賦販売、ローン提携販売および包括・個別の信用購入あっせん共通 …………………………………65
イ 個別信用購入あっせんのみ ………………………66
2 信用購入あっせんの規定の一部適用除外 ……………66
(1) 主な適用除外の場合 ………………………………66
(2) 主な一部適用除外規定 ……………………………67
3 訪問販売・電話勧誘販売による個別信用購入あっせん関係受領契約のクーリング・オフ適用除外 ……………68
ア 海上タクシーにおける役務の提供、飲食店における飲食、マッサージ、カラオケボックスの使用 ……………68
イ 自動車、自動車リース、電気・ガス・熱の供給、葬式 ………68
ウ 消費者が消耗品を「使用又は消費」してしまった場合 ………68
(ア) クーリング・オフができない消耗品／69
(イ) クーリング・オフができなくなる「使用又は消費」の意味／69
(ウ) クーリング・オフができなくなる範囲／70

第9 所有権留保 ……………………………………………70
1 所有権留保特約付売買の売主が買主への引渡済みの物件の返還を求める場合 …………………………………………70
2 割賦販売等（所有権留保特約付売買）自動車事故における損害賠償 ……………………………………………………70

		(1) 割賦販売等（所有権留保特約付売買）自動車事故における損害賠償請求権者 …………………………………………………………70

		(2) 割賦販売等（所有権留保特約付売買）自動車における運行供用者責任 ………………………………………………………………71

	3	動産の留保所有権者の撤去義務・不法行為責任………………71

第10	不正使用カード等の利用代金請求 ……………………………72
	1 カードの紛失・盗難事例……………………………………………72
	(1) カードの紛失・盗難に関する規約 ……………………………72
	(2) 会員の更新カード不受領……………………………………72
	2 家族カード利用責任～家族カードの返還義務 ……………………73
第11	クレジット契約と保証～空クレジットと保証人の責任 …73

第2節 リース関係事件 ……………………………………………75
第1 リース契約の意義 ………………………………………………75
第2 リース契約の内容等 ……………………………………………75
  1 リース物件の引渡未了（空リース）………………………………75
    (1) リース料支払いの拒絶 …………………………………………75
    (2) 空リースにおける保証人の責任 ……………………………76
  2 瑕疵担保責任、債務不履行責任、危険負担………………………77
    (1) サプライヤーの瑕疵担保責任、債務不履行責任 ……………77
    (2) リース業者の瑕疵担保責任 ……………………………………78
      ア 瑕疵担保責任の免責特約……………………………………78
      イ 瑕疵担保責任免責特約の信義則違反 ……………………78
      ウ 消費者契約である場合 ……………………………………79
    (3) 危険負担 …………………………………………………………79
  3 転リース契約と民法613条の転貸の効果 …………………………80
  4 リース物件における不法行為による損害賠償義務・請求権等……81
    (1) リース自動車の損害賠償義務・請求権等 ……………………81

(2) リースカラオケ装置による著作権侵害とリース業者の責任 ………82
　　(3) リース物件の撤去義務・不法行為責任 ………82
　5　リース物件返還による清算 ………83
第3　消費者リースの取消し ………83
第4　ファイナンス・リース契約と倒産手続 ………84
　1　ユーザーの倒産とファイナンス・リース契約 ………84
　　(1) ユーザーの倒産手続とファイナンス・リース契約の取扱い ………84
　　(2) ユーザーの倒産手続とファイナンス・リース契約の解除特約 ………85
　2　リース業者の倒産とファイナンス・リース契約 ………86

第2章　消費者保護法 ………87

第1節　消費者契約法 ………87
第1　消費者契約 ………87
　1　消費者契約法の施行 ………87
　2　消費者契約とは ………87
　3　消費者契約法における事業（者）の意義 ………87
　4　消費者概念等 ………88
　　(1) 消費者概念 ………88
　　(2) 消費者概念該当性 ………88
　　　ア　従業員の業務遂行のための資格取得講座受講契約 ………88
　　　イ　将来の独立開業のための資格取得講座受講契約 ………88
第2　消費者契約の申込みまたはその承諾の
　　　意思表示の取消し（消契4条） ………89
　1　誤認による意思表示の取消しの抗弁（消契4条1項・2項） ………89
　　(1) 重要事項についての不実告知による消費者契約の申込みまたは
　　　　その承諾の意思表示の取消し（消契4条1項1号） ………89

ア　意思表示取消しの要件 …………………………………89

　　　イ　重要事項 ………………………………………………89

　　　ウ　不実告知 ………………………………………………90

　　　　(ｱ)　不実告知と主観的評価／90

　　　　(ｲ)　不実の告知と主観的認識／90

　　　　(ｳ)　不実の告知と債務不履行／90

　　(2)　不確実な事項についての断定的判断の提供による消費者契約の申込みまたはその承諾の意思表示の取消し（消契4条1項2号）……90

　　　ア　意思表示取消しの要件 …………………………………90

　　　イ　断定的判断該当性 ………………………………………91

　　(3)　重要事項等について消費者の利益になる旨告げ、不利益事実を告げないことによる消費者契約の申込みまたはその承諾の意思表示の取消し（消契4条2項）………………………………91

　　　ア　意思表示取消しの要件 …………………………………91

　　　　(ｱ)　意思表示取消しの要件／91

　　　　(ｲ)　意思表示取消しができない場合～消費者が不利益事実告知を拒んだ場合／91

　　　イ　重要事項 ………………………………………………92

　　　ウ　不利益事実不告知該当性 ………………………………92

　2　困惑による意思表示の取消し（消契4条3項）……………93

　　(1)　意思表示取消しの要件 ……………………………………93

　　(2)　困惑の意味 …………………………………………………94

　　(3)　退去の意味 …………………………………………………94

　　　ア　退去すべき旨の意思表示（消契4条3項1号）………94

　　　イ　退去する旨の意思表示（消契4条3項2号）…………94

　　　ウ　退去させないこと（消契4条3項2号）………………95

　3　媒介の委託を受けた第三者等への取消規定（消契4条）の準

11

　　　　用（消契 5 条） ……………………………………………………95
　　4　詐欺・強迫による取消しと消費者契約法 4 条 1 項〜3 項の意
　　　　思表示の取消し ……………………………………………………96
　　5　消費者契約法 4 条 5 項（善意の第三者への不対抗）と割賦販
　　　　売法の抗弁権の接続規定 …………………………………………96
　　6　取消権の行使期間（消契 7 条 1 項）……………………………96
　　7　株式引受け等に係る意思表示についての意思表示取消規定（消
　　　　契 4 条 1 項〜3 項）の不適用（消契 7 条 2 項）………………97
　第 3　事業者の損害賠償の責任を免除する条項の無効
　　　　（消契 8 条）………………………………………………………97
　　1　事業者の損害賠償の責任を免除する条項の無効（消契 8 条 1
　　　　項）……………………………………………………………………97
　　2　目的物の瑕疵に伴う事業者の損害賠償の責任を免除する条項
　　　　を無効とする規定の不適用（消契 8 条 2 項）…………………98
　　3　事業者の損害賠償の責任の一部を免除する条項の効力………99
　　4　事業者の損害賠償の責任に関する証明責任を転換する条項の
　　　　効力……………………………………………………………………99
　　5　瑕疵担保責任の権利行使期間を制限する条項の効力 ………100
　第 4　消費者が支払う損害賠償の額を予定する条項等の
　　　　無効（消契 9 条）………………………………………………100
　　1　消費者が支払う損害賠償の額を予定する条項等の無効 ……100
　　2　消費者契約法 9 条 1 号の平均的損害 …………………………101
　　　(1)　消費者の責めに帰すべき事由による解除と消費者契約法 9 条 1 号 …101
　　　(2)　消費者契約法 9 条 1 号の平均的損害 ………………………101
　　　(3)　大学在学契約解除に伴う入学金・授業料等の返還請求と消費者
　　　　　契約法 9 条 1 号の平均的損害 ………………………………103
　　　　ア　大学在学契約解除に伴う入学金の返還請求 ……………103

　　　　イ　大学在学契約解除に伴う授業料等の返還請求と消費者契約法
　　　　　　9条1号の平均的損害 ··103
　　3　消費者が支払うべき損害賠償の予定・違約金の年14.6％を
　　　超える部分の無効（消契9条2号）··104
　　(1)　消費者が支払うべき損害賠償の予定・違約金の年14.6％を超え
　　　　る部分の無効 ···104
　　(2)　他の法律の適用（消契11条）··104
第5　消費者の利益を一方的に害する条項の無効
　　　（消契10条）··105
　　1　消費者の利益を一方的に害する条項の無効 ·································105
　　2　消費者の契約解除権を奪う条項 ···106
　　3　事業者の解除の要件を緩和する条項 ··106
　　4　消費者の一定の作為・不作為により消費者の意思表示を擬制
　　　する条項 ···107
第6　他の法律の適用（消契11条）··107
　　1　他の法律の優先適用 ··107
　　2　消費者契約法4条の意思表示の取消しとクーリング・オフ
　　　権・中途解約権等 ···107
　　3　プロバイダ責任制限法と消費者契約法8条等 ·····························108
　　4　消費者契約法の規定と抵触する規定 ··108
　　(1)　消費者契約法9条1号と抵触する個別法の規定 ························108
　　(2)　消費者契約法9条2号と抵触する個別法の規定 ························109
　　(3)　消費者契約法9条1号および2号のいずれにも抵触する個別法
　　　　の規定 ···110
第2節　特定商取引に関する法律（特定商取引法）····························111
　第1　総　説 ···111
　　1　特定商取引法上のクーリング・オフのまとめ ·····························111

目 次

(1) クーリング・オフ一覧 …………………………………………………111
[表4] 特定商取引法上のクーリング・オフ一覧／111
(2) クーリング・オフの要件 ………………………………………………112
　ア　クーリング・オフの発信主義 ………………………………………112
　イ　口頭によるクーリング・オフ ………………………………………113
　ウ　クーリング・オフの行使期間 ………………………………………113
　　(ｱ)　法定書面の交付日の主張立証責任／113
　　(ｲ)　法定期間の計算～初日算入／114
　　(ｳ)　記載事項に不備のある法定書面交付におけるクーリング・
　　　　オフの行使／114
　　(ｴ)　法定書面不交付・不備書面の交付による相当日数経過後の
　　　　クーリング・オフ行使と権利濫用／116
　　(ｵ)　クーリング・オフ妨害行為が行われた場合のクーリング・
　　　　オフ期間／116
　　(ｶ)　再販売型の連鎖販売取引におけるクーリング・オフ期間の
　　　　起算日／117
　エ　購入者の相続人によるクーリング・オフの行使 …………………117
　オ　連鎖販売取引におけるクーリング・オフ …………………………118
　　(ｱ)　行使できる者（連鎖販売加入者）／118
　　(ｲ)　クーリング・オフの対象～上のランクに昇進するための契約／118
　カ　特定継続的役務提供等契約における関連商品の販売契約の
　　　クーリング・オフ ……………………………………………………118
　キ　業務提供誘引販売取引においてクーリング・オフを行使でき
　　　る者 ……………………………………………………………………118
(3) クーリング・オフの効果 ………………………………………………119
　ア　総　説 …………………………………………………………………119
　イ　商品・権利の売買契約解除の場合 …………………………………119

14

　　　　　㋐　代金・商品等の返還／119
　　　　　㋑　損害賠償・違約金／120
　　　　　㋒　原状回復費用／120
　　　　　㋓　使用・消費利益の不当利得／121
　　　　ウ　役務提供契約の解除の場合 ……………………………………122
　　　　　㋐　原状回復義務／122
　　　　　㋑　債務の履行義務または不当利得返還義務／122
　　　　　㋒　損害賠償・違約金／123
　　　　エ　業務提供誘引販売取引におけるクーリング・オフの効果 ………123
　　(4)　クーリング・オフ規定の強行規定性 …………………………………123
　2　適用除外 ……………………………………………………………………123
　　(1)　顧客が営業のためにまたは営業として締結するものの適用除外 …125
　　(2)　自動車販売、自動車貸与のクーリング・オフ不適用 ………………125
　　　ア　自動車（二輪を除く）販売、自動車貸与（＝自動車リース）
　　　　のクーリング・オフ不適用 ……………………………………………125
　　　イ　法定書面への自動車（二輪を除く）販売、自動車貸与（＝自
　　　　動車リース）のクーリング・オフ不適用の不記載とクーリン
　　　　グ・オフ …………………………………………………………………127
　　(3)　指定消耗品使用・消費のクーリング・オフ不適用 …………………127
　　　ア　指定消耗品使用・消費のクーリング・オフ不適用 ………………127
　　　　　㋐　訪問販売・電話勧誘販売における指定消耗品使用・消費の
　　　　　　クーリング・オフ不適用／127
　　　　　㋑　特定継続的役務提供等契約の解除等に伴う関連商品販売に
　　　　　　おけるクーリング・オフ不適用／127
　　　イ　クーリング・オフができない消耗品 ………………………………128
　　　　　㋐　訪問販売または電話勧誘販売の場合／128
　　　　　㋑　特定継続的役務提供等契約の解除等に伴う関連商品販売の

目次

　　　　　　場合／128
　　　　ウ　クーリング・オフができなくなる「使用又は消費」の意味 ……128
　　　　エ　クーリング・オフができなくなる範囲 …………………………129
　　　　オ　法定書面への指定消耗品を使用・消費した場合にクーリン
　　　　　　グ・オフができないことの記載 …………………………………129
　　(4)　総額3000円未満の現金取引のクーリング・オフ不適用 …………130
　　　　ア　総額3000円未満の現金取引のクーリング・オフ不適用 ……130
　　　　イ　履行の完了 …………………………………………………………130
　　　　ウ　法定書面へのクーリング・オフができない旨の不記載 …………130

第2　訪問販売 ……………………………………………………………………130
　1　訪問販売の定義 ……………………………………………………………130
　　(1)　訪問販売の定義（特商2条1項）……………………………………130
　　(2)　営業所等 …………………………………………………………………131
　　　　ア　営業所 ………………………………………………………………131
　　　　イ　代理店 ………………………………………………………………131
　　　　ウ　露店・屋台店その他これらに類する店 …………………………131
　　　　エ　その他一定の期間にわたり、商品を陳列し、当該商品を販売
　　　　　　する場所であって、店舗に類するもの ……………………………132
　　　　　　(ア)　要　件／132
　　　　　　(イ)　消費者が自由意思で契約締結を断ることが客観的に見て困
　　　　　　　　難な状況での販売／132
　　　　　　(ウ)　催眠商法（SF商法）／132
　　　　オ　自動販売機その他の設備であって、当該設備により売買契約
　　　　　　または役務提供契約の締結が行われるものが設置されている場
　　　　　　所 ………………………………………………………………………133
　　(3)　特定の誘引方法による顧客（特定顧客）……………………………133
　　　　ア　同行型販売（キャッチ・セールス）………………………………133

　　　　イ　販売目的隠匿型呼出販売（販売目的隠匿型アポイントメント・
　　　　　　セールス）……………………………………………………………134
　　　　ウ　有利条件告知型呼出販売（有利条件告知型アポイントメント・
　　　　　　セールス）……………………………………………………………135
　2　訪問販売における書面の交付（法定書面交付義務）………………135
　　(1)　法定書面交付義務………………………………………………………135
　　　　ア　法定書面交付義務……………………………………………………135
　　　　イ　申込みと同時に契約締結に至ったときの法定書面交付義務……135
　　　　ウ　営業所等で特定顧客以外の者から申込みを受けて後日営業所
　　　　　　等以外の場所で契約を締結した場合 …………………………………136
　　(2)　訪問販売における法定書面の一覧性…………………………………136
　　(3)　訪問販売における法定書面の交付時期………………………………136
　　　　ア　訪問販売における申込書面の交付時期……………………………136
　　　　イ　訪問販売における契約書面の交付時期……………………………136
　　(4)　訪問販売における法定書面の記載事項………………………………137
　　　　ア　訪問販売における法定書面の記載事項一覧………………………137
　　［表5］　訪問販売における法定書面の記載事項一覧／137
　　　　イ　販売業者・役務提供事業者の氏名・名称等〜加盟店と取次店 …138
　　　　ウ　商品名および商品の商標または製造者名…………………………139
　　　　エ　商品の型式……………………………………………………………139
　　　　オ　商品の数量……………………………………………………………140
　　　　カ　商品もしくは権利または役務の種類………………………………140
　　　　キ　商品もしくは権利の販売価格または役務の対価…………………140
　　　　ク　商品もしくは権利の代金または役務の対価の支払いの時期お
　　　　　　よび方法 …………………………………………………………………141
　　　　ケ　商品の引渡時期もしくは権利の移転時期または役務の提供時期 …141
　　　　コ　クーリング・オフの要件および効果………………………………142

17

(ｱ)　クーリング・オフの要件および効果についての記載／142
　　(ｲ)　不実告知または威迫困惑行為によりクーリング・オフが行われなかった場合の記載／142
　　(ｳ)　クーリング・オフの適用除外についての記載／143
　サ　商品に隠れた瑕疵がある場合の販売業者の責任についての定めがあるときは、その内容 …………………………………143
　シ　契約の解除に関する定めがあるときは、その内容 …………143
　ス　特約があるときは、その内容 …………………………………143
(5)　訪問販売における法定書面不交付・不備書面とその効果 …………144
　ア　法定書面不交付によるクーリング・オフの行使期間制限に関する起算日の不開始 …………………………………………144
　イ　不備書面とその効果 ……………………………………………144

3　訪問販売における過量販売契約の解除等（特商9条の2）………144
(1)　訪問販売における過量販売契約の解除等の規定の新設 ……………144
(2)　過量販売契約の解除等の要件 …………………………………………145
　ア　訪問販売により ……………………………………………………145
　イ　通常必要とされる分量を著しく超える ……………………………145
　　(ｱ)　販売業者等の側の主観的事情および与信業者（個別クレジット業者）の過量販売であることの認識／145
　　(ｲ)　一度で過量と判断される場合／145
　　(ｳ)　過去の販売契約等の累積から過量販売となる場合／146
　　(ｴ)　過去の販売契約等の累積からすでに過量となっている場合／146
　ウ　販売契約の締結を必要とする特別の事情 ……………………………146
　エ　1年以内の行使 …………………………………………………146
(3)　過量販売契約の解除等の効果 …………………………………………147
(4)　売買契約の解除等が行われたときの処理 ……………………………147
(5)　過量販売契約の解除等の規定の強行法規性 …………………………147

目次

4 訪問販売における不実告知・重要事項故意不告知による販売契約等の取消し（特商9条の3） ……………148
  (1) 不実告知・重要事項故意不告知による販売契約等の取消しの制度 …148
  (2) 不実告知・重要事項故意不告知による販売契約等の取消しの要件 …148
    ア 販売契約等の取消しの要件 ……………………………148
    イ 各要件の内容………………………………………149
      (ア) 「不実のことを告げる行為」／149
      (イ) 「故意に事実を告げない行為」／149
      (ウ) 不実告知・重要事項故意不告知の対象／149

  ［表6］ 不実告知・重要事項故意不告知の対象となる事実（特商6条1項各号）／150

      (エ) 因果関係／152
  (3) 取消しの効果、取消し後の処理 ………………………152

5 訪問販売における契約の解除等に伴う損害賠償等の額の制限（特商10条） ………………………………………153
  (1) 損害賠償等の額の制限の内容 …………………………153
    ア 契約が解除された場合 ………………………………153
      (ア) 商品・権利が返還された場合／153
      (イ) 商品・権利が返還されない場合／154
      (ウ) 役務提供開始後に解除された場合／154
      (エ) 商品引渡しもしくは権利移転または役務提供の前に解除された場合／154
    イ 契約が解除されない場合 ……………………………154
  (2) 適用範囲 ………………………………………………154
    ア 契約が解除されたとき ………………………………154
    イ 合意解除の場合 ………………………………………155
  (3) 損害賠償等の額の制限規定の趣旨 ……………………155

19

目 次

　　6　訪問販売における適用除外（特商26条）………………………155
　　　(1)　訪問販売に関する規定が全面的に適用されないもの（特商26条
　　　　　1項）……………………………………………………………155
　　　(2)　クーリング・オフの規定のみ適用除外とするもの（特商26条3
　　　　　項・4項、特商令6条の2）…………………………………155
第3　通信販売………………………………………………………………156
　1　通信販売における返品等……………………………………………156
　　　(1)　通信販売の広告と通信販売における返品等…………………156
　　　(2)　返品期間の計算方法……………………………………………156
　　　(3)　返品の対象………………………………………………………156
　　　(4)　返品特約の表示…………………………………………………156
　　　(5)　商品引渡し・指定権利移転がされている場合の引取り・返還費用…157
第4　電話勧誘販売…………………………………………………………157
　1　電話勧誘販売の定義（特商2条3項）……………………………157
　2　電話をかけまたは政令で定める方法で電話をかけさせること…157
　　　(1)　電話をかけること………………………………………………157
　　　(2)　政令で定める方法により電話をかけさせること……………158
　3　電話勧誘販売における書面の交付（法定書面交付義務）
　　　（特商18条・19条）…………………………………………………158
　　　(1)　電話勧誘販売における申込書面の交付義務（特商18条）…158
　　　　ア　申込書面の交付義務…………………………………………158
　　　　イ　事前に送付された書面と申込書面…………………………159
　　　　ウ　電話勧誘販売における申込書面の交付時期………………159
　　　　エ　電話勧誘販売における申込書面の記載事項………………159
　　　　　(ｱ)　申込書面の記載事項／159
　　　　　(ｲ)　申込書面の記載事項の記載方法／159
　　　(2)　電話勧誘販売における契約書面の交付義務（特商19条）…159

ア　契約書面の交付義務 ……………………………………159
　　　イ　電話勧誘販売における契約書面の交付時期 ……………160
　　　ウ　電話勧誘販売における契約書面の記載事項 ……………160
　(3)　電話勧誘販売における法定書面不交付・不備書面とその効果 ……160
4　電話勧誘販売における不実告知・重要事項故意不告知による
　販売契約等の取消し（特商24条の2）………………………………161
　(1)　不実告知・重要事項故意不告知による販売契約等の取消しの制度 …161
　(2)　不実告知・重要事項故意不告知による販売契約等の取消しの要件 …161
　　ア　販売契約等取消しの要件 …………………………………161
　　イ　各要件の内容………………………………………………162
　　　(ア)　「不実のことを告げる行為」／162
　　　(イ)　「故意に事実を告げない行為」／162
　　　(ウ)　不実告知・重要事項故意不告知の対象／163
　　　(エ)　因果関係／164
　(3)　取消しの効果、取消し後の処理 …………………………164
5　電話勧誘販売における契約の解除等に伴う損害賠償等の額の
　制限（特商25条）………………………………………………………165
　(1)　損害賠償等の額の制限の対象となるもの………………………165
　　ア　売買契約・役務提供契約が解除された場合（特商25条1項）……165
　　　(ア)　売買契約・役務提供契約が解除された場合に損害賠償等の
　　　　額の制限の対象となるもの／165
　　　(イ)　「その売買契約又は役務提供契約が解除されたとき」に該
　　　　当するもの／165
　　　(ウ)　合意解除の取扱い／166
　　イ　消費者に債務不履行があり契約が解除されていない場合（特
　　　商25条2項）………………………………………………166
　　　(ア)　消費者に債務不履行があり契約が解除されていない場合に

　　　　　　損害賠償等の額の制限の対象となるもの／166
　　　　(イ)　「その売買契約についての代金又は役務提供契約についての
　　　　　　対価の全部又は一部の支払義務の履行されない場合」の意味／167
　　(2)　損害賠償等の額の制限の内容 ………………………………………167
　　　ア　購入者の側の債務不履行等により契約が解除された場合（特
　　　　　商25条1項） ………………………………………………………167
　　　イ　購入者等の側に債務不履行等があり契約が解除されていない
　　　　　場合（特商25条2項） ……………………………………………168
　6　電話勧誘販売における適用除外（特商26条）…………………………168
　　(1)　電話勧誘販売に関する規定が全面的に適用されないもの（特
　　　　商26条1項） …………………………………………………………168
　　(2)　クーリング・オフの規定のみ適用除外とするもの（特商26条
　　　　3項・4項、特商令6条の2）………………………………………168

第5　連鎖販売取引…………………………………………………………169
　1　連鎖販売取引の定義（特商33条1項）…………………………………169
　2　連鎖販売取引における書面の交付（法定書面交付義務）
　　（特商37条）…………………………………………………………………169
　　(1)　連鎖販売取引における法定書面交付義務……………………………169
　　(2)　連鎖販売取引における契約書面の交付義務…………………………170
　　　ア　「遅滞なく」の意味 ………………………………………………170
　　　イ　概要書面で契約書面の記載内容をすべて記載した書面を交付
　　　　　した場合 ……………………………………………………………170
　　　ウ　クーリング・オフの起算点 ………………………………………170
　　　エ　連鎖販売取引における法定書面の記載事項 ……………………170
　　　　(ア)　連鎖販売取引における概要書面の記載事項／170
　　　　(イ)　連鎖販売取引における契約書面の記載事項／171
　3　連鎖販売取引における中途解約権等（特商40条の2）………………171

(1)　連鎖販売取引における中途解約権等 ……………………………171
　(2)　連鎖販売取引における解約権の概要 ………………………………171
　［表7］　連鎖販売契約における解除等の特定商取引法40条の2の構造／171
　(3)　連鎖販売取引の中途解約 ……………………………………………172
　　ア　連鎖販売取引の中途解約ができる者〜連鎖販売加入者 …………172
　　イ　連鎖販売取引の中途解約に伴う損害賠償の制限（特商40条の
　　　2第3項）………………………………………………………………172
　　　(ｱ)　解除が商品引渡し後である場合（特商40条の2第3項1
　　　　号）／172
　　　(ｲ)　解除が役務提供開始後である場合（特商40条の2第3項2
　　　　号）／173
　(4)　連鎖販売取引の商品販売契約の解除 ………………………………173
　　ア　商品販売契約の解除（特商40条の2第2項）……………………173
　　イ　商品販売契約の解除に伴う損害賠償の制限（特商40条の2第
　　　4項）……………………………………………………………………174
　　ウ　統括者の連帯責任（特商40条の2第5項）………………………174
　(5)　連鎖販売取引の中途解約および商品販売契約の解除の強行法規
　　制（特商40条の2第6項）……………………………………………174
　(6)　割賦販売における損害賠償の制限規定の不適用（特商40条の2
　　第7項）…………………………………………………………………174
4　連鎖販売における不実告知・重要事項故意不告知による販売
　契約等の取消し（特商40条の3）…………………………………………175
　(1)　不実告知・重要事項故意不告知による販売契約等の取消しの制度 …175
　(2)　不実告知・重要事項故意不告知による販売契約等の取消しの要件 …176
　　ア　取消権を行使できる者 ………………………………………………176
　　イ　対象となる行為等 ……………………………………………………176
　　　(ｱ)　統括者・勧誘者（統括者がその統括する一連の連鎖販売業

目 次

　　　　　　に係る連鎖販売取引について勧誘を行わせる者（特商33条の2
　　　　　　括弧書））の勧誘の場合／176
　　　　　(イ) 一般連鎖販売業者（統括者または勧誘者以外の者であって、
　　　　　　連鎖販売業を行う者（特商33条の2括弧書））の勧誘の場合／176
　　　ウ　適用除外 ……………………………………………………………177
　　　エ　各要件の内容…………………………………………………………177
　　　　　(ア) 「不実のことを告げる行為」／177
　　　　　(イ) 「故意に事実を告げない行為」／178
　　(3) 取消権発生の効果 ………………………………………………………178
　　(4) 取消しの善意の第三者への不対抗（特商40条の3第2項（9条
　　　　の3第2項）） ……………………………………………………………178
　　(5) 連鎖販売契約の申込みまたはその承諾の意思表示の取消権の消
　　　　滅時効等（特商40条の3第2項（9条の3第4項）） ………………178

第6　特定継続的役務提供 ………………………………………………179
　1　特定継続的役務提供の定義（特商41条）……………………………179
　　(1) 特定継続的役務（特商41条2項）……………………………………179
　　(2) 特定継続的役務提供（特商41条1項）………………………………179
　　　ア　特定継続的役務提供契約（特商41条1項1号）……………………179
　　　イ　特定権利販売契約（特商41条1項2号）……………………………179
　　　ウ　政令指定の特定継続的役務提供（特商41条2項）………………180
　　　　　(ア) 政令指定の特定継続的役務提供一覧／180
　　　　［表8］　政令指定の特定継続的役務提供一覧／180
　　　　　　(イ) 語学教育／181
　　　　　　(ウ) 家庭教師等／182
　　　　　　(エ) 学習塾／182
　　　　　　(オ) パソコン教室／183
　　　　　　(カ) 政令指定期間（特商41条1項、特商令11条1項別表第4第

24

　　　　2欄）／183
　　　　㋖　対象最低金額（特商41条1項、特商令11条2項）／183
　2　特定継続的役務提供における関連商品 …………………………183
　　(1)　関連商品 …………………………………………………………183
　　(2)　政令指定関連商品（特商48条2項、特商令14条別表第5）…………184
　　(3)　役務と商品の関連性 ……………………………………………184
　　　ア　役務と商品の関連性 …………………………………………184
　　　イ　問題となるケース ……………………………………………185
　　　　㋐　学習指導付き教材販売、エステ利用権付き化粧品販売／185
　　　　㋑　別業者からの関連商品の購入／185
　　　　㋒　役務提供契約と商品購入契約の締結日が異なる場合／186
　3　特定継続的役務提供における書面の交付（法定書面交付義
　　務）（特商42条）……………………………………………………186
　　(1)　特定継続的役務提供における法定書面の交付義務 ……………186
　　(2)　特定継続的役務提供における法定書面の交付時期 ……………186
　　　ア　特定継続的役務提供における概要書面の交付時期 …………186
　　　イ　特定継続的役務提供における契約書面の交付時期 …………186
　　(3)　特定継続的役務提供における法定書面の記載事項 ……………187
　　　ア　特定継続的役務提供等における概要書面の記載事項 ………187
　　　　㋐　特定継続的役務提供契約における概要書面の記載事項／187
　　　　㋑　特定権利販売契約における概要書面の記載事項／187
　　　イ　特定継続的役務提供等における契約書面の記載事項 ………187
　　　　㋐　特定継続的役務提供契約における契約書面の記載事項／187
　　　　㋑　特定権利販売契約における契約書面の記載事項／187
　　(4)　特定継続的役務提供における法定書面の記載方法等 …………187
　　　ア　特定継続的役務提供における概要書面の記載方法等 ………187
　　　イ　特定継続的役務提供における契約書面の記載方法等 ………187

(5)　特定継続的役務提供における法定書面交付の法的効果 …………188
　4　特定継続的役務提供における中途解約権（特商49条）…………188
　　(1)　特定継続的役務提供契約における中途解約権 ………………………188
　　　ア　特定継続的役務提供契約における中途解約（特商49条1項）……188
　　　イ　特定継続的役務提供契約の中途解約における損害賠償等の制
　　　　限（特商49条2項）………………………………………………………188
　　［表9］　特定継続的役務提供契約の中途解約における損害賠償等の
　　　　　　制限額一覧／189
　　　　(ｱ)　特定継続的役務提供契約の解除が特定継続的役務の提供開
　　　　　　始後である場合／190
　　　　(ｲ)　特定継続的役務提供契約の解除が特定継続的役務の提供開
　　　　　　始前である場合／190
　　　ウ　特定継続的役務提供契約の中途解約における信販会社への抗
　　　　弁の対抗・クレジット契約の解約手数料 …………………………191
　　(2)　特定権利販売契約における中途解約権 ………………………………192
　　　ア　特定権利販売契約における中途解約（特商49条3項）…………192
　　　イ　特定権利販売契約の中途解約における損害賠償等の制限（特
　　　　商49条4項）………………………………………………………………192
　　　　(ｱ)　権利が返還された場合（特商49条4項1号）／193
　　　　(ｲ)　権利が返還されない場合（特商49条4項2号）／193
　　　　(ｳ)　契約の解除が当該権利の移転前である場合（特商49条4項
　　　　　　3号）／193
　　(3)　特定継続的役務提供等契約の関連商品販売契約における中途解約権…194
　　　ア　関連商品販売契約における中途解約（特商49条5項）…………194
　　　イ　特定継続的役務提供等契約の関連商品販売契約の中途解約に
　　　　おける損害賠償等の制限（特商49条6項）……………………………195
　　　　(ｱ)　関連商品が返還された場合（特商49条6項1号）／195

　　　　(ｲ)　関連商品が返還されない場合（特商49条6項2号）／196

　　　　(ｳ)　契約の解除が当該関連商品の引渡し前である場合（特商49条6項3号）／196

　(4)　特定継続的役務提供における中途解約権の強行法規制（特商49条7項）……………………………………………………………………196

5　特定継続的役務提供における不実告知・重要事項故意不告知による意思表示の取消し（特商49条の2）……………………196

　(1)　不実告知・重要事項故意不告知による特定継続的役務提供等契約の取消しの制度 ………………………………………………………196

　(2)　不実告知・重要事項故意不告知による特定継続的役務提供等契約の取消しの要件 ……………………………………………………197

　　ア　特定継続的役務提供等契約の取消しの要件 ………………197

　　イ　各要件の内容 …………………………………………………198

　　　　(ｱ)　「不実のことを告げる行為」／198

　　　　(ｲ)　「故意に事実を告げない行為」／198

　　　　(ｳ)　因果関係／198

　(3)　取消しの効果 ………………………………………………………198

　(4)　取消しの善意の第三者への不対抗（特商49条の2第2項（9条の3第2項））………………………………………………………199

　(5)　取消権の消滅時効等（特商49条の2第2項（9条の3第4項））…199

　(6)　中途解約に伴う関連商品の解除権の規定の準用（特商49条の2第3項（49条5項～7項））……………………………………200

　　ア　関連商品販売契約の解除 ……………………………………200

　　イ　損害賠償等の額の制限 ………………………………………200

　　　　(ｱ)　関連商品が返還された場合／200

　　　　(ｲ)　関連商品が返還されない場合／200

　　　　(ｳ)　契約の解除が当該関連商品の引渡し前である場合／200

目 次

　　(7) 強行規定性 …………………………………………………………201
　6 特定継続的役務提供における適用除外（特商50条）………201
第7 業務提供誘引販売取引 ………………………………………201
　1 業務提供誘引販売取引の定義（特商51条）…………………201
　　(1) 業務提供誘引販売取引の定義 ……………………………………201
　　(2) 特定負担 ……………………………………………………………202
　　　ア 特定負担とは……………………………………………………202
　　　イ 取引料とは………………………………………………………202
　　(3) 特定負担を伴う取引 ………………………………………………202
　　(4) 「商品の販売若しくはそのあっせん又は役務の提供若しくはその
　　　あっせんに係る取引（その取引条件の変更を含む。）」（特商51条1
　　　項）……………………………………………………………………202
　　(5) 消費者保護規定の適用の要件 ……………………………………203
　2 業務提供誘引販売取引における書面の交付
　　（法定書面交付義務）（特商55条）………………………………203
　　(1) 業務提供誘引販売取引における法定書面交付義務 ……………203
　　(2) 業務提供誘引販売取引における概要書面交付義務（特商55条1
　　　項）……………………………………………………………………204
　　　ア 業務提供誘引販売取引における概要書面交付義務 …………204
　　　イ 「特定負担についての契約を締結しようとするとき」 ………204
　　　ウ 業務提供誘引販売取引における概要書面の記載事項 ………204
　　(3) 業務提供誘引販売取引における契約書面交付義務（特商55条2
　　　項）……………………………………………………………………205
　　　ア 業務提供誘引販売取引における契約書面交付義務 …………205
　　　イ 「業務提供誘引販売取引についての契約を締結した場合」………205
　　　ウ 「遅滞なく」 ……………………………………………………205
　　　エ 業務提供誘引販売取引における契約書面の記載事項 ………205

(ｱ)　業務提供誘引販売取引における契約書面の記載事項／205

　　　(ｲ)　「商品若しくは提供される役務を利用する業務の提供又は
　　　　　あっせんについての条件に関する事項」（特商55条2項2号）／206

　　オ　業務提供誘引販売取引における契約書面の記載方法 …………207

　　カ　概要書面と契約書面の一括交付 ……………………………208

3　業務提供誘引販売取引における不実告知・重要事項故意不告
　知による意思表示の取消し（特商58条の2）……………………208

　(1)　不実告知・重要事項故意不告知による業務提供誘引販売契約の
　　　意思表示取消しの制度 ………………………………………208

　(2)　業務提供誘引販売契約の意思表示取消しの要件（特商58条の2
　　　第1項）……………………………………………………209

　　ア　業務提供誘引販売契約取消しの要件 ………………………209

　　イ　各要件の内容 ………………………………………………209

　　　(ｱ)　「不実のことを告げる行為」／209

　　　(ｲ)　「故意に事実を告げない行為」／210

　　　(ｳ)　因果関係／210

　(3)　取消しの効果 …………………………………………………210

　(4)　取消効の第三者への不対抗 ……………………………………211

　(5)　取消権の消滅時効等 ……………………………………………211

4　業務提供誘引販売契約の解除等に伴う損害賠償等の額の制限
　（特商58条の3）…………………………………………………211

　(1)　顧客側の債務不履行で契約が解除された場合（特商58条の3第
　　　1項）………………………………………………………211

　(2)　顧客側の債務不履行があったが契約が解除されていない場合
　　　（特商58条の3第2項）………………………………………212

　(3)　業務提供誘引販売契約の解除等に伴う損害賠償等の額の制限規
　　　定（特商58条の3）の適用範囲 ……………………………212

第8 ネガティブ・オプション ……………………………213
- 1 ネガティブ・オプションとは ………………………………213
- 2 送付された商品の保管義務 …………………………………213
- 3 商品を送付した業者の商品返還請求権の喪失 ……………213

第3節 金融商品の販売等に関する法律（金融商品販売法）……………………………………………215

第1 金融商品販売法 ………………………………………215
第2 金融商品販売法5条に基づく損害賠償請求 ………215
- 1 金融商品販売法5条に基づく損害賠償請求権（金販5条）………215
- 2 無過失責任 ……………………………………………………216
- 3 金融商品販売業者等の従業員の勧誘における金融商品販売業者等に対する直接の責任追及 ……………………………216
- 4 因果関係と損害額の推定 ……………………………………216
  - (1) 説明義務違反・断定的判断の提供等と損害発生との間の因果関係の推定 ………………………………………………216
  - (2) 損害額の元本欠損額との推定 ……………………………217
  - (3) 元本欠損額 …………………………………………………217
  - (4) 元本欠損額を超える損害の請求 …………………………217
- 5 説明の時期 ……………………………………………………217
- 6 断定的判断の提供等の対象 …………………………………217

第4節 電子消費者契約及び電子承諾通知に関する民法の特例に関する法律（電子消費者契約等特例法）……………………………………………219

第1 電子消費者契約に関する民法の特例（電子消費者特例3条）…………………………………………………219
- 1 電子消費者契約に関する民法の特例 ………………………219
- 2 電子消費者契約において表意者に重過失があるときの特例 ……220

目 次

　　　3　事業者が商品確認申込みの確認措置をとったことまたは消費
　　　　者がこのような確認措置を要しない旨の意思表示をしたこと ……220
　　第2　電子承諾通知に関する民法の特例（電子消費者特例
　　　　4条）……………………………………………………………………220

第3章　消費者信用関係紛争解決のための手続 …………222

第1節　相談窓口 ……………………………………………………222
第1　地方自治体の相談窓口 ………………………………………222
　　　［表10］　地方自治体の多重債務者相談窓口／222
第2　公益財団法人クレジットカウンセリング協会の相談
　　　　窓口 …………………………………………………………………227
　　　［表11］　公益財団法人クレジットカウンセリング協会の相談窓口／227
第2節　民事保全手続 ……………………………………………228
第1　概　説 …………………………………………………………228
第2　給料仮差押え …………………………………………………228
第3節　民事調停手続 ……………………………………………229
第1　民事調停の申立て ……………………………………………229
　　　【書式1】　調停申立書／229
　　　【書式2】　特定調停申立書／232
　　　【書式3】　特定調停申立書（記載例）／234
　　　【書式4】　特定債務者の資料等（一般個人用）／235
　　　【書式5】　特定債務者の資料等（一般個人用）（記載例）／236
　　　【書式6】　関係権利者一覧表／237
　　　【書式7】　関係権利者一覧表（記載例）／239
第2　民事調停の管轄（申立裁判所）……………………………240

31

第3　調停調書の効力 ……………………………………………240
　第4　調停不成立の場合の訴訟の提起 …………………………240
第4節　訴訟手続 ……………………………………………………241
Ⅰ　訴訟手続一般 ……………………………………………………241
　第1　訴訟手続の種類・選択 ……………………………………241
　　1　訴訟手続 ……………………………………………………241
　　2　督促手続の選択 ……………………………………………241
　　3　通常訴訟手続の選択 ………………………………………242
　　4　少額訴訟手続の選択 ………………………………………242
　　　【書式8】　訴　状／243
　第2　訴訟事件の管轄──訴訟事件の申立裁判所 ……………246
　　1　事物管轄──訴えを提起する第一審裁判所 ……………246
　　　(1)　通常訴訟の事物管轄～通常訴訟の第一審裁判所 ……246
　　　(2)　少額訴訟の事物管轄──少額訴訟の審理裁判所 ……247
　　　(3)　訴訟物の価額（訴額）の算定 …………………………247
　　　　ア　訴訟物の価額（訴額）の算定 …………………………247
　　　　イ　数個の請求を併合する場合の訴訟物の価額（訴額） ……247
　　2　土地管轄──訴えを提起する裁判所の場所 ……………248
　　　(1)　被告の普通裁判籍（住所等）所在地を管轄する裁判所への訴え
　　　　提起 ………………………………………………………248
　　　(2)　義務履行地管轄裁判所 …………………………………248
　　　　ア　義務履行地管轄裁判所 …………………………………248
　　　　イ　不法行為に基づく損害賠償の請求、不当利得に基づく請求の
　　　　　場合 ………………………………………………………248
　　　　ウ　債権譲渡があった場合の義務履行地管轄裁判所 ……249
　　　(3)　関連裁判籍 ………………………………………………249
　　3　管轄の合意 …………………………………………………249

(1)　合意管轄の意義 ……………………………………………………249
　　(2)　管轄合意の要件 ……………………………………………………249
　　(3)　管轄合意の態様 ……………………………………………………250
　　　ア　管轄合意の態様 …………………………………………………250
　　　イ　専属的管轄合意と応訴管轄 ……………………………………250
　　　ウ　管轄合理の効力 …………………………………………………250
　　　エ　管轄合意についての意思表示の瑕疵 …………………………252
　4　応訴管轄 ………………………………………………………………252
　　(1)　応訴管轄（民訴12条） ……………………………………………252
　　(2)　法定管轄原因が認められない訴状の取扱い ……………………252
　　(3)　本案の弁論 …………………………………………………………253
　　　ア　本案の弁論の意義 ………………………………………………253
　　　イ　答弁書等の擬制陳述と本案の弁論 ……………………………253
　5　遅滞を避ける等のための移送 ………………………………………253
　　(1)　遅滞を避ける等のための移送（民訴17条） ……………………253
　　(2)　クレジット契約の顧客等の住所地への移送等 …………………254
第3　当事者等 …………………………………………………………………254
　1　実質的な権限を有しない法令による訴訟代理人（支配人）………254
　2　簡易裁判所における訴訟代理人（認定司法書士、許可代理人）…255
　　(1)　認定司法書士 ………………………………………………………256
　　(2)　許可代理人 …………………………………………………………256
　　(3)　主債務者が保証人の許可代理人となること ……………………256
第4　訴えの提起 ………………………………………………………………257
　1　訴え提起の方式 ………………………………………………………257
　2　訴訟における主張立証の構造等 ……………………………………257
　3　証拠の収集 ……………………………………………………………258
　　(1)　書証等の提出 ………………………………………………………258

目次

　　　(2) 消費者信用関係訴訟の主な証拠 ……………………………258
　　　　ア　契約書等 ……………………………………………………258
　　　　イ　信販関係事件における20日以上の期間を定めた催告書面 ………259
　　　　ウ　リース関係事件におけるリース物件引渡しの証拠 …………259
　　　　エ　クレジット代金・リース料支払いの証拠 …………………259
　第5　倒産手続と民事訴訟との関係 ……………………………………259
　　1　個人再生（小規模個人再生・給与所得者等再生）手続と民事訴訟との関係 ………………………………………………………259
　　　(1) 手続開始と民事訴訟との関係 …………………………………260
　　　(2) 債権者一覧表に記載がなく届出もない債権等の効力 ………260
　　　(3) 再生計画認可決定確定 …………………………………………260
　　2　破産手続と民事訴訟との関係 ………………………………………262
　　　(1) 破産債権と訴訟手続 ……………………………………………262
　　　　ア　破産手続開始と訴訟手続の中断 ……………………………262
　　　　イ　破産債権の確定と訴訟手続 …………………………………262
　　　【書式9】　訴訟終了書／263
　　　　ウ　破産届出債権に破産管財人または他の破産債権者から異議があった場合 …………………………………………………264
　　　　エ　届出債権に破産者から異議があった場合 …………………265
　　　　オ　破産手続終了と訴訟手続 ……………………………………265
　　　　カ　同時廃止と訴訟手続 …………………………………………265
　　　　キ　破産免責の効果 ………………………………………………266
　　　(2) 法人と破産 ………………………………………………………268
　　　　ア　会社・取締役の破産手続開始と取締役の地位 ……………268
　　　　イ　破産手続終了と取締役の地位 ………………………………269
Ⅱ　信販関係の訴訟 ……………………………………………………………270
　第1　割賦販売における残代金請求 ……………………………………270

1　割賦販売における残代金請求の請求原因 …………………270
　　〈記載例1〉　割賦販売の残代金請求の訴状における請求の趣旨・原
　　　　　　　　因（個別割賦販売型）／271
　　〈記載例2〉　割賦販売の残代金請求の訴状における請求の趣旨・原
　　　　　　　　因（包括割賦販売型）／272
　第2　ローン提携販売による求償請求 …………………273
　　1　ローン提携販売による求償請求の請求原因 …………………273
　　2　ローン提携販売による求償請求における抗弁 …………………273
　　〈記載例3〉　ローン提携販売による求償請求の訴状における請求の
　　　　　　　　趣旨・原因（包括ローン提携販売型）／274
　第3　信用購入あっせんによる立替金等請求 …………………275
　　1　個別信用購入あっせんにおける請求原因 …………………275
　　(1)　立替金型個別信用購入あっせんにおける請求原因 …………………275
　　〈記載例4〉　立替金型個別信用購入あっせんによる立替金請求の訴
　　　　　　　　状における請求の趣旨・原因／275
　　(2)　貸金型個別信用購入あっせんの請求原因 …………………276
　　〈記載例5〉　貸金型個別信用購入あっせんによる請求の訴状におけ
　　　　　　　　る請求の趣旨・原因／277
　　(3)　保証委託クレジット型個別信用購入あっせんの請求原因 …………278
　　〈記載例6〉　保証委託クレジット型個別信用購入あっせんによる請
　　　　　　　　求の訴状における請求の趣旨・原因／279
　　2　個別信用購入あっせんにおける抗弁 …………………280
　　(1)　抗弁権の接続の抗弁 …………………280
　　(2)　クーリング・オフの抗弁等 …………………280
　　　ア　クーリング・オフの抗弁の要件事実 …………………281
　　　イ　クーリング・オフの抗弁に対する再抗弁 …………………281
　　(3)　過量販売契約の解除等の抗弁等 …………………281

目 次

　　　　　ア　過量販売契約の解除等の抗弁 ……………………………………281
　　　　　イ　過量販売契約の解除等の抗弁に対する再抗弁 ………………281
　　　　(4)　不実告知・重要事項故意不告知による与信契約等の取消しの抗弁 …282
　　　　(5)　加盟店調査義務違反による権利濫用の抗弁 ……………………282
　　3　包括信用購入あっせんにおける請求原因 ……………………………282
　　4　包括信用購入あっせんにおける抗弁 …………………………………283
　　　〈記載例7〉　包括信用購入あっせんによる立替金等請求の訴状における請求の趣旨・原因／283

第4　不正使用カード等の利用代金請求 …………………………………284
　　1　カードの紛失・盗難事例 ………………………………………………284
　　　(1)　盗難等カードの不正使用のカード利用代金の請求の請求原因 ……284
　　　(2)　盗難等カードの不正使用のカード利用代金の請求における抗弁等 …285
　　　　　ア　他人によるカードの不正使用であることの抗弁等 ……………285
　　　　　イ　カード会社または加盟店の過失の抗弁 …………………………286
　　2　家族カード利用責任 ……………………………………………………287
　　　(1)　家族カード利用代金請求の要件事実 ……………………………287
　　　　　ア　請求原因 …………………………………………………………287
　　　　　イ　抗　弁 ……………………………………………………………287
　　　　　ウ　再抗弁 ……………………………………………………………287
　　　　　エ　再々抗弁 …………………………………………………………287
　　　　　オ　再々々抗弁 ………………………………………………………288

Ⅲ　リース料等請求関係の訴訟 …………………………………………………288
　　1　リース料等請求の請求原因 ……………………………………………288
　　　(1)　ユーザーの債務不履行による期限の利益喪失型の残リース料請求の請求原因 …………………………………………………………288
　　　(2)　ユーザーの債務不履行による契約解除型の損害金等請求の請求原因 …289
　　　〈記載例8〉　残リース料等請求の訴状における請求の趣旨・原因／289

36

2 リース料等請求における抗弁等 ……………………………290
(1) リース業者がユーザーに対しリース物件の引渡しがないことを知っていた（悪意）かまたは知り得たこと（重過失）の抗弁 ………290
(2) リース業者の責めに帰すべき事由によるリース物件の滅失または修繕不能の毀損の抗弁 …………………………………………290
(3) リース物件に瑕疵があることによる支払拒絶の抗弁等 ……………290
- ア リース物件に瑕疵があることによる支払拒絶の抗弁の要件事実 …291
- イ 瑕疵担保免責特約の再抗弁 …………………………………291
- ウ 免責特約成立の主張の信義則違反の再々抗弁 ………………291
- エ 消費者契約であることの再々抗弁 ……………………………291
(4) サプライヤーに対する抗弁の接続の抗弁…………………………292
(5) リース物件の引き揚げによる清算金債権との相殺の抗弁 …………292

Ⅳ 金融商品の販売等に関する法律（金融商品販売法）5条に基づく損害賠償請求訴訟 ……………………………293

第1 金融商品販売法5条に基づく損害賠償請求の請求原因 ……………………………293
1 金融商品販売法5条に基づく損害賠償請求の請求原因の要件事実 ……………………………293
2 因果関係と損害額の推定 ……………………………294
(1) 説明義務違反・断定的判断の提供等と損害発生との間の因果関係の推定 ……………………………294
(2) 損害額の元本欠損額の推定 …………………………………294
(3) 元本欠損額 ………………………………………………294
(4) 元本欠損額を超える損害の請求 ………………………………295

第2 金融商品販売法5条に基づく損害賠償請求における抗弁等 ……………………………295
1 説明義務違反または断定的判断の提供等に基づく損害賠償請

目次

　　　求における抗弁～過失相殺等の抗弁 ……………………………295
　　2　説明義務違反に基づく損害賠償請求における抗弁等 …………295
　　(1)　複数の金融商品販売業者等が説明義務を行う場合で、他の金融
　　　　商品販売業者等による説明があったことの抗弁等 ……………295
　　(2)　顧客が、金融商品の販売等に関する専門的知識および経験を有
　　　　する金融商品販売業者等および特定投資家（特定顧客）（金商2条
　　　　31項）であることの抗弁 …………………………………………296
　　(3)　顧客から重要事項について説明を要しない旨の意思表示があっ
　　　　たことの抗弁 ………………………………………………………296
Ⅴ　消費者保護法上の抗弁等 ………………………………………………296
　第1　消費者契約法上の抗弁等 …………………………………………296
　　1　消費者契約の申込みまたはその承諾の意思表示の取消し（消
　　　契4条）……………………………………………………………………296
　　(1)　誤認による意思表示の取消しの抗弁（消契4条1項・2項）………297
　　　ア　重要事項についての不実告知による消費者契約の申込み
　　　　　またはその承諾の意思表示の取消しの抗弁（消契4条1項1号）…297
　　　イ　不確実な事項についての断定的判断の提供による消費者契約
　　　　　の申込みまたはその承諾の意思表示の取消しの抗弁（消契4条
　　　　　1項2号）………………………………………………………………297
　　　ウ　重要事項等について消費者の利益になる旨告げ、不利益事実
　　　　　を告げないことによる消費者契約の申込みまたはその承諾の意
　　　　　思表示の取消しの抗弁（消契4条2項）……………………………298
　　(2)　困惑による意思表示の取消しの抗弁（消契4条3項）……………299
　　(3)　消費者契約の申込みまたはその承諾の意思表示の取消しにおけ
　　　　る再抗弁 ……………………………………………………………300
　　　ア　重要事項等について消費者の利益になる旨告げ、不利益事実
　　　　　を告げないことによる消費者契約の申込みまたはその承諾の意

　　　　　思表示の取消しの抗弁に対する重要事項についての不利益事項
　　　　　の告知を消費者が拒んだことの再抗弁（消契4条2項ただし書）…300
　　　　イ　取消権の消滅時効・除斥期間の再抗弁（消契7条1項)…………300
　　　　ウ　善意の第三者（消契4条5項）の再抗弁……………………………301
　　　　エ　取消し前に消費者が追認（民122条・124条）または法定追認
　　　　　（民125条）に該当する行為をしたことの再抗弁……………………301
第2　特定商取引に関する法律（特定商取引法）上の
　　　抗弁等 ………………………………………………………………301
　1　クーリング・オフの抗弁等 ………………………………………………301
　　(1)　クーリング・オフの抗弁 ……………………………………………301
　　(2)　クーリング・オフの抗弁に対する再抗弁等 ………………………302
　　　　ア　被告（購入者等）の法定書面の法定期間内の受領の再抗弁等 …302
　　　　イ　指定消耗品の使用または消費の再抗弁 ……………………………303
　2　不実告知・重要事項故意不告知による販売契約等の取消しの
　　　抗弁等 ………………………………………………………………………303
　　(1)　不実告知・重要事項故意不告知による販売契約等の取消しの抗
　　　　弁等の要件事実…………………………………………………………303
　　(2)　再抗弁 …………………………………………………………………304
　　　　ア　取消権の消滅時効の再抗弁 …………………………………………304
　　　　イ　取消権の除斥期間の再抗弁 …………………………………………305
　　　　ウ　善意の第三者の再抗弁 ………………………………………………305
　　　　エ　取消し前に被告（購入者等）が追認（民122条・124条）また
　　　　　は法定追認（民125条）に該当する行為をしたことの再抗弁………306
　3　過量販売契約の解除等の抗弁等 …………………………………………306
　　(1)　訪問販売における過量販売契約の解除等の抗弁 …………………306
　　(2)　再抗弁 …………………………………………………………………306
　4　中途解約等の抗弁 …………………………………………………………306

  5 通信販売における返品等の抗弁 …………………………306
第3 電子消費者契約及び電子承諾通知に関する民法の特
   例に関する法律（電子消費者契約等特例法）上の電
   子消費者契約に関する民法の特例 …………………………307
  1 電子消費契約において表意者に重過失があるときの特例
   （電子消費者特例3条）の再々抗弁等……………………………307
   (1) 電子消費者契約において表意者に重過失があるときの特例の
    再々抗弁 ……………………………………………………………307
   (2) 事業者が商品確認申込みの確認措置をとったことまたは消費者
    がこのような確認措置を要しない旨の意思表示をしたことの再々
    々抗弁 ………………………………………………………………308

条文索引 ………………………………………………………………309
事項索引 ………………………………………………………………311
判例索引 ………………………………………………………………316

― 凡　例 ―

(1)　**法令等**
- 平成20年改正法＝特定商取引に関する法律及び割賦販売法の一部を改正する法律（平成20年法律第74号。平成21年12月1日施行）による改正後の特定商取引に関する法律および割賦販売法
- 平成18年改正法＝証券取引法等の一部を改正する法律の施行に伴う関係法律の整備等に関する法律（平成18年法律第66号。平成19年9月30日施行）による改正後の金融商品の販売等に関する法律
- 平成16年改正法＝特定商取引に関する法律及び割賦販売法の一部を改正する法律（平成16年法律第44号。平成16年11月11日施行）による改正後の特定商取引に関する法律および割賦販売法
- 民＝民法
- 商＝商法
- 会社＝会社法
- 金商＝金融商品取引法
- 民訴＝民事訴訟法
- 民訴規＝民事訴訟規則
- 民執＝民事執行法
- 民保＝民事保全法
- 民訴費＝民事訴訟費用等に関する法律
- 破＝破産法
- 会更＝会社更生法
- 民再＝民事再生法
- 民調＝民事調停法
- 民調規＝民事調停規則

凡　例

- 消契＝消費者契約法
- 割販＝割賦販売法
- 割販令＝割賦販売法施行令
- 特商＝特定商取引に関する法律（特定商取引法）
- 特商令＝特定商取引に関する法律施行令
- 特商規＝特定商取引に関する法律施行規則
- 電子消費者契約等特例＝電子消費者契約及び電子承諾通知に関する民法の特例に関する法律（電子消費者契約等特例法）
- 金販＝金融商品の販売等に関する法律（金融商品販売法）
- 特商通達＝平成21年8月6日付け経済産業大臣官房商務流通審議官発通達「特定商取引に関する法律等の施行について」

(2)　判例集、雑誌等

- 民録＝大審院民事判決録
- 民集＝最高裁判所民事判例集、大審院民事判例集
- 集民＝最高裁判所裁判集（民事）
- 高民集＝高等裁判所民事判例集
- 高刑集＝高等裁判所刑事判例集
- 東高民報＝東京高等裁判所民事判決時報
- 下民集＝下級裁判所民事判例集
- 交民集＝交通事故民事裁判例集
- 判時＝判例時報
- 判タ＝判例タイムズ
- 金法＝金融法務事情
- 金商＝金融・商事判例
- 最高裁HP＝最高裁判所ホームページ裁判例情報

(3)　文　献

ア　民事訴訟法関係

凡　例

- 『コンメンタール民事訴訟法Ⅰ・Ⅱ第2版』＝秋山幹男・伊藤眞・加藤新太郎・高田裕成・福田剛久・山本和彦『コンメンタール民事訴訟法Ⅰ・Ⅱ〔第2版〕』（日本評論社）
- 『民事訴訟法講義案（再訂補訂版）』＝裁判所職員総合研修所監修『民事訴訟法講義案（再訂補訂版）』（司法協会）
- 『民事実務講義案Ⅰ（四訂版）』＝裁判所職員総合研修所監修『民事実務講義案Ⅰ（四訂版）』（司法協会）

イ　要件事実関係

- 『改訂紛争類型別の要件事実』＝司法研修所編『改訂紛争類型別の要件事実』（法曹会）
- 『民事訴訟における要件事実第2巻』＝司法研修所編『民事訴訟における要件事実　第2巻』（法曹会）
- 加藤ほか『要件事実の考え方と実務〔第2版〕』＝加藤新太郎・細野敦『要件事実の考え方と実務〔第2版〕』（民事法研究会）
- 村田ほか『要件事実論30講』＝村田渉・山野目章夫編著『要件事実論30講』（弘文堂）
- 升田『要件事実の基礎と実践』＝升田純『要件事実の基礎と実践』（金融財政事情研究会）
- 岡口『要件事実マニュアル第3巻・第4巻（第3版）』＝岡口基一『要件事実マニュアル第3巻・第4巻（第3版）』（ぎょうせい）

ウ　判例解説

- 『最高裁判所判例解説民事篇平成〇年度』＝『最高裁判所判例解説民事篇平成〇年度』（法曹会）

エ　簡裁民事関係

- 岡久ほか『簡易裁判所民事手続法』＝岡久幸治・横田康祐・石﨑實・今岡毅編『新・裁判実務体系第26巻　簡易裁判所民事手続法』（青林書院）
- 加藤『簡裁民事事件の考え方と実務第3版』＝加藤新太郎編『簡裁民事事件の

凡　例

　　　考え方と実務〔第3版〕』（民事法研究会）
・『大阪簡裁定型訴状モデル解説』＝大阪地方裁判所簡易裁判所活性化研究会編『大阪簡易裁判所における民事訴訟の運営と定型訴状モデルの解説』（別冊判例タイムズ27号）
・園部『書式支払督促の実務〔全訂八版〕』＝園部厚『書式支払督促の実務〔全訂八版〕』（民事法研究会）

オ　消費者信用関係
・「信販関係事件に関する執務資料（その二）」＝最高裁判所事務総局・民事裁判資料160号「信販関係事件に関する執務資料（その二）」
・「消費者信用関係事件に関する執務資料（その二）」＝最高裁判所事務総局・民事裁判資料171号「消費者信用関係事件に関する執務資料（その二）」
・「簡易裁判所民事事件執務資料＝最高裁判所事務総局・民事裁判資料177号「簡易裁判所民事事件執務資料」
・「消費者契約法執務資料」＝最高裁判所事務総局・民事裁判資料236号「消費者契約法執務資料」
・「消費者関係法執務資料（改訂版）」＝最高裁判所事務総局・民事裁判資料247号「消費者関係法執務資料（改訂版）」
・滝澤『消費者取引関係訴訟の実務』＝滝澤孝臣編『消費者取引関係訴訟の実務』（新日本法規）
・梶村ほか『全訂版割賦販売法』＝梶村太市・深澤利一・石田賢一編『全訂版割賦販売法』（青林書院）
・後藤ほか『割賦販売法』＝後藤巻則・池本誠司『クレサラ叢書解説編　割賦販売法』（勁草社）
・中崎『詳説改正割賦販売法』＝中崎隆『詳説改正割賦販売法』（金融財政事情研究会）
・山岸ほか『第三版リース・クレジットの法律相談』＝山岸憲司・片岡義広・内山義隆編『第三版リース・クレジットの法律相談』（青林書院）

凡　例

- 梶村ほか『新リース契約法』＝梶村太一・石田賢一・西村博一編『新リース契約法』（青林書院）
- 『逐条解説消費者契約法〔第2版〕』＝消費者庁企画課編『逐条解説消費者契約法〔第2版〕』（商事法務）
- 『コンメ消費者契約法〔第2版〕』＝日本弁護士連合会消費者問題対策委員会編『コンメンタール消費者契約法〔第2版〕』（商事法務）
- 落合『消費者契約法』＝落合誠一『消費者契約法』（有斐閣）
- 齋藤ほか『特定商取引法ハンドブック第4版』＝齋藤雅弘・池本誠司・石戸谷豊『特定商取引法ハンドブック第4版』（日本評論社）
- 圓山『詳解特定商取引法の理論と実務〔第2版〕』＝圓山茂夫『詳解特定商取引法の理論と実務〔第2版〕』（民事法研究会）
- 『平成20年割賦販売法解説』＝経済産業省商務情報政策局取引信用課編『平成20年版　割賦販売法の解説』（社団法人日本クレジット協会）
- 『平成21年特定商取引法解説』＝消費者庁取引・物価対策課・経済産業省商務情報政策局消費経済政策課編『平成21年版　特定商取引に関する法律の解説』（商事法務）
- 日弁連『改正特商法・割販法の解説』＝日本弁護士連合会消費者問題対策委員会編『改正特商法・割販法の解説』（民事法研究会）

カ　その他

- 園部『一般民事事件論点整理ノート紛争類型編』＝園部厚『一般民事事件論点整理ノート　紛争類型編』（新日本法規出版）

序　章

　本書では、消費者信用取引関係事件をめぐる法的紛争を取り扱うが、「消費者信用取引」という言葉に、明確な定義があるわけではない。一般的には、「消費者信用取引」とは、消費者に金銭や物・サービス等を先に与えて、その対価の支払いを当該消費者を信用して後払いでよいとする取引である消費者に信用を与える取引のことをいう（これを「信用供与」「与信」という）。したがって、消費者信用取引関係事件の紛争とは、信販会社等の事業者が、消費者との間で、消費者の信用に基づき一定のサービスを提供する契約を締結し、その法律関係に基づく紛争のことをいう。

　そのような法律関係をめぐる紛争としては、貸金返還請求関係、割賦販売法関係、特定商取引法関係、リース料請求関係、保証関係などの紛争がある。本書では、わかりやすい紛争解決シリーズの第4巻としてすでに刊行されている『わかりやすい貸金・保証関係紛争解決の手引』の対象である貸金返還請求関係および保証関係の紛争（消費者金融取引）を除いたものを対象として取り扱っている。

　具体的には、本書では、「第1章　販売信用取引について」の中で、「信販関係事件」（第1節）および「リース関係事件」（第2節）について説明する。

　次に、「第2章　消費者保護法」では、それとの関連で、「消費者契約法」（第1節）、「特定商取引に関する法律」（第2節）、「金融商品の販売等に関する法律」（第3節）、「電子消費者契約及び電子承諾通知に関する民法の特例に関する法律」（第4節）について説明する。

　さらに、「第3章　消費者信用関係紛争解決のための手続」では、それらの事件の紛争解決手続について、「行政官庁相談窓口」（第1節）、「民事保全手続」（第2節）、「民事調停手続」（第3節）、「訴訟手続」（第4節）を説明をしている。第4節では、訴訟手続一般（Ⅰ）、信販関係訴訟（Ⅱ）、リース料

序　章

等請求関係訴訟（Ⅲ）、金融商品販売法5条に基づく損害賠償請求訴訟（Ⅳ）、および、信販関係訴訟、リース料等請求関係訴訟等において主張しうる消費者保護法上の抗弁等（Ⅴ）について、それぞれ説明する。

第1章　販売信用取引

第1節　信販関係事件

第1　割賦販売法

1　対象となる取引

割賦販売法において、規制の対象となる取引は、以下の［表1］のとおりである（園部『書式支払督促の実務〔全訂八版〕』137頁、『平成20年割賦販売法解説』34頁～60頁参照）。

［表1］　割賦販売法における割賦販売等の分類

割賦販売（割販2条1項）	個別割賦販売（割販2条1項1号）	
	文化預金方式割賦販売（割販2条1項1号括弧書）	
	包括割賦販売（割販2条1項1号）	
	リボルビング方式割賦販売（割販2条1項2号）	
ローン提携販売（割販2条2項）	包括ローン提携販売（割販2条2項1号）	
	リボルビング方式ローン提携販売（割販2条2項2号）	
	委託保証ローン提携販売 （割販2条2項1号括弧書・2号括弧書）	
包括信用購入あっせん（割販2条3項）	包括信用購入あっせん （割販2条3項1号）	債務引受（立替払）型
		債権譲渡型
		保証委託型
	リボルビング方式 信用購入あっせん （割販2条3項2号）	定額リボルビング方式
		定率リボルビング方式
		残高スライド 定額リボルビング方式
個別信用購入あっせん（割販2条4項)		
前払式特定取引（割販2条6項）		

2 各取引の内容

(1) 割賦販売

ア 割賦販売とは

割賦販売法でいう「割賦販売」とは、購入者から商品・権利の代金、または役務受領者から役務の対価を、それぞれ2カ月以上の期間にわたり、かつ、3回以上に分割して受領することを条件として、指定商品・指定権利を販売し、または指定役務を提供することである（割販2条1項）。

割賦販売の定義規定には、代金・対価を割賦払いで受領することを条件として商品・権利の販売または役務の提供をする取引という文言で規定され、その契約形式を特定していないので、代金・対価の支払いについて、販売・提供契約の中の支払条件の特約として定める場合もあれば、販売・提供契約と同時に代金・対価相当額を販売業者等自ら貸付け等する契約を締結する場合も含むと解すべきである（後藤ほか『割賦販売法』57頁）。

イ 指定商品、指定権利および指定役務

指定商品とは、定型的条件で販売するのに適する商品であって政令で定めるものであり（割販2条5項、割販令1条1項別表第1）、指定権利とは、施設を利用しまたは役務の提供を受ける権利のうち国民の日常生活に係る取引において販売されるものであって政令で定めるものであり（割販2条5項、割販令1条2項別表第1の2）、指定役務とは、国民の日常生活に係る取引において有償で提供される役務であって政令で定めるものをいう（割販2条5項、割販令1条3項別表第1の3）。

ウ 包括割賦販売、個別割賦販売、文化預金方式割賦販売およびリボルビング方式割賦販売

割賦販売には、販売業者・役務提供事業者がカードその他の物または番号、記号その他の符号を利用者（購入者、役務受領者）に交付または付与し、そのカード等と引換えに、または提示もしくは通知を受けて、当該利用者に販売または提供する「包括割賦販売」と、カード等を交付または付与するこ

第1節　信販関係事件

となく販売または提供する「個別割賦販売」とがある（園部『書式支払督促の実務〔全訂八版〕』144頁、『平成20年割賦販売法解説』34頁・35頁）。また、割賦販売法2条1項1号括弧書に定める、購入者・役務受領者をして販売業者・役務提供事業者の指定する銀行等に対し2カ月以上の期間に3回以上預金させた後、その預金のうちから商品・権利の代価または役務の対価を受領することを条件として、指定商品・指定権利を販売し、または指定役務を提供することは、「文化預金方式割賦販売」と呼ばれている（「信販関係事件に関する執務資料（その二）」8頁、『平成20年割賦販売法解説』36頁3）。

　割賦販売には、カード等を利用者に交付または付与し、あらかじめ定められた時期ごとに、そのカード等の提示もしくは通知を受けて、またはそれと引換えに当該利用者に販売した商品・権利の代金または当該利用者に提供する役務の対価の合計額を基礎として、あらかじめ定められた方法により算定して得た金額を当該利用者から受領することを条件として、指定商品・指定権利を販売し、または指定役務を提供する「リボルビング方式割賦販売」もある（割販2条1項2号）。

　エ　指定商品・指定権利制の維持

　平成20年法律第74号による改正割賦販売法（以下、「平成20年改正法」という。平成21年12月1日施行）において、個別信用購入あっせんについて、消費者被害を未然に防止するために、後追い的であった指定の追加による対応から、指定商品・指定役務制を廃止し、原則として、取引の対象をすべての商品・役務に拡大した（割販2条4項）が、割賦販売においては、販売業者等が最終的債権回収のリスクを負っており、悪質商法に利用される蓋然性が低いとして、指定商品・指定権利制も維持されている（『平成20年割賦販売法解説』35頁4・50頁1・56頁2）。

　オ　「2カ月以上かつ3回払い以上」という要件の維持

　また、平成20年改正法において、リボルビング方式を除く信用購入あっせんにおいて、被害事例に2回払いや一括払いのケースも少なくないとして、

5

〈図1〉 割賦販売の法律関係

個別割賦販売（割販2条1項1号）

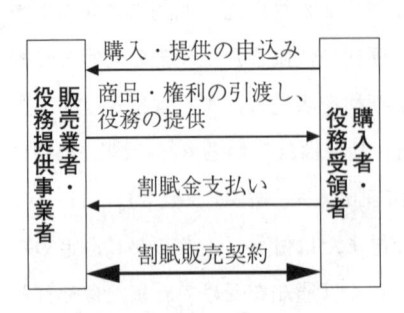

販売業者・役務提供事業者 ⇄ 購入者・役務受領者
- 購入・提供の申込み
- 商品・権利の引渡し、役務の提供
- 割賦金支払い
- 割賦販売契約

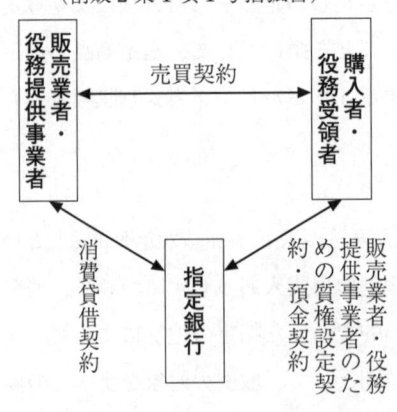

包括割賦販売（割販2条1項1号）

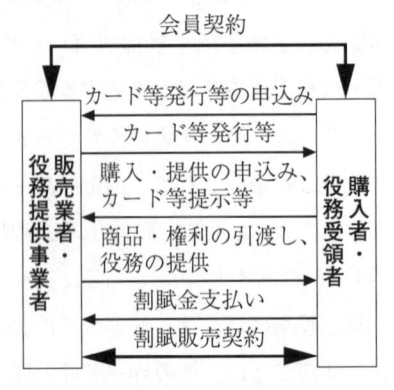

販売業者・役務提供事業者 ⇄ 購入者・役務受領者
- 会員契約
- カード等発行等の申込み
- カード等発行等
- 購入・提供の申込み、カード等提示等
- 商品・権利の引渡し、役務の提供
- 割賦金支払い
- 割賦販売契約

文化預金方式割賦販売
（割販2条1項1号括弧書）

販売業者・役務提供事業者 ― 売買契約 ― 購入者・役務受領者
販売業者・役務提供事業者のための賃権設定契約・預金契約
消費貸借契約
指定銀行

リボルビング方式割賦販売
（割販2条1項2号）

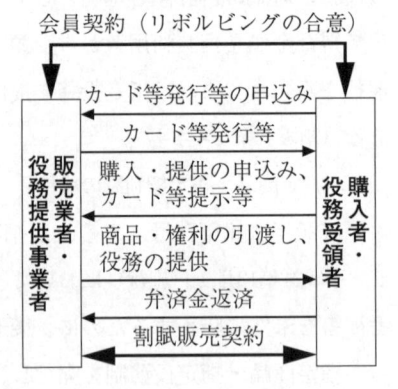

販売業者・役務提供事業者 ⇄ 購入者・役務受領者
- 会員契約（リボルビングの合意）
- カード等発行等の申込み
- カード等発行等
- 購入・提供の申込み、カード等提示等
- 商品・権利の引渡し、役務の提供
- 弁済金返済
- 割賦販売契約

2カ月以上の与信であれば一括払いを含め規制の対象とした（割販2条3項・4項）（それに伴って、取引の名称が「割賦購入あっせん」から「信用購入あっせん」に改められた（園部『書式支払督促の実務〔全訂八版〕』130頁））が、割賦販売（割販2条1項1号）においては、消費者トラブルが多くは発生していないとして「2カ月以上かつ3回払い以上」という要件が維持されている（『平成20年割賦販売法解説』35頁1・36頁2、園部『書式支払督促の実務〔全訂八版〕』131頁）。

カ 「個品」「総合」から「個別」「包括」へ

さらに、平成20年改正法において、信用購入あっせんにおける取引の名称が、条文上、カード等を利用しないものについては「個品」から「個別」に（割販2条4項）、カード等を利用するものについては「総合」から「包括」に（割販2条3項）、それぞれ改められたが、割賦販売においても、同様に解することができ、カード等を利用しないものについては「個品」を「個別」と、カード等を利用するものについては「総合」を「包括」と、それぞれ変更され、カード等を利用しないものは「個別割賦販売」と、カード等を利用する者は「包括割賦販売」と、それぞれ呼ばれることになる（『平成20年割賦販売法解説』34頁、園部『書式支払督促の実務〔全訂八版〕』130頁）。

(2) ローン提携販売

ア ローン提携販売とは

ローン提携販売とは、指定商品・指定権利の代金または指定役務の対価の全部または一部に充てるための金銭の借入れで、2カ月以上の期間にわたり、かつ、3回以上に分割して返済することを条件とするものに係る購入者・役務受領者の債務の保証をして当該指定商品・指定権利の販売または役務の提供をすることである（割販2条2項）。

ローン提携販売は、購入者等に対する信用調査のノウハウがない金融機関が、提携先販売業者等の連帯保証を付すことを条件として信用供与を行うことによって始まったものである（後藤ほか『割賦販売法』49頁）。つまり、ローン提携販売においては、購入者等に対する与信の危険負担は、販売業者等が負うことになる[1]（山岸ほか『第三版リースクレジットの法律相談』304頁）。

指定商品（割販2条5項、割販令1条1項別表第1）、指定権利（割販2条5項、割販令1条2項別表第1の2）および指定役務（割販2条5項、割販令1条

---

[1] これに対し、信用購入あっせんは、信販会社が信用調査と貸倒れリスクを負担すること（貸倒れリスクは手数料として購入者等に転嫁する）を前提として、販売業者等の連帯保証を求めないで信用供与を行う取引である（後藤ほか『割賦販売法』49頁・50頁、山岸ほか『第三版リースクレジットの法律相談』304頁・305頁）。

3項別表第1の3）については、上記(1)イ（4頁）を参照されたい。

  イ　包括ローン提携販売、委託保証ローン提携販売およびリボルビング方式ローン提携販売

　ローン提携販売には、販売業者・役務提供事業者がカードその他の物または番号、記号その他の符号を利用者（購入者、役務受領者）に交付または付与し、そのカード等と引換えに、または提示もしくは通知を受けて、当該利用者に販売または提供する「包括ローン提携販売」（割販2条2項1号）がある。

　割賦販売法2条2項1号括弧書・2号括弧書に定める「業として保証を行う者に当該債務の保証を委託すること」とは、販売業者等が自ら保証せず、販売業者等から委託を受けて信用保証を業とする者が購入者等の債務の保証をする場合（委託保証ローン提携販売）である。

　ローン提携販売には、カード等を利用者に交付または付与し、当該利用者がカード等と引換えに、またはそれを提示もしくは通知して、購入した商品・権利の代価または役務の対価に充てるためにする金銭の借入れで、あらかじめ定められた時期ごとに、その借入金の合計額を基礎として、あらかじめ定められた方法により算定して得た金額を返済することを条件とするものに係る当該利用者の債務の保証（業として保証を行う者に当該債務の保証を委託することを含む）をして、そのカード等と引換えに、またはその提供もしくは通知を受けて、指定商品・指定権利の販売または指定役務の提供をする「リボルビング方式ローン提携販売」もある（割販2条2項2号）。

  ウ　個別方式のローン提携販売

　ローン提携販売には、カード等を交付または付与することなく販売または提供する「個別ローン提携販売」がありうる。しかし、平成20年改正法において、従前の「割賦購入あっせん」が、リボルビング方式の場合の除き、2カ月以上かつ3回払い以上の分割払いを規制対象としていたのが、被害事例に2回払いや一括払いのケースも少なくなかったことから、2カ月以上の与

第1節　信販関係事件

〈図2〉　ローン提携販売の法律関係

包括ローン提携販売（割販2条2項1号）

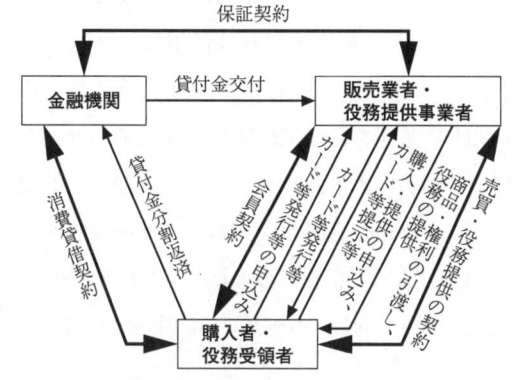

委託保証ローン提携販売（割販2条2項1号括弧書・2号括弧書）

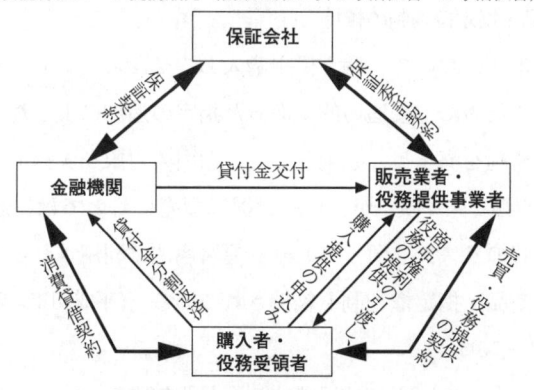

リボルビング方式ローン提携販売（割販2条2項2号）

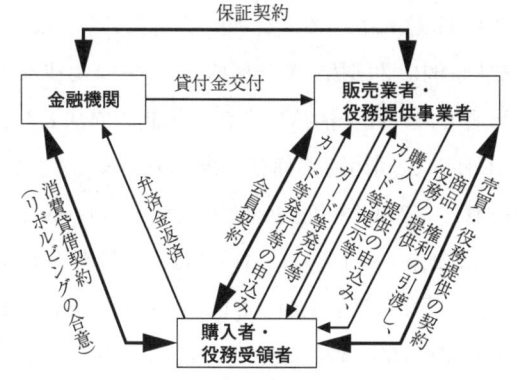

9

信であれば一括払いを含め規制の対象とされ、2カ月以上後の一括払い、2回払い（割賦）も規制の対象とされ、その規制対象に一括払いも含まれたため、「割賦購入あっせん」という名称は「信用購入あっせん」という名称に改められた。そして、実質的に個別信用購入あっせんである取引において、販売業者等が形式的に保証を行って個別信用購入あっせんについての規制を脱法することがないようにするために、個別方式のローン提携販売については、個別信用購入あっせんの定義の中に含め、その規制を課すことにされた（割販2条4項）（園部『書式支払督促の実務〔全訂八版〕』167頁、松田洋平ほか「『割賦販売法』改正の概要」NBL887号16頁、『平成20年割賦販売法解説』20頁・45頁）。

　エ　指定商品・指定権利制の維持

　平成20年改正法において、個別信用購入あっせんについて、消費者被害を未然に防止するために、後追い的であった指定の追加による対応から、指定商品・指定役務制を廃止し、原則として、取引の対象をすべての商品・役務に拡大した（割販2条4項）が、ローン提携販売においては、販売業者等が最終的債権回収のリスクを負っており、悪質商法に利用される蓋然性が低いとして、指定商品・指定権利制も維持されている（『平成20年割賦販売法解説』35頁4・50頁1・56頁2）。

　オ　「2カ月以上かつ3回払い以上」という要件の維持

　また、平成20年改正法において、リボルビング方式を除く信用購入あっせんにおいて、被害事例に2回払いや一括払いのケースも少なくないとして、2カ月以上の与信であれば一括払いを含め規制の対象とした（割販2条3項・4項）（それに伴って、取引の名称が「割賦購入あっせん」から「信用購入あっせん」に改められた（園部『書式支払督促の実務〔全訂八版〕』130頁））が、ローン提携販売（割販2条2項1号）においては、消費者トラブルが多くは発生していないとして「2カ月以上かつ3回払い以上」という要件が維持されている（『平成20年割賦販売法解説』35頁1・37頁2、園部『書式支払督促の実務

〔全訂八版〕』131頁）。

カ　「個品」「総合」から「個別」「包括」へ

さらに、平成20年改正法において、信用購入あっせんにおける取引の名称が、条文上、カード等を利用しないものについては「個品」から「個別」に（割販2条4項）、カード等を利用するものについては「総合」から「包括」に（割販2条3項）、それぞれ改められたが、ローン提携販売においても、同様に解することができ、カード等を利用するローン提携販売については「総合」を「包括」と変更され、カード等を利用するローン提携販売は「包括ローン提携販売」と呼ばれることになる（『平成20年割賦販売法解説』34頁、園部『書式支払督促の実務〔全訂八版〕』130頁）。

(3)　信用購入あっせん

ア　信用購入あっせんとは

信用購入あっせんとは、商品・指定権利の販売または役務の提供について、信販会社（信用購入あっせん業者（「包括信用購入あっせん業者」（割販30条参照）および「個別信用購入あっせん業者」（割販35条の3の2参照）））が当該商品・指定権利の代金または役務の対価の全部または一部に相当する金額を販売業者・役務提供事業者に交付し、購入者・役務受領者から当該金額を受領するものである（割販2条3項・4項）。

信用購入あっせんは、信販会社が信用調査と貸倒れリスク（危険）を負担すること（貸倒れリスクは手数料として購入者等に転嫁する）を前提として、販売業者等の連帯保証を求めないで信用供与を行う取引である[2]（後藤ほか『割賦販売法』49頁・50頁、山岸ほか『第三版リースクレジットの法律相談』304頁・305頁）。

---

　[2]　これに対し、ローン提携販売は、購入者等に対する信用調査のノウハウがない金融機関が、提携先販売業者等の連帯保証を付すことを条件として信用供与を行うことによって始まったものである（後藤ほか『割賦販売法』49頁）。つまり、ローン提携販売においては、購入者等に対する与信の危険負担は、販売業者等が負うことになる（山岸ほか『第三版リースクレジットの法律相談』304頁）。

イ 包括信用購入あっせん、個別信用購入あっせんおよびリボルビング方式信用購入あっせん

　信用購入あっせんには、あらかじめ交付または付与された、カードその他の物または番号、記号その他の符号に基づいて、それを提示もしくは通知して、またはそれと引換えに行われる商品・指定権利の販売または役務の提供について、信販会社（信用購入あっせん業者）が当該商品・指定権利の代金または役務の対価に相当する金額を販売業者・役務提供事業者に交付し、購入者・役務受領者から当該金額を受領するものである「包括信用購入あっせん」（割販2条3項1号）と、カード等を利用することなく行われる商品・指定権利の販売または役務の提供について、信販会社（信用購入あっせん業者）が当該商品・指定権利の代金または役務の対価の全部または一部に相当する金額を販売業者・役務提供事業者に交付し、購入者・役務受領者から当該金額を受領するものである「個別信用購入あっせん」（割販2条4項）がある。

　また、信用購入あっせんには、あらかじめ交付または付与された、カードその他の物または番号、記号その他の符号に基づいて、それを提示もしくは通知して、またはそれと引換えに行われる商品・指定権利の販売または役務の提供について、信販会社（信用購入あっせん業者）が当該商品・指定権利の代金または役務の対価に相当する金額を販売業者・役務提供事業者に交付し、購入者・役務受領者からあらかじめ定められた時期ごとに当該金額を受領するものである「リボルビング方式信用購入あっせん」（割販2条3項2号）もある。

　そのほかに、信用購入あっせんにあたるかどうかが問題となるものとして、購入者・役務受領者が信販会社に保証を委託して金融機関から商品・権利の代金または役務の対価相当額等を借り入れする保証委託クレジット（提携ローン（四者型））がある。保証委託クレジットには、①購入者・役務受領者が商品・権利の代金または役務の対価に相当する額に保証委託手数料相当分を含めて金融機関から借り入れてこれを一括返済するものと、②購入者・

役務受領者が商品・権利の代金または役務の対価に相当する額を金融機関から借り入れてこれを信販会社経由で分割返済するとともに、信販会社に対して保証委託手数料を分割払いするものがある。

保証委託クレジットにおいては、信販会社が単に保証するだけでなく、代金・役務対価相当額を金融機関から受領して販売業者・役務提供事業者に交付し、一方で金融機関の委託を受けて購入者・役務受領者から割賦弁済金を受領するのが通例で、この場合信販会社が実質的かつ終局的な与信供与者としてこの取引に関与しており、個別信用購入あっせんの定義規定から考え、個別信用購入あっせんに該当すると解すべきである（「消費者信用関係事件に関する執務資料（その二）」115頁、『平成20年割賦販売法解説』48頁※3）。

　ウ　指定商品・指定役務制の廃止

平成20年改正法において、個別信用購入あっせんについて、消費者被害を未然に防止するために、後追い的であった指定の追加による対応から、指定商品・指定役務制を廃止し、原則として、取引の対象をすべての商品・役務に拡大した（割販2条4項）（『平成20年割賦販売法解説』35頁4・50頁1・56頁2、園部『書式支払督促の実務〔全訂八版〕』129頁）（リボルビング方式を含む「包括信用購入あっせん」については、同改正前の「総合割賦購入あっせん」と呼ばれていた時から、すべての商品・権利および役務が対象となっていた（平成20年改正前割販2条2項1号・3号）（通商産業省産業政策局消費経済課編『昭和59年改正による割賦販売法の解説』（社団法人日本クレジット産業協会）43頁5、梶村ほか『全訂版割賦販売法』9頁））。そして、そのうえで、クーリング・オフ等になじまない商品・役務等は、規制の対象から除外した（割販35条の3の60）（適用除外例としては、営業のためにもしくは営業として締結する契約（割販35条の3の60第1項1号）、不動産販売（割販35条の3の60第1項6号）がある）。

　エ　指定権利制の維持

なお、権利は広い概念で、法技術上すべてに法規制をかけることは困難であることから（日弁連『改正特商法・割販法の解説』33頁）、個別信用購入あっ

第1章 販売信用取引

〈図3〉 信用購入あっせんの法律関係

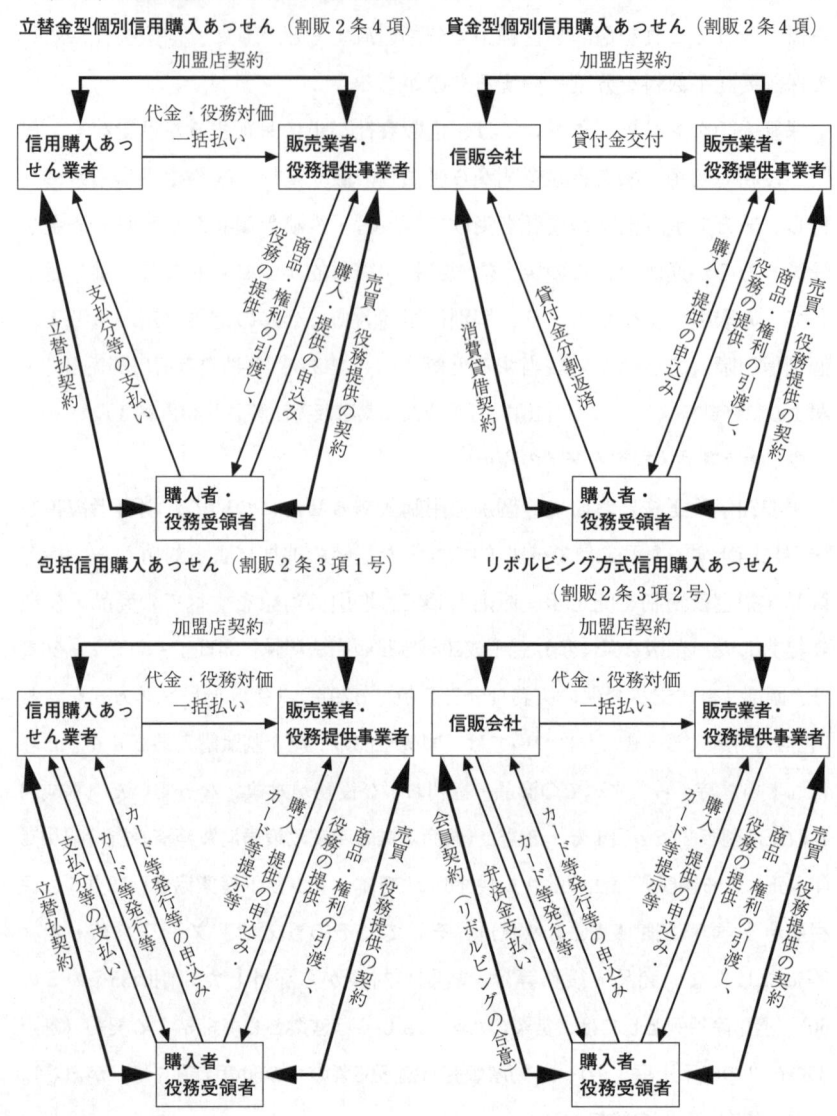

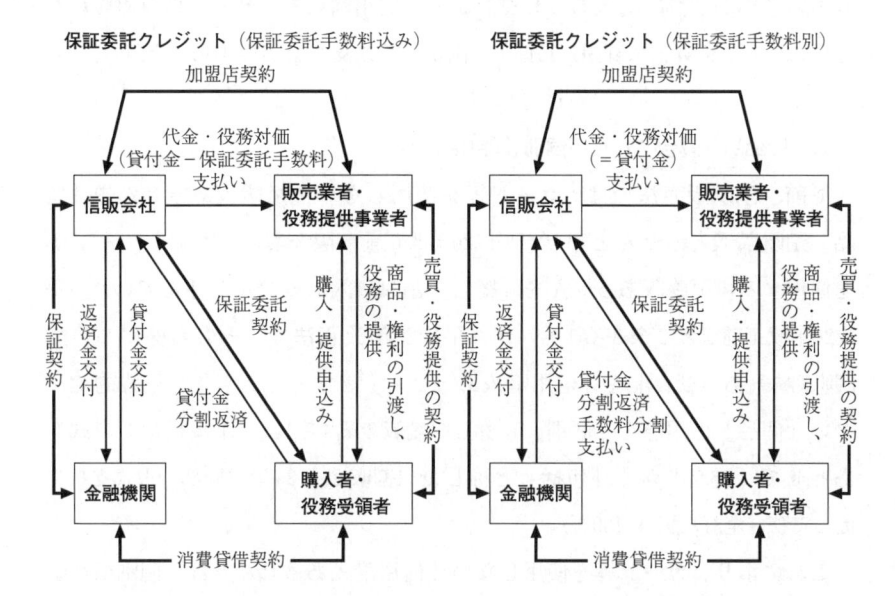

保証委託クレジット（保証委託手数料込み）　　**保証委託クレジット**（保証委託手数料別）

[図：保証委託クレジットの取引関係図。信販会社、販売業者・役務提供事業者、金融機関、購入者・役務受領者の間の加盟店契約、代金・役務対価（貸付金−保証委託手数料）支払い、売買・権利の引渡し、役務提供の契約、商品・権利の引渡し、役務の提供、購入・提供申込み、保証委託契約、貸付金交付、返済金交付、貸付金分割返済、保証契約、消費貸借契約等の関係を示す。右側の図は保証委託手数料別で、代金・役務対価（＝貸付金）、貸付金分割返済手数料分割支払い]

せんにおいても指定権利制は維持されている（『平成20年割賦販売法解説』56頁2）。ただ、役務提供を権利として規制を免れる可能性もあるので、そのようなことがないように法執行をしていく必要はあると思われる（日弁連『改正特商法・割販法の解説』33頁）。

オ　規制対象の拡大、名称の変更

従前の「割賦購入あっせん」は、リボルビング方式の場合を除き、2カ月以上かつ3回払い以上の分割払いを規制の対象としていたが、割賦購入あっせんにおいては、被害事例に2回払いや一括払いのケースも少なくなかったことから、平成20年改正法により、購入・提供の契約から2カ月を超える与信であれば一括払いを含め規制の対象とされ、購入・提供の契約から2カ月を超える後の一括払いや2回払いも規制の対象とされた（割販2条3項・4項）（園部『書式支払督促の実務〔全訂八版〕』130頁）（与信期間が2カ月以内であれば、規制対象とはならない[*3]（『平成20年割賦販売法解説』38頁））。

それに伴って、その規制対象に一括払いも含まれるようになったために、

取引の名称が「割賦購入あっせん」から「信用購入あっせん」に改められた（『平成20年割賦販売法解説』35頁１、園部『書式支払督促の実務〔全訂八版〕』130頁）。

　カ　「個品」「総合」から「個別」「包括」へ

　従前、割賦販売法では、カード等を使用しない割賦購入あっせんを「個品」割賦購入あっせんと呼び（平成20年改正前割販２条３項２号）、カード等を使用する割賦購入あっせんを「総合」割賦購入あっせんと呼んでいた（平成20年改正前割販２条３項１号）が、平成20年改正法で、その名称について「割賦購入あっせん」を「信用購入あっせん」とするとともに、一般的ではない「個品」の用語を「個別」と称し（割販２条４項）、リボルビング方式をあわせて「総合」から「包括」と称した（割販２条３項）（園部『書式支払督促の実務〔全訂八版〕』130頁）。

　これにより、カード等を使用しない「信用購入あっせん」は「個別信用購入あっせん」と呼ばれ、リボルビング方式をあわせて、カード等を使用する「信用購入あっせん」は「包括信用購入あっせん」と呼ばれる（『平成20年割賦販売法解説』34頁）。

　キ　２カ月を超える期間の計算～クレジットカード利用代金等請求における訴状の記載

　クレジットカードによる支払いの場合、毎月一定の日を締め日とし、その一定期間後に支払うとすることが多い。つまり、１カ月間の契約に基づく商品・権利購入代金・役務対価を一定期間後に支払うのである。

　そうすると、たとえば、毎月末日締めで翌々月の15日支払いの約定となっ

＊３　購入者・役務受領者が包括信用購入あっせん業者（包括クレジット業者）から交付されたカード等を提示などして商品・指定権利を購入しまたは役務の提供を受けたときに、商品・指定権利の代金または役務の対価に相当する額を販売業者・役務提供事業者に交付しこれを２カ月を超えない範囲で受領する契約を「２月払購入あっせん」（マンスリークリア）と呼んでいる（割販35条の16第２項参照）。そして、包括信用購入あっせん業者または２月払購入あっせんを業とする者を「クレジットカード等購入あっせん業者」と呼んでいる（割販35条の16第１項）。

ている場合、4月1日から同月30日の購入・提供契約に基づく購入代金・役務対価を6月15日に支払うことになる。この場合、リボルビングではなく、1回払いの場合、個々に購入・提供契約が成立していると考えられ、そこから2カ月の期間を計算することになる。したがって、同じ日に支払うことになる分でも、4月1日から同月15日までに契約した分の支払いについては2カ月を超える後の一括払いとなり、包括信用購入あっせんにあたり、20日以上の期間による催告による期限未到来分等の請求（割販30条の2の4）、法定利率による損害賠償等の額の制限（割販30条の3）等の割賦販売法の規制を受ける。一方、同月16日から同月30日までに契約した分については2カ月を超えない後の一括払い（2月払い購入あっせん（上記オ注3（16頁）参照））（割販2条3項1号参照）となり、割賦販売法の規制を受けないことになる（中崎『詳説改正割賦販売法』183頁・184頁、後藤ほか『割賦販売法』85頁)[*4]。

そのため、訴状においては、2カ月を超える分と2カ月を超えない分を分け、20日以上の催告の有無や損害賠償等の利率（包括信用購入あっせんにあたる場合は年6％、包括信用購入あっせんにあたらない場合は年14.6％等）について違いがわかるように記載すべきである。

ク 個別方式のローン提携販売の個別信用購入あっせんへの取込み

平成20年改正法において、実質的に個別割賦購入あっせんである取引について、販売業者等が形式的に保証を行って個別信用購入あっせんについての規制を脱法することがないようにするため、個別方式のローン提携販売については、個別信用購入あっせんの定義の中に含め、その規制を課すこととし

---

*4 割賦販売法のクーリング・オフの規定（割販35条の3の10・35条の3の11）等には、「書面を受領した日から起算して」と規定されているので、書面を受領した日から起算するが、信用購入あっせんの定義規定には、「契約を締結した時から2月を超え」と規定されており、その日から起算すると規定されているのではないので、民法の原則に戻って、契約締結の日は算入せず、その翌日から起算するとも考えられる（民140条本文）が、信用購入あっせんの定義規定が「契約を締結した時から」となっていることからその時から計算できるとすれば、上記のとおりになると思われる（中崎『詳説改正割賦販売法』183頁・184頁、後藤ほか『割賦販売法』85頁）。

た（割販2条4項）（松田洋平ほか「『割賦販売法』改正の概要」NBL887号16頁、『平成20年割賦販売法解説』20頁・45頁）。これは、従前の個別方式のローン提携販売事案について、金融機関が個別信用購入あっせんを行っているものとして、金融機関に個別信用購入あっせん業者としての規制をすることにしたのであり、そうすれば、販売業者等にも一定の表示義務（割販35条の3の2）や書面交付義務（割販35条の3の8）があるので、ローン提携販売の規制をする必要はないと考えたのである（中崎『詳説改正割賦販売法』158頁・160頁）。このことを条文でみると、従前、平成20年改正前割賦販売法2条2項1号で、カード等によらない個品ローン提携販売とカード等による総合ローン提携販売について規定していたものを、同条項をカード等による「包括」ローン提携販売の規定とし、同条項から「個別」ローン提携販売に該当する定義部分を削除したということである。

ケ　マンスリークリア方式（2月払購入あっせん）からリボルビング方式への変更

クレジットカードの支払方法として、マンスリークリア方式（2カ月以内の支払い＝「2月払購入あっせん」（割販35条の16第2項参照））（『平成20年割賦販売法解説』300頁）とリボルビング方式がある場合、購入者等からの連絡によりマンスリークリア方式から後日リボルビング方式に変更することができるものがある。この場合、マンスリークリア方式からリボルビング方式へ変更したときは、リボルビング方式の信用購入あっせんとして割賦販売法の適用を受けると解すべきである（『平成20年割賦販売法解説』49頁、中崎『詳説改正割賦販売法』184頁〜186頁、後藤ほか『割賦販売法』89頁・203頁）。

3　割賦販売法の規制

割賦販売法の主な規制として、①損害賠償等の額の制限、②解除等の方法の制限、③クーリング・オフ、④抗弁権の接続の規定があり、それらの規定の適用除外の規定がある。これらについて、それぞれの取引ごとにまとめると、［表2］のようになる（園部『書式支払督促の実務〔全訂八版〕』138頁【表7】参照）。

4 割賦販売法の規制対象主体

割賦販売法の規定は、中小企業等協同組合法（昭和24年法律第181号）3条1号の「事業協同組合」である専門店会（各地の「日専連○○」と「日専連（協同組合連合会日本専門店会連盟）」がある）が行う割賦販売（割販8条4号イ）、ローン提携販売（割販29条の4第1項（8条4号イ））、信用購入あっせん（割販35条の3の60第1項4号イ・2項4号イ）には適用されないとされている。したがって、中小企業等協同組合法3条1号の「事業協同組合」である専門店会が行う割賦販売、ローン提携販売、信用購入あっせんには、上記3の損害賠償等の額の制限、解除等の方法の制限、クーリング・オフ、抗弁権の接続の規定が適用されないことになる（［表2］参照）（梶村ほか『全訂版割賦販売法』94頁）。

［表2］　割賦販売法の規制一覧

規制等	割賦販売法等の根拠条文等			
	割賦販売	ローン提携販売	信用購入あっせん	
			包括信用購入あっせん	個別信用購入あっせん
損害賠償等の額の制限 －法定利率（商事6％：商514条）	6条（リボルビング方式を除く）	〔購入者等と販売業者等との関係〕規定なし（6条類推適用）（最判昭51・11・4民集30巻10号915頁）リボルビング方式を除く）	30条の3（リボルビング方式を除く）	35条の3の18
		リボルビング方式の場合：消費者と事業者の間の契約として消費者契約にあたれば、消費者契約法9条2号により年14.6％		
解除等の方法の制限 －20日以上の期間の書面による催告	5条	規定なし（購入者等とローン提携業者（金融機関）との間および購入者等と販売業者等との間について5条の類推適用なし）	30条の2の4	35条の3の17
クーリング・オフ －与信契約（個別				35条の3の10（訪問販売、電話勧誘販売の場合）、35

19

信用購入あっせん関係受領契約）と販売契約等のクーリング・オフ				条の3の11（特定連鎖販売個人契約、特定継続的役務提供契約、業務提供誘引販売個人契約の場合）
過量販売契約の解除等 ―与信契約の解除等				35条の3の12（訪問販売の場合）
不実告知・重要事実不告知による与信契約の取消し等				35条の3の13（訪問販売・電話勧誘販売の場合）、35条の3の14（特定連鎖販売個人契約の場合）、35条の3の15（特定継続的役務提供等契約の場合）、35条の3の16（業務提供誘引販売個人契約の場合）
抗弁権の接続 ―販売業者等に対する抗弁権のローン提供業者（金融機関）または信用購入あっせん業者への主張		〔包括〕 29条の4第2項 （30条の4） 〔リボルビング方式〕 29条の4第3項 （30条の5）	〔リボルビング方式を除く包括〕 30条の4 〔リボルビング方式〕 30条の5	35条の3の19
適用除外 ―商品の販売契約等（連鎖販売個人契約、業務提供誘引販売個人契約を除く）が購入者等が営業のためまたは営業として締結するもの等の適用除外	8条（割賦販売の章（第2章）の適用除外）	29条の4（8条1号～5号）（ローン提携販売の章（第2章の2）の規定の適用除外）	35条の3の60第1項（信用購入あっせんの章（第3章）の規定の適用除外）	35条の3の60第2項（信用購入あっせんの章（第3章）の規定の適用除外）

第2　一括請求等のための催告

1　催告手続

(1)　催告手続

　割賦販売の方法により指定商品もしくは指定権利を販売する契約または指

定役務を提供する契約について賦払金等の支払義務が履行されない場合、あるいは、信用購入あっせんに係る購入または受領の方法により購入された商品もしくは指定権利の代金または受領される役務の対価に相当する額の受領に係る契約について、支払分等の支払義務が履行されない場合においては、それぞれ、20日以上の期間を定めてその支払いを書面で催告し、その期間内に履行されないときでなければ、割賦金等の支払いの遅滞を理由として、契約を解除し、または支払時期の到来していない割賦金等の請求をすることができないとされている（割賦販売：割販5条、リボルビング方式を除く包括信用購入あっせん：割販30条の2の4、個別信用購入あっせん：割販35条の3の17)＊5。

(2) 催告に応じないことを条件とする解除の意思表示〜訴状等送達による催告

この催告手続は強行法規として厳格に解釈すべきであり、訴状や準備書面の送達後20日の期間を経過しても催告に応じないことを条件として解除の意思表示をすることは相当でないとされている（大阪高判昭43・4・19判時535号61頁・判タ221号183頁）（梶村ほか『全訂版割賦販売法』161頁、滝澤『消費者取引関係訴訟の実務』210頁）。

(3) 期間を定めない催告、20日に満たない期間の催告等の効力

期間を定めない催告、20日に満たない期間の催告等の効力については、催告書が顧客のところに到達した翌日から起算して20日を経過すれば、このような催告も有効であるとする説もある（打田畯一・稲村良平『特別法コンメンタール・割賦販売法』（第一法規出版）92頁）。これに対し、これでは催告手続が強行法規化されている趣旨（割賦販売：割販5条2項、リボルビング方式を除く包括信用購入あっせん：割販30条の2の4第2項、個別信用購入あっせん：

＊5　高松高判平11・5・24判時1707号134頁　立替払契約類似の保証委託クレジットにおいて、連帯保証人（割賦購入あっせん業者）が債権者（商品購入代金の貸主）の委託を受けてした主たる債務者（商品購入者）に対する分割返済金の催告が、連帯保証人において債務を代位弁済することによって取得する求償金の支払いを求める催告に該当するとされた事例。

割販35条の3の17第2項）が失われるとして、催告手続の規定（割賦販売：割販5条1項、リボルビング方式を除く包括信用購入あっせん：割販30条の2の4第1項、個別信用購入あっせん：割販35条の3の17第1項）に違反する催告は無効であり、解除の効力は生じないとする説もある（梶村ほか『全訂版割賦販売法』77頁）。

(4) 所在不明の購入者等に対する催告

購入者等が所在不明の場合、通常の方法により催告はできないので、訴状の公示送達によるその送達後20日の期間経過による催告をすること（民訴113条）が考えられる（梶村ほか『全訂版割賦販売法』〔垣内邦俊〕234頁、同〔内堀宏達〕606頁）。これについては、割賦販売法5条・30条の2の4・35条の3の17の催告の強行規定（各条2項）である性質は、訴訟における書類の公示送達に意思表示到達の効力を認めた新民訴法113条によって変更されたものと解されないから、民法上の公示による意思表示の手続（民98条）によって期限未到来の割賦金訴求のための前提要件を具備させるべきであるとする説もある（梶村ほか『全訂版割賦販売法』〔石田賢一〕235頁、同〔山崎治〕271頁・278頁・279頁）。

2　一括請求等のための催告手続に反する特約の無効

上記1の催告手続に反する特約は無効である（割賦販売：割販5条2項、リボルビング方式を除く包括信用購入あっせん：割販30条の2の4第2項、個別信用購入あっせん：割販35条の3の17第2項）。

3　適用除外

上記1・2の一括請求等のための催告手続の点は、割賦販売の方法により、指定商品・指定権利を販売する契約または指定役務を提供する契約（連鎖販売（いわゆる「マルチ商法」）個人契約および業務提供誘引販売（いわゆる「内職・モニター商法」）個人契約を除く）等、あるいは、信用購入あっせんに係る販売・提供により、商品・指定権利を販売する契約または役務を提供する契約（連鎖販売（いわゆる「マルチ商法」）個人契約および業務提供誘引販売

(いわゆる「内職・モニター商法」）個人契約を除く）等であって、それぞれ購入者等が営業のためにもしくは営業として締結するものについては、適用しない（割賦販売：割販 8 条、信用購入あっせん：割販35条の 3 の60）。

その他の適用除外については、「第 8　割賦販売法における適用除外」（63頁）を参照されたい。

4　催告の相手方〜連帯保証人に対する催告

割賦販売・割賦購入あっせんにおける一括請求等のための催告（割賦販売：割販 5 条、リボルビング方式を除く包括信用購入あっせん：割販30条の 2 の 4 、個別信用購入あっせん：割販35条の 3 の17）は、購入者等本人に対してしなければならず、連帯保証人に対して催告しても期限の利益喪失の効力はないと解されている（「消費者信用関係事件に関する執務資料（その二）」47頁、梶村ほか『全訂版割賦販売法』167頁・233頁・604頁・605頁、滝澤『消費者取引関係訴訟の実務』210頁）。

5　債務者破産等の場合の期限の利益喪失条項

民法137条は、期限の利益喪失事由として、債務者が破産手続開始決定を受けたとき、および、債務者が担保を毀損・減少させたとき、担保提供義務を履行しなかったときの事由をあげている。このことからすると、顧客の信用状態が著しく悪化しており、与信業者に期限まで債権回収を認めないことが酷である場合および顧客の重大な契約違反行為によって与信業者が期待したような債権回収ができなくなるおそれがある場合に、期限の利益を喪失させる条項を有効と解することができるとする考えもある（梶村ほか『全訂版割賦販売法』78頁）。

第 3　割賦販売法における契約の解除等に伴う損害賠償等の額の制限

1　契約の解除に伴う損害賠償等の額の制限

販売業者等は、契約が解除された場合、以下の①〜④に掲げる場合に応じ

第1章　販売信用取引

て定める額にこれに対する法定利率による遅延損害金の額を加算した金額を超える額の金銭の支払いを顧客に対して請求することができない（『平成20年割賦販売法解説』74頁一・140頁一・246頁）*6。

① 　割賦販売：割販6条1項（リボルビング方式を除く）
② 　ローン提携販売：規定なし（割販6条1項類推適用）（最判昭51・11・4民集30巻10号915頁）（リボルビング方式を除く）
③ 　包括信用購入あっせん：割販30条の3第1項（リボルビング方式を除く）
④ 　個別信用購入あっせん：割販35条の3の18第1項

2　期限の利益喪失に伴う損害賠償等の額の制限

販売業者等は、契約が解除された場合を除く賦払金の不支払いによる期限の利益喪失に伴う一括請求の場合、商品の販売価格等からすでに支払われている賦払金の額を控除した額にこれに対する法定利率による遅延損害金の額を加算した金額を超える額の金銭の支払いを顧客に対して請求することができない（割賦販売：割販6条2項（リボルビング方式を除く）、ローン提携販売：規定なし（割販6条2項類推適用）（最判昭51・11・4民集30巻10号915頁）（リボルビング方式を除く）、包括信用購入あっせん：割販30条の3第2項（リボルビング方式を除く）、個別信用購入あっせん：割販35条の3の18第2項）（『平成20年割賦販売法解説』77頁二・141頁二・246頁）。

3　損害賠償等の額の制限と履行遅滞後の分割払いの合意

未払割賦金等の支払遅滞後に当該未払割賦金等全額の支払方法について当事者間で再度の分割払いの合意が成立し、この合意において債務不履行が生じたときに法定利率を超える遅延損害金を支払う旨の約定がある場合、当該合意に基づく遅延損害金の額についても法定利率に制限されると解すべきで

* 6　最判昭52・7・12金商534号20頁　新車登録後引渡し前に顧客の代金不払いを理由として割賦販売が解除された場合、割賦販売法6条1項3号（商品等引渡し等前の規定）が適用されるとして、登録による自動車の減価分の損害賠償を顧客に対して請求することはできないとした事例

ある（「消費者信用関係事件に関する執務資料（その二）」95頁〔3〕、梶村ほか『全訂版割賦販売法』596頁・597頁）。

4 商品引き揚げによる商品評価額相当分の控除

商品の購入者に与信をした業者（割賦販売・ローン提携販売における「販売業者」、信用購入あっせんにおける「信用購入あっせん業者（クレジット業者）」等）が、所有権留保に基づき商品を引き揚げた場合、商品の評価額相当分は購入者に請求する額から控除することになる（後藤ほか『割賦販売法』348頁）。

5 適用除外

上記3の損害賠償等の制限については、割賦販売の方法により、指定商品・指定権利を販売する契約または指定役務を提供する契約（連鎖販売（いわゆる「マルチ商法」）個人契約および業務提供誘引販売（いわゆる「内職・モニター商法」）個人契約を除く）等、あるいは、信用購入あっせんに係る販売・提供により、商品・指定権利を販売する契約または役務を提供する契約（連鎖販売（いわゆる「マルチ商法」）個人契約および業務提供誘引販売（いわゆる「内職・モニター商法」）個人契約を除く）等であって、それぞれ購入者等が営業のためにもしくは営業として締結するものについては、適用しない（割賦販売：割販8条、信用購入あっせん：割販35条の3の60）。

その他の適用除外については、「第8　割賦販売法における適用除外」（63頁）を参照されたい。

第4　個別信用購入あっせんにおけるクーリング・オフ

1　与信契約（個別クレジット契約）および販売契約等のクーリング・オフの仕組みの創設

平成20年改正法では、個別信用購入あっせんにおいて、個別信用購入あっせん業者に、訪問販売・電話勧誘販売および特定連鎖販売個人契約・特定継続的役務提供等契約・業務提供誘引販売個人契約（特定契約）（割販35条の3

の5第1項参照）による与信契約（個別クレジット契約）について法定書面交付義務を課し（割販35条の3の9）、同特定契約の取引形態による販売契約等について与信契約（個別クレジット契約）の申込みを受けまたは締結をした場合に、与信契約（個別クレジット契約）についてクーリング・オフを導入し、同時に販売契約等もクーリング・オフされる仕組みが設けられた（割販35条の3の10（訪問販売・電話勧誘販売）、35条の3の11（特定連鎖販売個人契約・特定継続的役務提供等契約・業務提供誘引販売個人契約））（『平成20年割賦販売法解説』197頁・208頁、日弁連『改正特商法・割販法の解説』88頁・92頁(A)・93頁(B)・183頁(B)、後藤ほか『割賦販売法』275頁・276頁、園部『書式支払督促の実務〔全訂八版〕』138頁、岡口『要件事実マニュアル第3巻（第3版）』334頁(1)）。

特定連鎖販売個人契約・特定継続的役務提供等契約における与信契約（個別クレジット契約）と販売契約等のクーリング・オフ（割販35条の3の11）については、連鎖販売契約における特定商品販売等契約に係る個別クレジット契約のクーリング・オフ（割販35条の3の11第2項）および特定継続的役務提供における関連商品販売契約に係る個別クレジット契約のクーリング・オフ（割販35条の3の11第3項）も定められている（『平成20年割賦販売法解説』212頁二・213頁三、中崎『詳説改正割賦販売法』401頁(4)、後藤ほか『割賦販売法』277頁）。

なお、通信販売および店舗取引には、特定商取引法においてクーリング・オフの制度は設けられていないので、割賦販売法においても与信契約（個別クレジット契約）のクーリング・オフの制度は設けられていない（『平成20年割賦販売法解説』197頁、後藤ほか『割賦販売法』276頁・278頁）。

2 クーリング・オフの要件

(1) 訪問販売・電話勧誘販売の場合

訪問販売・電話勧誘販売において、クーリング・オフができるのは以下の①〜⑥の場合である（『平成20年割賦販売法解説』197頁1、後藤ほか『割賦販売法』278頁・279頁）。

① 訪問販売の申込段階　販売業者等が、営業所等以外の場所で個別クレジットを利用した販売契約等（個別信用購入あっせん関係販売契約または個別信用購入あっせん役務提供契約）の申込みを受けた場合（割販35条の3の10第1項1号）
② 特定顧客に対する訪問販売の申込段階　販売業者等が、営業所等において、キャッチセールスまたはアポイントメントセールスの方法による特定顧客（個別信用購入あっせん関係特定顧客）（割販35条の3の9第1項2号、特商2条1項2号、特商令1条参照）から個別クレジットを利用した販売契約等（個別信用購入あっせん関係販売契約または個別信用購入あっせん役務提供契約）の申込みを受けた場合（割販35条の3の10第1項2号）
③ 電話勧誘販売の申込段階　販売業者等が、電話勧誘販売の方法により個別クレジットを利用した販売契約等（個別信用購入あっせん関係販売契約または個別信用購入あっせん役務提供契約）の申込みを受けた場合（割販35条の3の10第1項3号）
④ 訪問販売の契約締結段階　販売業者が、営業所等以外の場所で個別クレジットを利用した販売契約等（個別信用購入あっせん関係販売契約または個別信用購入あっせん役務提供契約）を締結した場合（割販35条の3の10第1項4号）
⑤ 特定顧客に対する訪問販売の契約締結段階　販売業者等が、営業所等において、キャッチセールスまたはアポイントメントセールスの方法による特定顧客（個別信用購入あっせん関係特定顧客）（割販35条の3の9第1項2号、特商2条1項2号、特商令1条参照）から個別クレジットを利用した販売契約等（個別信用購入あっせん関係販売契約または個別信用購入あっせん役務提供契約）を締結した場合（割販35条の3の10第1項5号）
⑥ 電話勧誘販売の契約締結段階　販売業者等が、電話勧誘販売の方法

により個別クレジットを利用した販売契約等（個別信用購入あっせん関係販売契約または個別信用購入あっせん役務提供契約）を締結した場合（割販35条の3の10第1項6号）

(2) **特定連鎖販売個人契約・特定継続的役務提供等契約・業務提供誘引販売個人契約の場合**

特定連鎖販売個人契約・特定継続的役務提供等契約・業務提供誘引販売個人契約（この3取引形態を「特定連鎖販売個人契約等」と呼んでいる（割販35条の3の9第1項4号））について、クーリング・オフができる場合は、［表3］のとおりである（割販35条の3の11第1項）（『平成20年割賦販売法解説』209頁）。

［表3］ 特定連鎖販売個人契約等においてクーリング・オフができる場合

	取引形態	クーリング・オフができる場合	主体
①	連鎖販売取引	特定連鎖販売個人契約（連鎖販売個人契約（連鎖販売業に係る商品・権利の販売または役務の提供を店舗等によらないで行う個人との契約（割販8条1項イ参照））のうち特定商品販売等契約を除いたもの（割販35条の3の5第1項3号参照））であって個別信用購入あっせん関係販売契約（割販35条の3の5第1項参照）・個別信用購入あっせん関係役務提供契約（割販35条の3の5第1項参照）の申込みを受けた場合	申込者
②	特定継続的役務提供契約	特定継続的役務提供等契約（特定継続的役務提供契約（特商41条1項1号）または特定権利販売契約（特商41条1項2号）（割販35条の3の5第1項4号参照））であって個別信用購入あっせん関係販売契約（上記①参照）・個別信用購入あっせん関係役務提供契約（上記①参照）の申込みを受けた場合	申込者
③	業務提供誘引販売取引	業務提供誘引販売個人契約（業務提供誘引販売業に関して提供・あっせんされる業務を事業所等によらないで行う個人との契約（割販8条1号ロ参照））であって個別信用購入あっせん関係販売契約（上記①参照）・個別信用購入あっせん関係役務提供契約（上記①参照）の申込みを受けた場合	申込者

④	連鎖販売取引	特定連鎖販売個人契約（上記①参照）であって個別信用購入あっせん関係販売契約（上記①参照）・個別信用購入あっせん関係役務提供契約（上記①参照）を締結した場合	契約の相手方
⑤	特定継続的役務提供契約	特定継続的役務提供等契約（上記②参照）であって個別信用購入あっせん関係販売契約（上記①参照）・個別信用購入あっせん関係役務提供契約（上記①参照）を締結した場合	契約の相手方
⑥	業務提供誘引販売取引	業務提供誘引販売個人契約（上記③参照）であって個別信用購入あっせん関係販売契約（上記①参照）・個別信用購入あっせん関係役務提供契約（上記①参照）を締結した場合	契約の相手方

(3) クーリング・オフ行使期間

ア　クーリング・オフ行使期間

　クーリング・オフは、法定書面（契約書面（割販35条の3の9第3項）または申込書面（割販35条の3の9第1項））受領日（契約書面を受領した日、またはその前に申込書面を受領していたときはその日（後藤ほか『割賦販売法』279頁））から8日以内（訪問販売・電話勧誘販売の場合（割販35条の3の10第1項柱書ただし書）、特定継続的役務提供等契約の場合（割販35条の3の11第1項2号））または20日以内（特定連鎖販売個人契約（割販35条の3の11第1項1号）・業務提供誘引販売個人契約（割販35条の3の11第1項3号）の場合）に行使しなければならない。ただ、法定書面の交付日（クーリング・オフの告知日）については、事業者に主張立証責任があるので、クーリング・オフを行使する申込者等が、クーリング・オフの発信が法定書面受領日から8日以内（訪問販売・電話勧誘販売の場合（割販35条の3の10第1項柱書ただし書）、特定継続的役務提供等契約の場合（割販35条の3の11第1項2号））または20日以内（特定連鎖販売個人契約（割販35条の3の11第1項1号）・業務提供誘引販売個人契約（割販35条の3の11第1項3号）の場合）であることを主張立証する必要はない（岡口『要件事実マニュアル第3巻（第3版）』335頁）。

イ 期間の計算方法

　8日間（訪問販売・電話勧誘販売の場合（割販35条の3の10第1項柱書ただし書）、特定継続的役務提供等契約の場合（割販35条の3の11第1項2号））または20日間（特定連鎖販売個人契約（割販35条の3の11第1項1号）・業務提供誘引販売個人契約（割販35条の3の11第1項3号）の場合）は、法定書面（契約書面（割販35条の3の9第3項）または申込書面（割販35条の3の9第1項））を受領した日（初日参入）から起算する（後藤ほか『割賦販売法』280頁、岡口『要件事実マニュアル第3巻（第3版）』335頁(2)）。

ウ 法定書面の記載事項の不備とクーリング・オフ行使期間

　クーリング・オフ行使は、法定書面（契約書面（割販35条の3の9第3項）または申込書面（割販35条の3の9第1項））交付日から上記イの一定の期間経過まですることができるが、その法定書面には、必要事項が記載されていなければならない（契約書面（割販35条の3の9第4項）、申込書面（割販35条の3の9第2項））。

　与信契約（個別クレジット契約）についての法定書面（契約書面（割販35条の3の9第3項）、申込書面（割販35条の3の9第1項））の記載に不備があるときは、クーリング・オフの起算日が進行せず、与信契約（クレジット契約）等についてのクーリング・オフをいつでも行使することができることになる（後藤ほか『割賦販売法』280頁）[*7]。

　販売契約等の法定書面には記載の不備があるが、与信契約（個別クレジット契約）についての法定書面には記載の不備がないときは、特定商取引法上の販売契約等のクーリング・オフはいつでもできるが、与信契約（個別クレジット契約）のクーリング・オフの行使期間は与信契約（個別クレジット契約）についての法定書面受領日から起算されることになる。この場合、購入

＊7　特定商取引法におけるクーリング・オフ事例で、記載不備の法定書面が交付されても、法定書面の期間内受領の再抗弁を認めず、クーリング・オフの行使を認めた裁判例として、東京地判平16・7・29判時1880号80頁等がある。

者等としては、抗弁権の接続（割販35条の３の19）により、販売契約等のクーリング・オフを抗弁事由として、与信契約（個別クレジット契約）の支払いを拒絶することができる（後藤ほか『割賦販売法』282頁）。

エ　不実の告知等の場合のクーリング・オフの行使期間

申込者等が、契約締結勧誘等に際し、クーリング・オフに関する事項について販売業者等から不実のことを告げられそれが事実であると誤信し、または、販売業者等から威迫を受け困惑し、これらによってクーリング・オフの期間内行使ができなかった場合は、当該販売業者等からあらためて申込みの撤回等ができる旨を記載した書面を受領してから８日（割販35条の３の10第１項柱書ただし書括弧書）または20日（割賦35条の３の11第１項１号ないし３号各ただし書）経過するまでは、クーリング・オフを行使することができる（割賦35条の３の10第１項柱書ただし書、35条の３の11第１項１号ないし３号各ただし書）（岡口『要件事実マニュアル第３巻（第３版）』335頁(3)）。

(4)　口頭によるクーリング・オフ

条文上は、書面によりクーリング・オフを行使することになっているが（割販35条の３の10第１項（訪問販売・電話勧誘販売）、35条の３の11第１項（連鎖販売（店舗等を用いず個人間で行われるものに限る）・特定継続的役務提供等契約・業務提供誘引販売個人契約））、これは行使期間内にクーリング・オフの意思表示を行ったかどうかが後日紛争とならないようにするためであり、口頭によるクーリング・オフも、それが証明できれば認められる（大阪簡判昭63・３・18判時1294号130頁、福岡高判平６・８・31判時1530号64頁・判タ872号289頁、広島高松江支判平８・４・24消費者法ニュース29号57頁）（後藤ほか『割賦販売法』284頁、梶村ほか『全訂版割賦販売法』39頁・313頁・318頁、岡口『要件事実マニュアル第３巻（第３版）』335頁、『消費者関係法執務資料（改訂版）』247頁37）。

3　クーリング・オフの仕組み

この個別信用購入あっせんにおけるクーリング・オフ（割販35条の３の10、35条の３の11）においては、①購入者等は、個別信用購入あっせん業者に対

してのみクーリング・オフ（契約解除等）を通知して与信契約（個別クレジット契約）（個別信用購入あっせん関係受領契約（割販35条の3の3第1項参照））についてクーリング・オフをし（割販35条の3の10第1項柱書本文、35条の3の11第1項柱書）、②個別信用購入あっせん業者は、販売業者等にその旨を通知しなければならない（割販35条の3の10第4項、35条の3の11第6項）。

　この通知義務は、クーリング・オフ連動（下記③参照）の有無を区別せずに課されており、クーリング・オフ連動が生じない場合でも個別信用購入あっせん業者はこの通知義務を負う（中崎『詳説改正割賦販売法』394頁・395頁）。また、購入者等がクーリング・オフ連動（下記③参照）を望まない旨の反対の意思表示がなされた場合は、その旨も通知すべきである（中崎『詳説改正割賦販売法』395頁）。

　そして、③当該与信契約（個別クレジット契約）のクーリング・オフを行った場合は、当該購入者等が当該クーリング・オフの書面での反対の意思表示をしない限り、その元となった販売契約等（個別信用購入あっせん関係販売契約または個別信用購入あっせん関係役務提供契約）の解除等（クーリング・オフ）がされたものとみなされる（割販35条の3の10第5項、35条の3の11第7項）。

　与信契約（個別クレジット契約）のクーリング・オフ通知と特定商取引法に基づく販売契約等のクーリング・オフ通知が同時に発信された場合、割賦販売法35条の3の10第5項、35条の3の11第7項に基づいてクーリング・オフ連動の効果が生じると考えることができる（『平成20年割賦販売法解説』200頁、後藤ほか『割賦販売法』285頁）。これに対し、販売契約等のみのクーリング・オフ通知を行った場合、与信契約（個別クレジット契約）のクーリング・オフの効果は発生しないので、抗弁権接続で対応することになる（後藤ほか『割賦販売法』285頁）。

4　クーリング・オフ後の個別信用購入あっせん業者・販売業者等・購入者等の関係の一括清算

　そして、平成20年改正法では、この個別信用購入あっせんにおけるクーリ

ング・オフ後に個別信用購入あっせん業者・販売業者等・購入者等の関係を一括して清算する規定も定められた。

具体的には、以下の①～⑧のとおりである。

① 個別信用購入あっせん業者は、契約解除等に伴う損害賠償・違約金・利益等相当額の請求をすることができない（割販35条の3の10第3項（訪問販売・電話勧誘販売における損害賠償・違約金請求の否定）・11項（訪問販売における商品使用利益・役務提供対価の請求否定）・12項（電話勧誘販売における役務対価請求の否定）、35条の3の11第5項（特定連鎖販売個人契約・特定継続的役務提供等契約・業務提供誘引販売個人契約における損害賠償・違約金請求の否定）・13項（特定継続的役務提供等契約における役務対価・権利行使利益の請求否定））（後藤ほか『割賦販売法』277頁）[*8]。

② 販売業者等は、契約解除等に伴う損害賠償・違約金の請求をすることができない（割販35条の3の10第6項、35条の3の11第8項）。

③ 個別信用購入あっせん業者は、販売業者等に支払った立替金相当額等を購入者等に請求することができない（割販35条の3の10第7項、35条の3の11第9項）。

④ 販売業者等は、個別信用購入あっせん業者から支払われた立替金を返還しなければならない（割販35条の3の10第8項、35条の3の11第10項）。

⑤ 購入者等は、個別信用購入あっせん業者にすでに支払った金額の返還を受けることができる（割販35条の3の10第9項、35条の3の11第11項）。

個別信用あっせんにおける抗弁権の接続（割販35条の3の19）では、以降の支払いを拒絶することは認められるにしても（「消費者信用関係事

[*8] 後藤ほか『割賦販売法』289頁・290頁では、割賦販売法35条の3の10第11項の文言上は、商品使用利益については、訪問販売におけるクーリング・オフのみを対象としているが、平成20年改正法で、他の特定商取引法におけるクーリング・オフ（特商9条5項）や過量販売解除等（特商9条の2第3項（9条5項））の場合に、商品使用利益の請求ができないことを明文化した趣旨から考えて、電話勧誘販売等の取引形態においても、商品使用利益の請求ができないと解すべきであるとしている。

件に関する執務資料（その二）」107頁〔11〕、園部『一般民事事件論点整理ノート紛争類型編』104頁(1)）、すでに支払った分の返還まで求めることができるかどうかについては、肯定（名古屋高判平21・2・19判時2047号122頁）・否定（東京地判平5・9・27判時1496号103頁・判タ857号185頁、広島地判平8・5・29判タ928号248頁）の裁判例があり、争いがあった（「消費者信用関係事件法執務資料（改訂版）」247頁33、園部『一般民事事件論点整理ノート紛争類型編』104頁(2)）。

⑥　商品等の販売業者等に対する返還等の費用は、個別信用購入あっせん業者の負担となる（割販35条の3の10第10項、35条の3の11第12項）。

⑦　販売業者等は、頭金やすでに受け取った金額に相当する額を購入者等に返金しなければならない（割販35条の3の10第13項、35条の3の11第14項）。

割賦販売法35条の3の10第13項および35条の3の11第14項では、役務提供契約の場合しか規定していないが、販売契約がクーリング・オフされた場合に頭金を返還すべきことは当然であり、規定を置くまでもないと考えられたのである（中崎『詳説改正割賦販売法』398頁）。

⑧　訪問販売・電話勧誘販売において、購入者等の土地または建物その他の工作物の現状が変更されたときは、購入者等は、役務提供事業者または指定権利の販売業者に対して、その原状回復に必要な措置を無償で講ずることを請求することができる（割販35条の3の10第14項）。

5　クーリング・オフの効力発生時期～クーリング・オフの発信主義

このクーリング・オフの効力は、個別信用購入あっせん業者に対するクーリング・オフ（契約解除等）通知を発信したときに生ずる（割販35条の3の10第2項、35条の3の11第4項）。

6　クーリング・オフ規定の強行法規性

このクーリング・オフの規定（割販35条の3の10第1項～3項・5項～7

項・9項〜14項（4項（個別信用購入あっせん業者の販売業者等に対する通知義務）・8項（販売業者等の個別信用購入あっせん業者に対する立替金等の返還義務）を除く）、35条の3の11第1項〜5項・7項〜9項・11項〜14項（6項（個別信用購入あっせん業者の販売業者等に対する通知義務）・10項（販売業者等の個別信用購入あっせん業者に対する立替金等の返還義務）を除く））に反する特約であって、購入者等に不利益なものは無効とされる（割販35条の3の10第15項、35条の3の11第15項）。

7　販売契約等のクーリング・オフ

　平成20年改正法により、従前の割賦購入あっせんにおける販売契約等のクーリング・オフの規定（平成20年改正前割販30条の2の3）は削除され、同改正法施行後は、販売契約等のクーリング・オフは、割賦販売法35条の3の10（訪問販売・電話勧誘販売）、35条の3の11（連鎖販売（店舗等を用いず個人間で行われるものに限る）・特定継続的役務提供等契約・業務提供誘引販売契約）の規定により与信契約（クレジット契約）のクーリング・オフに伴い行われるか、訪問販売等に関するクーリング・オフの規定である特定商取引法9条等の規定により行われることになる。

　販売業者等のみにクーリング・オフの通知をして販売契約等のみのクーリング・オフを行った場合、与信契約（個別クレジット契約）の解除等（クーリング・オフ）の効果が発生するとの規定はないので、与信契約（個別クレジット契約）についての対応は、抗弁権の接続（割賦35条の3の19）等で対応することになる（後藤ほか『割賦販売法』285頁）。

8　平成20年改正前割賦販売法のクーリング・オフの規定の削除

　平成20年改正前割賦販売法のクーリング・オフの規定（割賦販売：平成20年改正前割販4条の4、ローン提携販売：平成20年改正前割販29条の3の3、割賦購入あっせん：平成20年改正前割販30条の2の3）は、販売契約等に関するクーリング・オフの規定であり、与信契約（クレジット契約）のクーリン

グ・オフの規定はなく、この改正により販売契約等に関する割賦販売法のクーリング・オフの規定は削除された。平成20年改正後は、販売契約等に関するクーリング・オフは、特定商取引法のクーリング・オフの規定で対応することになる（後藤ほか『割賦販売法』276頁、「消費者関係法執務資料（改訂版）」247頁37）。

9　適用除外

上記の与信契約（クレジット契約）および販売契約等のクーリング・オフについての規定（割販35条の3の10（訪問販売・電話勧誘販売）、35条の3の11（連鎖販売（店舗等を用いず個人間で行われるものに限る）・特定継続的役務提供等契約・業務提供誘引販売個人契約））の適用除外については、「第8　割賦販売法における適用除外」（63頁）を参照されたい。

第5　過量販売契約の解除等

1　「過量販売」ないし「次々販売」

最近の被害事例で多いのが、一度契約をすると次々に契約を押し付けられて過剰な商品等を買わされる「過量販売」ないし「次々販売」のケースである。このような事例について、裁判例の中で、販売契約のための与信契約（クレジット契約）に基づく信販会社に対する支払いの拒絶（大阪地判平20・1・30判時2013号94頁）や支払済みの代金の返還（奈良地判平22・7・9消費者法ニュース86号129頁）を認めるものもあった[*9]。

[*9]　平成20年改正法施行前の過量販売に関する裁判例としては、まず、過量販売について公序良俗違反による売買契約の無効を理由とする抗弁権の接続による信販会社に対する立替払債務の支払拒絶等を認めた事例として、①大阪地判平20・1・30判時2013号94頁（呉服販売業者とその従業員との間の着物等の複数の売買契約が過大であり、販売業者が従業員に対して販売目標達成を強く求め、従業員の支払能力を超えることを知りながら売買を繰り返してきたものであるなどとして、その売買契約の一部が公序良俗に反して無効であるとし、割賦販売法30条の6（8条5号）による割賦購入あっせんにおける30条の4の抗弁権の接続の適用除外の信販会社の主張について、そのような場合には30条の6（8条5号）の事業者の内部自治を尊重する理由はなく、30条の4に基づく抗弁権の接続により、信販会社への当該売買代金の立替払債務の支払拒絶ができるとした事例）、②奈良地判平22・7・9消費者法ニュ

これについては、平成20年改正法で、「正当な理由がないのに訪問販売に係る売買契約であって日常生活において通常必要とされる分量を著しく超える商品の売買契約の締結について勧誘をすること」を禁止する（特商7条3号）とともに、訪問販売において、通常必要とされる分量を著しく超える商品の売買契約等をした場合、その契約等の後1年間は売買契約の解除等をすることができ（特商9条の2）、当該過量販売契約のための与信契約（個別クレジット契約）（個別信用購入あっせん関係受領契約（割販35条の3の3第1項参照））の解除等をすることができるとされた（割販35条の3の12）。

2　過量販売契約の解除等の要件

(1)　訪問販売により

　訪問販売によることが要件となる（『平成21年特定商取引法解説』89頁、齋藤ほか『特定商取引法ハンドブック第4版』203頁）。この訪問販売には、キャッチ・セールス（営業所等以外の場所で呼び止めて営業所等に同行させること（同行型販売）（特商2条1項2号））およびアポイントメント・セールス（商品販売等の勧誘であることを告げずに営業所等への来訪を要請すること（目的隠避型呼出販売）および他の者に比して著しく有利な条件で購入できる旨告げて営業所等への来訪を要請すること（有利条件型呼出販売）（特商2条1項2号、特商令1条））を含む（割販35条の3の12（35条の3の10第1項1号・2号・4号・5号））（後藤ほか『割賦販売法』293頁、齋藤ほか『特定商取引法ハンドブック第4版』

ース86号129頁（認知症の女性に対する7年半に及ぶ総額3561万円余の呉服の売買契約の後半2年余の期間の契約を公序良俗に違反して無効として、支払済みの売買代金の返還を認め、信販会社に対する支払拒絶の抗弁を認めた事例）がある。
　また、信販会社と販売会社の共同不法行為を認めた事例として、大阪地判平20・4・23判時2019号39頁（販売会社と唯一の加盟店契約を締結している信販会社が当該販売会社の着物等の展示販売会に従業員を派遣しており、当該販売会社と強い連携関係があり、当該販売会社が、年金生活者の高齢の従業員に対し高額の着物・布団等を販売および当該信販会社との立替払契約を繰り返した事例において、当該販売会社の行為は不法行為に当たる社会的に著しく不相当な商品販売行為であり、当該信販会社は立替払契約をとおしてそのことを知りながら当該商品の購入者と立替払契約を締結しており、それは、販売会社の不法行為を助長したものとして、信販会社と販売会社の共同不法行為を構成するとされた事例）がある。

203頁)。

(2) 通常必要とされる分量を著しく超える

ア 過量販売契約の解除等における販売業者等・与信業者(個別クレジット業者)の側の主観的事情

　過量販売契約の解除等において、販売業者等の側の主観的事情が問題となる場合がある(下記ウ・エ参照)が、すべての場合(特商9条の2第1項1号・2号)(下記イ〜エ参照)において、与信業者(個別クレジット業者)側が過量販売に当たることを知っていたことあるいは知らなかったことに過失があることは要件とならない(日弁連『改正特商法・割販法の解説』102頁・103頁、後藤ほか『割賦販売法』303頁)。

イ 一度で過量と判断される場合

　一度で過量と判断される場合(特商9条の2第1項1号)は、過量の要件に当てはまればすべて解除等できる(日弁連『改正特商法・割販法の解説』104頁)。

　ここでは、過量という客観的要件のみで解除等ができることになる(後藤ほか『割賦販売法』299頁・300頁・301頁)。

ウ 過去の販売契約等の累積から過量販売となる場合

　過去の販売契約等の累積から過量販売となる場合(特商9条の2第1項2号前段)は、販売業者等が当該契約により過量となることを知りながら行った販売契約等・与信契約(個別クレジット契約)(個別信用購入あっせん関係受領契約(割販35条の3の3第1項参照))が解除等の対象となる(日弁連『改正特商法・割販法の解説』104頁)[10]。

エ 過去の販売契約等の累積からすでに過量となっている場合

　過去の販売契約等の累積からすでに過量となっている場合(特商9条の2

---

[10] 解除の対象となる契約は、契約締結時から1年以内のものである(特商9条の2第2項、割販35条の3の12第2項)が、過量性を判断する対象となる過去の契約は1年間に限られない(後藤ほか『割賦販売法』305頁、齋藤ほか『特定商取引法ハンドブック第4版』204頁・205頁)。

第 1 項 2 号後段）は、販売業者等がそのことを知りながら行われた販売契約等・与信契約（個別クレジット契約）（個別信用購入あっせん関係受領契約（割販35条の 3 の 3 第 1 項参照））が解除等の対象となる（日弁連『改正特商法・割販法の解説』104頁）。

(3) 販売契約の締結を必要とする特別の事情

購入者等に、その契約を結ぶ特別の事情があった場合は、取消しができないとされているが（特商 9 条の 2 第 1 項柱書ただし書、割販35条の 3 の12第 1 項ただし書）、この特別の事情があったことは業者が立証する必要がある（『平成21年特定商取引法解説』90頁、『平成20年割賦販売法解説』218頁、中崎『詳説改正割賦販売法』24頁(Ⅳ)、日弁連『改正特商法・割販法の解説』105頁、齋藤ほか『特定商取引法ハンドブック第 4 版』204頁・716頁・717頁、後藤ほか『割賦販売法』292頁・298頁）。

(4) 1 年以内の行使

この過量販売契約の解除等は、売買契約・役務提供契約の解除等は当該契約締結の時から 1 年以内に（特商 9 条の 2 第 2 項）、個別信用購入あっせん関係受領契約（個別クレジット契約）の解除等は当該契約締結の時から 1 年以内に（割販35条の 3 の12第 2 項）、それぞれ行使しなければならない。この 1 年の期間は、除斥期間である（『平成21年特定商取引法解説』90頁 2 、『平成20年割賦販売法解説』218頁二、中崎『詳説改正割賦販売法』25頁・425頁、齋藤ほか『特定商取引法ハンドブック第 4 版』720頁）。

3 過量販売契約の解除等の効果

過量販売契約の解除等の効果は、クーリング・オフの発信主義の規定（特商 9 条 2 項、割販35条の 3 の10第 2 項・35条の 3 の11第 4 項）は準用されていないので（特商 9 条の 2 第 3 項参照）、民法の原則に戻り（民97条）、解除等の意思表示が到達したときに生ずることになる（中崎『詳説改正割賦販売法』25頁(5)）。

4 売買契約の解除等が行われたときの処理

売買契約の解除等が行われたときは、以下の①〜⑤のように処理される。
① 販売業者等は、契約解除等に伴う損害賠償・違約金の請求をすることができない(特商9条の2第3項(9条3項の準用))。
② 契約解除等に伴う商品返還等の費用は、販売業者等の負担となる(特商9条の2第3項(9条4項の準用))。
③ 販売業者等は、商品使用等による利益相当額を、購入者等に対し、請求することができない(特商9条の2第3項(9条5項の準用))。
④ 販売業者等は、契約の解除等があったときは、購入者等に対し、受け取った金銭を返還しなければならない(特商9条の2第3項(9条6項の準用))。
⑤ 役務受領者等は、役務提供契約等の解除等があった場合において、役務提供等に伴う土地・建物その他の工作物の現状が変更されたときは、役務提供事業者等に対し、その原状回復に必要な措置を無償で講ずることを請求することができる(特商9条の2第3項(9条7項の準用))。

5 個別信用購入あっせんの解除等が行われたときの処理

また、個別信用購入あっせんの解除等が行われたときは、以下の①②のように処理される。
① 個別信用購入あっせん業者は、契約解除等に伴う損害賠償・違約金の請求をすることができない(割販35条の3の12第3項)。
② 個別信用購入あっせん業者は、契約の解除等があったときは、すでに支払われている金銭を、購入者等に返還しなければならない(割販35条の3の12第6項)。

6 与信契約の解除等およびそれと同時またはその後に販売契約等の解除等をしたときの処理

そして、与信契約(個別クレジット契約)の解除等をし、それと同時またはその後に販売契約等の解除等をすることで(割販35条の3の12第4項ただし

書・5項ただし書・7項（与信契約解除等の前に特商9条1項・9条の2第1項による販売契約等の解除等がなされた場合の除外）参照）、上記のそれぞれの契約解除等の後の清算規定の適用を受けるとともに、以下の①②の処理をすることができる。

① 個別信用購入あっせん業者は、購入者等に対し、立替金相当額等を請求することができない（割販35条の3の12第4項）。

② 販売業者等は、受け取った立替金を個別信用購入あっせん業者に返還しなければならない（割販35条の3の12第5項）。

7　与信契約の解除等の前に販売契約等の解除等をされた場合の処理

なお、与信契約（個別クレジット契約）の解除等の前に、販売契約等のクーリング・オフまたは過量販売解除をされた場合（特商9条1項、9条の2第1項）には、販売業者等は、購入者等に対し、受け取った金銭（購入者等から受領した頭金等および個別信用購入あっせん業者から受領した立替金等）を返還しなければならないとされていることから（特商9条6項・9条の2第3項）、それによって解決されると考え、上記5・6の処理はされないことになる（割販35条の3の12第4項ただし書・5項ただし書・7項参照）（後藤ほか『割賦販売法』306頁・307頁、日弁連『改正特商法・割販法の解説』111頁、山岸ほか『第三版リース・クレジットの法律相談』502頁）[11]。

8　過量販売契約の解除等の規定の強行法規性

購入者等と販売業者等および個別クレジット業者（個別信用購入あっせん業者）間において、過量販売契約の解除等の規定（割販35条の3の12第1項～

---

[11] 割賦販売法35条の3の12第4項ただし書・5項ただし書は、販売契約等について先にクーリング・オフまたは過量販売解除が行われると、販売業者等から購入者等に対する代金の返還義務が発生し（特商9条6項・9条の2第3項）、訪問販売契約による債務またはその解除による債務の履行を拒否または不当に遅延する行為は、行政処分の対象となり（特商7条1号）、販売業者等から個別クレジット業者（個別信用購入あっせん業者）への立替金等の返還義務（割販35条の3の12第5項本文）は、義務が衝突する関係となるため適切ではないと考えられたため規定されたものである（後藤ほか『割賦販売法』307頁）。

4項・6項、特商9条の2第3項（9条8項（9条の2第1項・2項、9条3項〜7項））に反する特約であって購入者等に不利なものは、無効とされる（割販35条の3の12第8項、特商9条の2第3項（9条8項の準用）））。

9　適用除外

上記の過量販売契約の解除等についての規定（割販35条の3の12）の適用除外については、「第8　割賦販売法における適用除外」（63頁）を参照されたい。

第6　不実告知・重要事項故意不告知による販売契約等および与信契約等の取消し

1　不実告知・重要事項故意不告知による販売契約等および与信契約等の取消しの制度

平成20年改正法により、訪問販売業者等が、与信契約（クレジット契約）（個別信用購入あっせん関係受領契約（割販35条の3の3第1項参照））の勧誘を行う際に、支払総額・支払回数等のクレジット契約内容の不実告知や、商品の品質・性能等の販売契約に関する重要事項等についての故意による不告知など不適正な勧誘を行い、購入者等に誤認が生じた場合には、販売契約等を取り消し（特商9条の3（訪問販売）・24条の2（電話勧誘販売）・40条の3（連鎖販売取引）・49条の2（特定継続的役務提供等契約）・58条の2（業務提供誘引販売契約））、与信契約（クレジット契約）の取消しもできるとされた（割販35条の3の13（訪問販売・電話勧誘販売）・35条の3の14（特定連鎖販売個人契約）・35条の3の15（特定継続的役務提供等契約）・35条の3の16（業務提供誘引販売個人契約））。

2　取消しの要件

(1)　「不実のことを告げる行為」

「不実のことを告げる行為」とは、事実と異なることを相手方に伝える行為であり、客観的に事実と相違する事項を告げる行為があればそれに該当し、販売業者等のその事項が虚偽であることの認識や顧客を誤認させようと

する故意は必要ではない（特定商取引法等施行通達第2章関係第2節関係四(1)(ロ)）（齋藤ほか『特定商取引法ハンドブック第4版』207頁）。

(2) 「故意に事実を告げない行為」

「故意に事実を告げない行為」における「故意」とは、通達上、販売業者等において、告げない事実が購入者等にとって不利益となるものであることを知っていることおよび当該事実を購入者等が認識していないことを知っていることをいうとされている（特定商取引法等施行通達第2章関係第2節関係四(2)・九(1)(ホ)）が、販売業者において、告げない事実が購入者等にとって不利益なものであることを知っていることで足り、当該事実を購入者等が認識していないことまで知っていることは不要であるとの見解もある（齋藤ほか『特定商取引法ハンドブック第4版』207頁）。

(3) 不実告知・重要事項故意不告知の対象

不実告知・重要事項故意不告知の対象となる事実は、割賦販売法35条の3の13～35条の3の16各第1項各号に定められている。そのうちの末尾の号に定められている与信契約（個別クレジット契約）（個別信用購入あっせん関係受領契約）または販売契約等（個別信用購入あっせん販売契約・個別信用購入あっせん関係役務提供契約）に関する事項であって、購入者等の判断に影響を及ぼすこととなる重要なものは、不実告知のみの対象となる事実である（割販35条の3の13第1項6号、35条の3の14第1項7号、35条の3の15第1項7号、35条の3の16第1項7号）。

(4) 因果関係

購入者等が意思表示を取り消すことができるのは、「販売業者等の違反行為」と「購入者等が誤認したこと」および「購入者等が誤認したこと」と「購入者等が意思表示」をしたことの間の双方に因果関係が認められる必要があるが、販売業者等の違反行為の事実があれば、この2つの因果関係は、通常、事実上推定されると解される（特定商取引法等施行通達第2章関係第2節関係九(1)(ロ)）（齋藤ほか『特定商取引法ハンドブック第4版』208頁）。

(5) 与信業者の過失等

　与信契約（個別クレジット契約）の取消しの場合（割販35条の3の13～35条の3の16）、与信業者（個別クレジット業者）の過失等は要件とならない（後藤ほか『割賦販売法』309頁・325頁・336頁、日弁連『改正特商法・割販法の解説』120頁・131頁）。

3　取消しの効果、取消し後の処理
(1) 購入者等と販売業者等の間

　販売契約等が特定商取引法9条の3により取り消された場合には、以下の①～③のように処理される。

① 　代金の支払いがなされていたり商品等の引渡しがなされている場合には、それらは不当利得となり、販売業者等は購入者等からの既払金の返還義務を負い（民703条）、購入者等は、受領した商品等の返還義務を負うことになる（民703条）（齋藤ほか『特定商取引法ハンドブック第4版』209頁）。

② 　この売買契約等の申込み等の意思表示の取消しの効果は、善意の第三者に対抗することができない（特商9条の3第2項）。

③ 　この取消権は、追認をすることができるときから6カ月の消滅時効、契約締結時から5年の除斥期間にかかる（特商9条の3第4項）（齋藤ほか『特定商取引法ハンドブック第4版』209頁）。

　なお、販売契約等のみが特定商取引法9条の3により取り消された場合、購入者等は、与信業者（個別クレジット業者）（個別信用購入あっせん業者）に対し、抗弁権の接続により、未払金につき支払拒絶をすることができる（割販35条の3の19）（後藤ほか『割賦販売法』338頁）。

(2) 販売業者等、個別信用購入あっせん業者および購入者等との間

　与信契約（個別クレジット契約）（個別信用購入あっせん関係受領契約（割販35条の3の3第1項参照））が取り消された場合、通常は、販売契約等についても、特定商取引法上の取消権行使等により無効となると考えられ、与信契

約（個別クレジット契約）（個別信用購入あっせん関係受領契約）が取り消され、かつ、販売契約等が取消し等により無効となった場合の販売業者等、個別信用購入あっせん業者および購入者等の三者間の清算は、以下の①～⑤のようになされる（『平成20年割賦販売法解説』229頁1）。

① 個別信用購入あっせん業者は、購入者等に対し、商品・権利の代金または役務の対価に相当する金額の請求をすることができない（割販35条の3の13第2項（35条の3の14第3項・35条の3の15第3項・35条の3の16第2項で準用））。

② 個別信用購入あっせん業者が販売業者等に支払った商品・権利の代金または役務の対価に相当する金額は、販売業者等が個別信用購入あっせん業者に対して返還しなければならない（割販35条の3の13第3項（35条の3の14第3項・35条の3の15第3項・35条の3の16第2項で準用））。

③ 購入者等は、個別信用購入あっせん業者に対して支払った既払金の返還を請求することができる（割販35条の3の13第4項（35条の3の14第3項・35条の3の15第3項・35条の3の16第2項で準用））。

④ この個別信用購入あっせん関係受領契約の申込み等の意思表示の取消しの効果は、善意の第三者に対抗することができない（割賦35条の3の13第5項（35条の3の14第3項・35条の3の15第3項・35条の3の16第2項で準用））。

この取消しにおいて、与信契約（個別クレジット契約）が付される販売契約または役務提供契約についての販売業者または役務提供事業者が「善意の第三者」に当たるとは考えられておらず、与信契約（個別クレジット契約）を信頼して権利関係に入る第三者の存在は通常考えられず、割賦販売法35条の3の13第5項（35条の3の14第3項・35条の3の15第3項・35条の3の16第2項で準用）の適用が問題となることはあまりない（中崎『詳説改正割賦販売法』421頁）。

⑤ この取消権は、追認をすることができるときから6カ月行わないとき

45

は時効によって消滅し、契約締結時から5年経過したときも同様とされる（割販35条の3の13第7項（35条の3の14第3項・35条の3の15第3項・35条の3の16第2項で準用））。

4 適用除外

上記の不実告知・重要事項故意不告知による販売契約等および与信契約等の取消しについての規定（割販35条の3の13～35条の3の16）の適用除外については、「第8 割賦販売法における適用除外」（63頁）を参照されたい。

5 不退去・退去妨害による威迫困惑類型の処理

なお、平成20年改正法の規定では、不実告知および重要事項の故意による不告知とともに、事業者による不当勧誘行為として消費者契約法（平成12年法律第61号）4条3項で禁止されている、不退去・退去妨害による威迫困惑類型については、定めていない。これは、販売業者等が販売契約等の勧誘に際し、威迫を行い、購入者等が困惑した場合には、販売契約等と同時に勧誘される与信契約（個別クレジット契約）の締結に向けた消費者の意思表示についても当然に瑕疵が生じうるのであり、与信契約（個別クレジット契約）についても消費者契約法の規定によって取り消すことが可能であると考えたためである（東京簡判平15・5・14最高裁HP（与信契約（立替払契約）の消費者契約法4条3項2号よる取消しを認めた））、『平成20年割賦販売法解説』228頁（注1）、後藤ほか『割賦販売法』318頁・319頁・324頁・328頁・332頁・472頁）。

第7 抗弁権の接続

1 抗弁権の接続

購入者または役務受領者は、ローン提供業者または信用あっせん業者に対して、販売業者等に対する抗弁をもって対抗することができる（ローン提携販売：割販29条の4第2項（30条の4）・3項（30条の5）、包括信用購入あっせん：割販30条の4・30条の5（リボルビング方式）、個別信用購入あっせん：割販35条の3の19）[*12]。

ローン提供業者または信用あっせん業者への抗弁権の対抗においては、抗弁事由の発生についてのローン提供業者または信用あっせん業者の認識または認識の可能性の有無を問わない（後藤ほか『割賦販売法』201頁・381頁）。

2 接続できる抗弁事由等[*13]

(1) 接続できる抗弁事由

接続できる抗弁事由については、基本的に制限がなく、販売業者等に対して主張できる事由は原則としてすべて、ローン提供業者または信用購入あっせん業者に対抗することができる（後藤ほか『割賦販売法』372頁・373頁）[*14]。

具体的には、ローン提供業者または信用購入あっせん業者に対して接続できる抗弁事由としては、販売業者等の債務不履行で、①商品の引渡未了、②商品の瑕疵、③商品の引渡遅延による購入目的不到達、④役務付き商品の役務不提供等がある。およそ、販売業者等の責任において売買契約等がその目的を達しなかった場合は、抗弁権の接続の対象となると考えられる（梶村ほか『全訂版割賦販売法』98頁・497頁）[*15]。

そのほか、連鎖販売取引または特定継続的役務提供における中途解約（特商40条の2、49条）、販売契約等のクーリング・オフ（特商9条、24条、40条、48条、58条）、販売契約等における約定解除等も、抗弁権の接続の対象となると考えられる（後藤ほか『割賦販売法』374頁）。

(2) 販売業者からの引渡未了・同時履行の抗弁権

販売業者からの商品の引渡しがない場合、ローン提供業者（金融機関）ま

[*12] 最判平2・2・20判時1354号76頁　昭和59年法律第49号による改正後の割賦販売法30条の4第1項の抗弁権接続規定は、法が購入者保護の観点から、購入者において売買契約上生じている事由をあっせん業者に対抗し得ることを新たに認めたものであるとした。

[*13] 消費者契約法4条5項（善意の第三者への不対抗）と割賦販売法の抗弁権の接続規定については、第2章第1節第2・5（96頁）参照。

[*14] 昭和59年11月26日59産局834号通産省通達5(1)は、「原則として、商品の販売について販売業者に対して主張しうる事由は、およそこれをもってあっせん業者に対抗することができる事由となる」としている。

[*15] 大阪高判平12・4・28判タ1055号172頁（立替金請求事件における詐欺を理由とする売買契約解除による抗弁権の接続事例）

たは信用購入あっせん業者に対して、同時履行の抗弁権を主張することができる（梶村ほか『全訂版割賦販売法』492頁、岡口『要件事実マニュアル第3巻（第3版）』344頁）。

　ローン提携販売または割賦購入あっせんにおける金銭消費貸借契約または立替払等契約の購入者等の代金等支払債務は、ローン提供業者（金融機関）または信用購入あっせん業者からの販売業者等に対する貸金または立替金等の交付により消滅しているはずである。そうすると、商品の引渡未了等と同時でなければ貸金または立替金等の分割支払いには応じられないという抗弁権も存在しないとも解される。しかし、割賦販売法30条の4（29条の4第2項）・30条の5（29条の4第3項）・35条の3の19の規定の趣旨からすると、ローン提供業者（金融機関）または信用購入あっせん業者が販売業者等に対する貸金または立替金等の交付をしなければ購入者等は販売業者等に対し同時履行の抗弁を主張できたのであるから、購入者等がこの地位にあることを理由として、ローン提供業者（金融機関）または信用購入あっせん業者に対して同時履行の抗弁権を対抗しうると解すべきである（「消費者信用関係事件に関する執務資料（その二）」109頁〔13〕、梶村ほか『全訂版割賦販売法』492頁）。

　　(3)　合意解除

　購入者等と販売業者等との間の売買等の契約が、販売業者等の商品等引渡債務の不履行等を原因として合意解除されたとしても、購入者等と信用購入あっせん業者等との間の立替払等契約においては、信用購入あっせん業者等において販売業者等の商品等引渡債務の不履行等に至る事情を知っていたか知り得たのに立替払いを実行したなどの販売業者等の商品等引渡債務の不履行等の結果を信用購入あっせん業者等に帰せしめるのを信義則上相当とする特段の事情があるときでない限り、購入者等は、販売業者等との売買契約の合意解除をもって信用購入あっせん業者等の履行請求を拒むことはできない（最判平2・2・20判時1354号76頁）（「消費者信用関係事件に関する執務資料（そ

の二)」104頁、梶村ほか『全訂版割賦販売法』100頁(ハ)・450頁・451頁、岡口『要件事実マニュアル第3巻(第3版)』345頁)。

ただ、目的商品等について、数量不足や瑕疵があって、当該債務不履行分等について減額の合意がなされたような場合は、合意の前提となった事実が、購入者等の作出した一方的事由に基づくものではなく、この場合に抗弁権の接続を認めても信義則に反するものではないと解され、購入者等は、販売業者等との合意に基づく減額をもって、割賦購入あっせん業者等の履行請求を拒むことができると解される(梶村ほか『全訂版割賦販売法』512頁)。

(4) 特定継続的役務提供における中途解約

特定継続的役務提供における特定継続的役務提供等契約が中途解約されたこと(特商49条)も、抗弁権の接続の対象となると解される(梶村ほか『全訂版割賦販売法』452頁・453頁)。

(5) 心裡留保および虚偽表示を理由とする売買契約・役務提供契約の無効

商品・役務等の供給契約が心裡留保ないし虚偽表示として無効となる場合に、それが抗弁権接続の規定により抗弁事由となるかが問題になる。

ローン提携販売や信用購入あっせんでは、金銭消費貸借契約(ローン提携販売)または立替払等契約(信用購入あっせん)と売買契約・役務提供契約とは独立した別個の契約ではあるが、一つの取引システムを形成しており、あらかじめ構成部分として予定されている関係にあり、ローン提供業者(金融機関)や信用購入あっせん業者は、売買契約・役務提供契約を前提として新たに利害関係を形成した者とはいえず、民法94条2項の第三者には該当しない。したがって、抗弁権接続の規定(割販30条の4(29条の4第2項)・30条の5(29条の4第3項)・35条の3の19)と民法94条2項の規定は、一般法・特別法の関係に立たず、商品・役務等の供給契約が心裡留保(民93条ただし書)ないし虚偽表示(民94条1項)を理由として無効となる場合に、それが抗弁事由となるかどうかだけが問題となる。

この点については、簡易裁判所判事会同における協議結果では、原則として、商品・役務等の供給契約において、購入者ないし役務受領者が、販売業者ないし役務提供事業者に対し、その債務の履行に関し対抗しうる事由は、信用購入あっせん業者ないしローン提供業者に対抗しうる抗弁事由に該当するが、信用購入あっせんないしローン提携販売における抗弁の対抗を認める実質上の理由が、信用購入あっせん業者ないしローン提供業者が購入者ないし役務受領者に対し、加盟店契約を結んでいる販売業者ないし役務提供事業者をあっせん等している点にあるとすれば、購入者ないし役務受領者が作出した一方的事由に基づく事由は、信用購入あっせん業者ないしローン提供業者に対抗しうる抗弁事由に該当しないというべきであるとし、購入者ないし役務受領者と販売業者ないし役務提供事業者間の虚偽表示、購入者ないし役務受領者の心裡留保等は、信用購入あっせん業者ないしローン提供業者に対抗しうる抗弁事由に該当しないと解すべきであるとされている（「消費者信用関係事件に関する執務資料（その二）」103頁〔8〕、梶村ほか『全訂版割賦販売法』453頁・454頁・490頁・497頁）。

　裁判例では、売買契約が虚偽表示に該当する場合、一律に抗弁事由にならないわけではなく、その抗弁事由が、購入者の作出した一方的ないしは積極的な関与に基づく事由と評価できるかどうかを検討し、売買契約の虚偽表示による無効をもって信販会社に対抗できるとした事例がある（長崎地判平元・6・30判時1325号128頁・判タ711号234頁）[16]。

(6) 名義貸しと抗弁権の接続

ア　名義貸し

　名義貸しとは、本人は契約の意思がないのに契約上は契約者（購入者・申込者）になっている場合であって、広義には、本人の不知の間に勝手に名前を使用されている場合（氏名冒用）も含まれるが、いわゆる名義貸しであるとして名義人の責任の有無について紛争が生ずるのは、友人・知人・販売店（販売員）などに依頼されて氏名の使用を許容した場合（狭義の名義貸し）で

ある（梶村ほか『全訂版割賦販売法』471頁、北川清「個品割賦購入あっせん契約における名義貸人の責任」判タ772号5頁・6頁）。

このような、販売会社等からの求めに応じて、名義を貸して信販会社との

＊16① 長崎地判平元・6・30判時1325号128頁・判タ711号234頁　「割賦販売法30条の4第1項は、割賦購入あっせん業者（現「信用購入あっせん業者」）が、あっせん行為を通じて、販売業者と購入者間の売買契約の成立に関し販売業者と密接な経済関係を有することから、購入者に売買契約上の抗弁事由が存する場合にはあっせん業者に対しても抗弁が主張できるようにし、契約取引に不慣れな購入者を保護するという趣旨から、販売業者に対して主張し得る抗弁事由をもってあっせん業者に対抗し得ることを規定したものであると解され、購入者が販売業者に対して有する抗弁をもって、割賦購入あっせん業者に対抗することが、抗弁権の接続を認める趣旨に反し、信義則上許されない場合を除き、同条は抗弁事由については特にこれを限定していないから、原則として、購入者が販売業者に対抗できる事由は、同条の抗弁事由となるというべきである。虚偽表示の場合については、購入者の作出した一方的又は積極的な関与に基づく事由は、抗弁事由に該当しないが、販売業者が、詐欺的言動によって購入者をして名義貸しをなさせめた場合などは、その名義貸しをなすに至った事情いかんによっては、虚偽表示を割賦購入あっせん業者に対抗することが、抗弁権の接続を認めた立法趣旨に反し信義則上許されないものではないというべきであり、虚偽表示であれば一律に抗弁事由足り得ないと解すべきではない」として、販売会社はクレジットを利用して商品を販売しているのであるから、誠実に立替払契約申込手続を代行すべきであるのに、未成年者でありクレジット利用が初めてでその仕組みを十分理解していない名義貸人が、名義使用を承諾し、信販会社からの電話確認に購入した旨答え、分割金を5回支払いしたのが、販売店店員の欺罔的といえる言動によるところが大きく、名義借人が支払いをなすものと信じたことによるものについて、販売会社が虚偽の売買契約を積極的に作出したものであり、名義貸人の関与程度は消極的なものということができ、信販会社が販売会社からの連絡で連帯保証人欄の母親には意図的に連帯保証の意思確認をしないなどの事情に照らせば、名義貸人が、虚偽表示の主張を信販会社に対して主張することが信義則に反するとはいえないとした事例
② 福岡高判平元・12・25 NBL489号54頁（長崎地判平元・6・30判時1325号128頁・判タ711号234頁（上記①）の控訴審）　通謀虚偽表示による無効は、割賦販売法30条の4の抗弁事由とならないとされた事例
③ 東京地判平2・10・25判時1389号75頁・判タ752号184頁　信販会社の顧客に対する立替金請求において、顧客は一括で支払うつもりであったが、販売店から立替払いを利用すると代金を安くすると勧められてクレジット利用を承諾した場合の、顧客の心裡留保の主張を退け、信販会社が、販売店の立替払いの不正利用による信販会社に対する不良債権を回収するための割賦購入あっせん（現「信用購入あっせん」）を承諾した事情を斟酌し、民法418条を類推適用し、顧客の立替金債務を約定代金の1割とした事例
④ 東京地判平6・1・31判タ851号257頁　購入者が車の購入についての販売店との通謀虚偽表示による無効を主張したのに対し、割賦販売法30条の4第1項の規定による抗弁事由は無制限でなく、名義貸しをした購入者に背信的な行為がある場合は抗弁事由に当たらないとした事例

間で立替払い等の契約を締結したような、名義貸し事案においては、当該立替払い等の契約について支払停止の抗弁を援用することは、信義則に反し許されないとして、名義貸人の信販会社に対する契約上の責任を認めた裁判例がある[17]。

イ　名義貸しと電話確認～電話確認による追認

契約時における名義貸しが認められず、その後の信販会社からの意思確認に対する名義人の応答が追認と認められるためには、それが無権代理人による立替払契約の仕組みを一応理解したうえで、無権代理人による立替払契約申込みの効果を自己に帰属させようとする意思を表示したと評価しうるものであることが必要である。そして、それについては、加盟店等からの説明内容、名義人の認識・立替払契約の理解・経験、信販会社からの申込意思の確認内容、それに対する名義人の応答内容等を考慮して判断すべきである（北川清「個品割賦購入あっせん契約における名義貸人の責任」判タ772号5頁・6頁、梶村ほか『全訂版割賦販売法』456頁・457頁、「消費者信用関係事件に関する執務資料（その二）」128頁）[18]。

ウ　名義人の名板貸人としての責任

名義人の名板貸人としての責任（商14条）については、これを肯定する説もあるが、①名板貸人の責任は原則として継続的な取引行為について自己の名称の使用を許諾した場合に認めるべきであること、②信販会社（信用購入あっせん業者）は販売業者等の名義借人を名義貸人である顧客と誤信したわけではないこと、③名義貸人である顧客の責任を認めると、立替払契約は信販会社（信用購入あっせん業者）と販売業者等の名義借人との間に成立する

---

[17]　東京地判平5・11・26判時1495号104頁・判タ871号247頁　購入者の販売会社からの自動車の引渡しがない旨の主張について、購入者は販売会社に従業員の求めに応じて買主としての名義を貸して立替払契約を締結したのであるから、当該契約について支払停止の抗弁を援用することは信義則上許されないとして、購入者の信販会社に対する契約上の責任を認めた事例

[18]　静岡地判平11・12・24金法1579号59頁　加盟店に対して名義貸しをした顧客に対する信販会社の契約確認等に過失がなかったとして、信販会社の立替金請求が全額認容された事例

ことになることになるがこれは不自然であること、などの理由から否定的な見解が強い（梶村ほか『全訂版割賦販売法』455頁、北川清「個品割賦購入あっせん契約における名義貸人の責任」判タ772号8頁）*19。

エ　名義貸しと心裡留保

名義貸人が、自己が立替払契約の契約主体となるという認識がある場合には、表示上の効果意思と内心的効果意思に不一致がないのであるから、支払義務がないと思っても、心裡留保（民93条）には当たらないと解される（福岡高判平元・11・9判タ719号164頁（名義貸しに民法93条の適用はないが、当事者が名義貸与者であることを信販会社が知っていたか知り得た場合には民法93条ただし書を類推して、信販会社は名義貸与者に対して立替払契約に基づく請求をすることができないとした））（北川清「個品割賦購入あっせん契約における名義貸人の責任」判タ772号9頁）。

仮に、心裡留保に当たるとしても、信販会社が名義貸人の真意につき悪意・有過失の場合でなければ、立替払契約は無効とならない（民93条ただし書）。名義貸人が信販会社からの電話による意思確認に対し肯定的応答をした場合に、信販会社に過失があったと認めるのは難しい場合が多いと思われる（北川清「個品割賦購入あっせん契約における名義貸人の責任」判タ772号9頁）。

心裡留保を認める場合、民法93条本文により、立替払契約を有効と解することもある（長崎地判平元・3・29判時1326号142頁・判タ704号234頁、長崎地判平元・6・30判時1325号128頁・判タ711号234頁）（北川清「個品割賦購入あっせん契約における名義貸人の責任」判タ772号9頁）。

オ　名義貸しと錯誤

名義貸人から、名義借人において立替払金を全額返済してくれるものと誤

---

*19　肯定事例としては、名古屋高判昭58・11・28判時1105号53頁・判タ517号199頁、大阪地判昭63・9・22判時1320号117頁があり、否定事例としては、浦和地判昭31・1・28下民集7巻1号130頁（1回の取引に限定した自己名義の使用許諾について適用否定）がある。

信して立替払契約を締結したので、立替払契約は、錯誤により無効である（民95条本文）と主張する場合がある。この名義貸人の錯誤は、動機の錯誤であり、その動機は、信販会社に表示されていないであろうから、立替払契約が錯誤により無効となることはないであろう（東京高判昭57・6・29金商658号17頁、長崎地判平元・6・30判時1325号128頁・判タ711号234頁（動機の錯誤として処理））（北川清「個品割賦購入あっせん契約における名義貸人の責任」判タ772号10頁）。

カ 名義貸しと詐欺

ローンを組めない者のために名義を貸して、売買代金について信販会社との間で立替払契約を締結した事例において、販売業者の店員の詐欺によるものとしての取消しについて、信販会社に対し抗弁権の接続を主張することを認めた裁判例がある（東京高判平18・4・6消費者法ニュース69号183頁）[*20]。

(7) モニター商法と抗弁権の接続

モニター商法とは、モニターになると商品が安くなる、モニター料といった名目で収入を得られるといった勧誘を行う商法のことをいう。着物、布団、浄水器、健康食品、美顔器、宝石、絵画、エステティックなどに関するものが多い。

この取引は、対象となった商品等についての信販会社の立替払契約と密接不可分に関連するものであるから、信用購入あっせんに当たると解され、このような信販会社の立替払契約と密接不可分な取引については、抗弁権の接続を認めるのが通説・判例である（名古屋高判昭60・9・26判時1180号64頁、仙台高判昭63・2・15判時1270号93頁、大阪高判平16・4・16消費者法ニュース

[*20] 東京高判平18・4・6消費者法ニュース69号183頁　ローンを組めない者のために名義貸人がした売買契約締結の意思表示は、第三者である名義借人の詐欺によりなされたものであり、その契約の相手方である販売店の代表者は同詐欺を知っていたものであるから、名義貸人は、第三者の詐欺として当該売買契約を取り消すことができ、売買代金について立替払契約を締結した信販会社に対して、その抗弁権の接続（割販30条の4第1項）を理由に支払いを拒絶することについて、信義則上許されないものとすべき事情があるとは認められないとした事例

60号137頁）（石田喜久夫「信用取引と消費者」金法1036号9頁）。

そうすると、消費者は、モニター対象商品等の売買契約の無効を主張して、信販会社からの立替金の支払請求を拒むことができることになる。

ただ、消費者が、モニター対象商品等とモニター料を取得していれば、その分について立替金請求を拒否することは信義則に反することになると思われる[*21]。

(8) 公序良俗違反～デート商法

異性からデートに誘うような雰囲気で勧誘し、商品等の販売契約やその代金についてのクレジット契約を締結させるデート商法による契約の締結について、売買契約は公序良俗違反で無効であり、割賦販売法の抗弁権の接続規定に基づき、その代金についてのクレジット契約に基づく割賦金の支払いを拒むことができ、既払割賦金の返還請求もできるとした裁判例（名古屋高判平21・2・19判時2047号122頁）があった。しかし、同裁判例の上告審である最高裁は、個品割賦購入あっせん（現「個別信用購入あっせん」）は、法的に別個の契約関係である購入者とあっせん業者との間の立替払契約と、購入者と販売業者との間の売買契約を前提とするものであり、両契約が経済的、実質的に密接な関係にあることは否定できないが、購入者が売買契約上生じている事由をもって当然にあっせん業者に対抗することはできないというべき

[*21] 名古屋地判平17・10・27判時1950号128頁は、以下のように判示した。

「モニター商法」という本件寝具の販売システムは、寝具販売業者が寝具代金を大幅に上回るモニター料を支払い続けることができず、破綻することが必至であったから、本件寝具の売買契約は公序良俗に反し無効であると解され、購入者である原告らは、寝具販売業者に対し、本件売買契約の無効を、売買代金請求に対する抗弁事由として主張することができる。

本件寝具の売買契約とモニター契約・立替払契約は密接不可分に結びついた契約であり、売買契約自体に瑕疵が認められる以上、割賦販売法30条の4の適用がある。しかし、信販会社である被告らの請求する金額全額について抗弁権の接続を認めることは信義則に反し、購入者である原告らは、モニター料等受領金額に、購入した寝具の実質的価値を加えた金額から、購入者の既払金額を控除した金額については、信義則上、抗弁権を主張して支払いを拒むことができない。

同旨判決として、神戸地判平16・9・21判時1891号115頁、静岡地浜松支判平17・7・11判時1915号88頁がある。

であり、割賦販売法30条の4第1項は、法が、購入者保護の観点から、購入者において売買契約上生じている事由をあっせん業者に対抗しうることを新たに認めたものにほかならず（最判平2・2・20判時1354号76頁）、個品割賦購入あっせん（現「個別信用購入あっせん」）において、購入者と販売業者との間の売買契約が公序良俗に反し無効である場合でも、販売業者とあっせん業者との関係、販売業者の立替払契約締結手続への関与の内容および程度、販売業者の公序良俗違反行為についてのあっせん業者の認識の有無および程度等に照らし、販売業者による公序良俗違反行為の結果をあっせん業者に帰せしめ、売買契約と一体的に立替払契約についてもその効力を否定することを信義則上相当する特段の事情があるときでない限り、売買契約と別個の契約である購入者とあっせん業者との間の立替払契約が無効となる余地はないとして、購入者が立替払契約に基づく割賦金の支払いに異議等を述べたのは長期間にわたって約定どおり割賦金の支払いを続けた後であり、あっせん業者は、立替払契約締結前に、販売業者の販売行為につき、他の購入者から苦情の申出を受けたことや公的機関から問題とされたこともなかったとして、売買契約が公序良俗に反し無効であることにより、立替払契約が無効となると解すべきではないとして、あっせん業者から事業譲渡を受けた承継人に対し、立替払契約の無効を理由として、既払金の返還を求めることはできないとした（最判平23・10・25民集65巻7号3114頁）。

3 抗弁権接続の方法等

(1) 連帯保証人による抗弁権接続

ローン提携販売または信用購入あっせんにおける商品販売等の契約の連帯保証人は、同契約の購入者等と同様に、ローン提供業者（金融機関）または信用購入あっせん業者に抗弁権を対抗することができる（大判昭5・10・31民集9巻1018頁）（梶村ほか『全訂版割賦販売法』491頁）。

(2) リボルビング方式のローン提携販売または信用購入あっせんにおける抗弁権の接続

リボルビング方式のローン提携販売または信用購入あっせんにおいて抗弁権の接続の主張がされた場合、弁済金の支払いをローン提携販売に係る債務または割賦購入あっせんに係る債務に充当する計算を行い、抗弁事由に係る未払債務の額を確定したうえで、抗弁権の接続の規定を準用する（ローン提携販売：割販29条の4第3項（30条の5）、割販令19条（22条）・20条、信用購入あっせん：割販30条の5、割販令22条）。これにより、特定の商品等の債務の弁済が終了していることになる場合は、当該商品等についての抗弁権の接続は問題とならないことになる（梶村ほか『全訂版割賦販売法』51頁～53頁・98頁・99頁・566頁Q69・568頁、岡口『要件事実マニュアル第3巻（第3版）』344頁）。

4 抗弁権接続の時期等

(1) 抗弁権接続の時期

目的物ないし権利に瑕疵があって、顧客が販売業者に代金減額が請求できる場合、当該顧客は、いつから抗弁権をローン提供業者（金融機関）または信用購入あっせん業者に対抗できるかが問題になる。役務提供契約上の債務不履行を原因として、顧客が役務提供事業者に対して役務提供代金総額に満たない損害賠償を請求することができる場合も、いつから抗弁権をローン提供業者（金融機関）または信用購入あっせん業者に対抗できるかが問題になる（梶村ほか『全訂版割賦販売法』462頁）。

これについては、以下の①～③の考え方がある。

① 顧客が抗弁を主張した場合、それに続く割賦金等の支払いを、抗弁が主張できる金額の限度で直ちに拒絶できるとする説（内入れ説）

② 顧客が抗弁権を主張し、抗弁が主張できる金額を控除した債務額を弁済した後、抗弁が主張できる金額の支払いを拒絶できるとする説（外入れ説）

③　顧客が抗弁を主張してから、各回の割賦金等から、代金等総額に対する抗弁が主張できる金額の割合に応じた額を、毎回拒絶できるとする説（案分説）

これについては、上記①の内入れ説が妥当である（「信販関係事件に関する執務資料（その二）」84頁(iv)、梶村ほか『全訂版割賦販売法』462頁）。

　(2)　リボルビング方式のローン提携販売または信用購入あっせんにおける抗弁権接続の時期

リボルビング方式のローン提携販売または信用購入あっせんにおける抗弁権接続の時期については、以下の①～③の考え方がある（「信販関係事件に関する執務資料（その二）」92頁(三)、梶村ほか『全訂版割賦販売法』462頁・463頁・479頁・570頁(2)、岡口『要件事実マニュアル第3巻（第3版）』344頁）。

① 割賦販売法30条の5の規定に従った充当の結果、抗弁事由の存する商品等に関する債務の充当に充てられる月において、当該商品等に係る支払い分について支払拒絶できるとする説

② 抗弁事由の存する商品等取引の未払債務相当額に充つるまで直ちに弁済金の支払いを拒絶できるとする説（千葉恵美子「リボルビング方式クレジットカードをめぐる法律上の問題点」ジュリスト893号24頁以下、梶村ほか『全訂版割賦販売法』〔千葉恵美子〕462頁・463頁）

③ 他の商品等取引にかかわる債務分が存する限り、まずこの分の支払いをなし、最後に抗弁事由の存する商品等取引の支払い分の拒絶ができるとする説

5　抗弁権接続の効果等

　(1)　業者からの支払請求の拒絶

販売会社等に上記2(1)（47頁）のような債務不履行事由があった場合、購入者等の顧客は、信用購入あっせん業者等から立替金等の請求を受けたときは、当該販売会社等の債務不履行事由を主張して、その請求を拒むことができる（ローン提携販売：割販29条の4第2項（30条の4）・3項（30条の5）、包

括信用購入あっせん：割販30条の4・30条の5（リボルビング方式）、個別信用購入あっせん：割販35条3の19）（「消費者信用関係事件に関する執務資料（その二）」107頁〔11〕、梶村ほか『全訂版割賦販売法』98頁・99頁・102頁・122頁・451頁・492頁・497頁）。

(2) 業者に対する既払金の返還請求

抗弁権の接続を理由とする、業者に対する既払金の返還請求は、否定する裁判例が多いが、肯定する裁判例もあった（否定例としては、東京地判平5・9・27判時1496号103頁・判タ857号185頁、広島地判平8・5・29判タ928号248頁、肯定例としては、名古屋高判平21・2・19判時2047号122頁がある）（梶村ほか『全訂版割賦販売法』122頁・123頁・124頁・492頁・493頁、「消費者関係法執務資料（改訂版）」247頁33）。これについては、公序良俗違反（デート商法）事件において、売買契約と一体的に立替払契約についてもその効力を否定することを信義則上相当とする特段の事情があるときでない限り、売買契約と別個の契約である購入者とあっせん業者との間の立替払契約が無効となる余地はないとして、立替払契約の無効を理由とする既払金の返還を否定した最高裁判例（最判平23・10・25民集65巻7号3114頁（名古屋高判平21・2・19判時2047号122頁の上告審判決））が出された。

　この点については、平成20年改正法で導入された、個別信用購入あっせんにおける、与信契約（クレジット契約）と販売契約等のクーリング・オフの制度（本節第4（25頁）参照）（割販35条の3の10第9項（訪問販売・電話勧誘販売）、35条の3の11第11項（特定連鎖販売個人契約・特定継続的役務提供等契約・業務提供誘引販売個人契約））、過量販売契約の解除等の制度（本節第5（36頁）参照）（割販35条の3の12第6項）、不実告知・重要事項故意不告知による販売契約等および与信契約（クレジット契約）等の取消しの制度（本節第6（42頁）参照）（割販35条の3の13第4項（35条の3の14第3項・35条の3の15第3項・35条の3の16第2項で準用））において、購入者等が個別信用購入あっせん業者にすでに支払った金額の返還を受けることができるとされた。

(3) 抗弁権の接続と立替払等契約・消費貸借契約の効力

　抗弁事由が、商品等の供給契約の無効・取消し・解除などの当該契約上の債務を消滅させるものである場合、抗弁対抗の結果、購入者等と信用購入あっせん業者またはローン提供業者の間の立替払等契約または消費貸借契約の効力は消滅するのか（与信契約効力喪失説）、あるいは、抗弁対抗の有無にかかわらず、当該立替払等契約または消費貸借契約の効力は存続し、当該立替払等契約または消費貸借契約上の残債務につき支払停止の効果が生ずるにすぎないのか（与信契約効力存続説）について、見解の対立がある（梶村ほか『全訂版割賦販売法』124頁）。

　これについては、与信契約効力存続説の裁判例（東京地判平5・9・27判時1496号103頁）があり、この説によれば、信用購入あっせん業者またはローン提供業者から販売業者等に対する金銭の交付によって、購入者等の販売業者等に対する代金等債務は免責されることになるから、購入者等から信用購入あっせん業者またはローン提供業者に対する弁済は立替払等契約または消費貸借契約に基づく有効な弁済となり、購入者等と信用購入あっせん業者またはローン提供業者との間には不当利得の問題は発生せず、購入者等は信用購入あっせん業者またはローン提供業者に対して既払金の返還を請求することができないと解することになると思われる（梶村ほか『全訂版割賦販売法』124頁）。

　学説上は、与信契約効力喪失説も有力であり、この説に立つと、購入者等が商品等供給契約の債務を消滅させる抗弁権を割賦あっせん業者またはローン提供業者に接続（対抗）すると、購入者等と信用購入あっせん業者またはローン提供業者の間の立替払等契約または消費貸借契約もその効力を失い、購入者等は信用購入あっせん業者またはローン提供業者に対して当該立替払等契約または消費貸借契約上の債務の不存在を理由として未払割賦金について支払いの拒絶ができると解することになる（梶村ほか『全訂版割賦販売法』125頁）。

(4) 目的物引渡し等との同時履行の抗弁権等の接続が認められた場合の判決

目的物引渡し等との同時履行の抗弁権等の接続が認められた場合の判決については、①引換給付判決（口頭弁論終結時までに支払期が到来した割賦金については、目的物引渡し等との引換給付を命じ、口頭弁論終結時までに弁済期の到来していない割賦金請求については棄却する）（「消費者信用関係事件に関する執務資料（その二）」109頁〔13〕、梶村ほか『全訂版割賦販売法』〔千葉惠美子〕126頁）、②請求棄却判決（梶村ほか「全訂版割賦販売法」〔富岡康幸〕517頁・518頁）の2説がある（最高裁事務総局・民事裁判資料177号「簡易裁判所民事事件執務資料」39頁〔59〕、「消費者信用関係事件に関する執務資料（その二）」109頁〔13〕、梶村ほか『全訂版割賦販売法』102頁(b)・126頁・127頁・493頁）。

上記①の場合、訴訟外の販売業者等が購入者等に対して商品等の引渡しをすることを前提として、訴訟当事者となった購入者等または保証人がローン提供業者（金融機関）または信用購入あっせん業者に対して割賦金等の支払いをすることを命ずることができると解される（大判大6・11・10民録22輯1960頁、最判昭47・11・16民集26巻9号1619頁）（梶村ほか『全訂版割賦販売法』494頁）*22。

---

*22 抗弁権の接続に基づいて購入者等がローン提供業者（金融機関）または信用購入あっせん業者に対し支払拒絶の訴訟を提起する場合、請求の趣旨（認容判決の主文）としては、①「債務が存在しないことを確認する」（債務不存在確認型）（岡山地判平14・10・17消費者法ニュース56号118頁）、②「購入者等が業者から債務の請求を受けたときは、これを拒絶する地位にあることを確認する」（抗弁事由存在確認型）（大阪高判平16・4・16消費者法ニュース60号137頁）とすることが考えられる。これについて、後藤ほか『割賦販売法』399頁・400頁は、販売契約等の取消しまたは解除により確定的に代金債務が消滅したことを抗弁事由とするときは、少なくとも未払い分の債務については将来に向けて確定的に支払いを拒絶できるのであるから、債務不存在型でよいとする。

6 抗弁権の接続と消費者契約法4条5項の消費者契約の申込みまたはその承諾の意思表示の取消しにおける善意の第三者に対する不対抗

消費者契約法4条5項は、同条1項から3項までの消費者契約の申込みまたはその承諾の意思表示の取消しについては、善意の第三者に対抗することができないとしている。信用購入あっせん業者等は、商品の売買契約等については、善意の第三者に該当するとも思われ、同条5項と割賦販売法の抗弁権接続の規定との関係が問題となる。これについては、割賦販売法の抗弁権接続の規定は、消費者契約法4条1項ないし3項とは別個独立の消費者保護規定であり、同法11条2項の「他の法律に特別の定めがあるときは、その定めによる」の「特別の定め」には該当せず、購入者は、割賦販売法の抗弁権接続の規定に基づき、消費者契約法4条1項ないし4項に基づく取消しを信用購入あっせん業者等に対して主張することができる（滝澤『消費者取引関係訴訟の実務』244頁）。

7 適用除外

(1) 営業のため・営業として締結する契約への適用除外

上記の抗弁権の接続については、ローン提携販売の方法により、指定商品・指定権利を販売する契約または指定役務を提供する契約（連鎖販売（いわゆる「マルチ商法」）（特商33条1項参照）個人契約および業務提供誘引販売（いわゆる「内職・モニター商法」）（特商51条1項参照）個人契約を除く）等、あるいは、信用購入あっせんに係る販売・提供により、商品・指定権利を販売する契約または役務を提供する契約（連鎖販売個人契約および業務提供誘引販売個人契約を除く）等であって、それぞれ購入者等が営業のためにもしくは営業として締結するものについては、適用しない（ローン提携販売：割販29条の4第1項（8条1号）、信用購入あっせん：割販35条の3の60第1項1号・2項1号）。

第1節　信販関係事件

(2) 支払総額・現金販売（提供）価格が政令で定める金額に満たないこと

抗弁権の接続は、包括のローン提携販売および個別・包括の信用購入あっせんの場合は購入者等の支払総額が4万円（ローン提携販売：割販29条の4第2項（30条の4第4項、割販令21条1項）、包括信用購入あっせん：割販30条の4第4項、割販令21条1項、個別信用購入あっせん：割販35条の3の19第4項、割販令24条）、リボルビング方式のローン提携販売および信用購入あっせんの場合は購入者等の現金販売（提供）価格が3万8000円（ローン提携販売：割販29条の4第3項（30条の5第1項（30条の4第4項）、割販令21条2項）、信用購入あっせん：割販30条の5第1項（30条の4第4項）、割販令21条2項）、にそれぞれ満たない金額の場合主張できない（『平成20年割賦販売法解説』143頁五）。

(3) その他の適用除外

その他の抗弁権の接続の規定（ローン提携販売：割販29条の4第2項（30条の4）・3項（30条の5）、包括信用購入あっせん：割販30条の4・30条の5（リボルビング方式）、個別信用購入あっせん：割販35条の3の19）の適用除外については、「第8　割賦販売法における適用除外」（63頁）を参照されたい。

第8　割賦販売法における適用除外

1　全面適用除外

割賦販売、ローン提携販売および包括・個別の信用購入あっせんに当たる場合でも、下記(1)のような場合は、下記(2)の割賦販売法の割賦販売（割販第2章）、ローン提携販売（割販第2章の2）および包括・個別の信用購入あっせん（割販第3章）の規定は全面的に適用されない（割販8条（割賦販売）・29条の4（8条1号〜5号）（ローン提携販売）・35条の3の60第1項（包括信用購入あっせん）・2項（個別信用購入あっせん））（『平成20年割賦販売法解説』83頁一・115頁一・116頁(2)・284頁二）。

(1) 主な適用除外の場合
ア　割賦販売、ローン提携販売および包括・個別の信用購入あっせん共通

　割賦販売、ローン提携販売および包括・個別の信用購入あっせんに共通して、適用除外となる主なものとしては、以下の①②がある。

① 　商品・権利の販売契約または役務提供契約（連鎖販売個人契約および業務提供誘引販売個人契約に係るものを除く）であって、当該契約の申込者、購入・役務受領者が営業のためにもしくは営業として締結するものに係る割賦販売、ローン提携販売および包括・個別の信用購入あっせん（割販8条1号（割賦販売）・29条の4（8条1号）（ローン提携販売）・35条の3の60第1項1号（包括信用購入あっせん）・2項1号（個別信用購入あっせん））

　たとえば、農業用機械（除草機等）を購入する場合には、農業のために利用するということであれば、一般に「営業のために若しくは営業として」の適用除外に該当するであろうが、家庭菜園のために購入するのであれば、「営業のため若しくは営業として」に該当しないと解される（『平成20年割賦販売法解説』284頁）。

② 　特別の法律に基づいて設立された組合、その連合会・中央会が行う個別信用購入あっせんおよびそれに伴う販売・提供（割販8条4号イ（割賦販売）・29条の4（8条4号イ）（ローン提携販売）・35条の3の60第1項4号イ（包括信用購入あっせん）・2項4号イ（個別信用購入あっせん））

　この場合の特別の法律には、農業協同組合法、中小企業等協同組合法、消費生活協同組合法、商店街振興組合法、水産業協同組合法等がある（『平成20年割賦販売法解説』85頁）。その例として、中小企業等協同組合法3条1号の「事業協同組合」である専門店会（各地の「日専連○○」と「日専連（協同組合連合会日本専門店会連盟）」がある）がある。したがって、それらの組合が行う、割賦販売、ローン提携販売および包括・個別の信用購入あっせんには、割賦販売法の割賦販売（割販第2章）、ローン提携販売（割販第2章の2）および包括・個別の信用購入あっせん

（割販第 3 章）の規定は、全面的に適用されないことになる（梶村ほか『全訂版割賦販売法』94頁）。

イ　包括・個別の信用購入あっせんのみ

包括・個別の信用購入あっせんのみにおいて適用除外となる主なものとして、不動産販売契約に係る個別信用購入あっせんおよびそれに伴う販売・提供（割賦35条の 3 の60第 1 項 6 号（包括信用購入あっせん）・ 2 項 6 号（個別信用購入あっせん））がある。

家屋等の修繕（リフォーム）工事は、施工部分が独立の不動産とは評価できないため、不動産販売には該当しない（後藤ほか『割賦販売法』135頁）[23]。

(2)　主な適用除外規定

ア　割賦販売、ローン提携販売および包括・個別の信用購入あっせん共通

割賦販売、ローン提携販売および包括・個別の信用購入あっせんに共通した主な適用除外規定として、以下の①〜③がある。

①　一括請求等のための催告手続の規定（割販 5 条（割賦販売）・30条の 2 の 4 （包括信用購入あっせん）・35条の 3 の17（個別信用購入あっせん））（本節第 2 （20頁）参照）

②　契約の解除等に伴う損害賠償等の額の制限の規定（割販 6 条（割賦販売）（ローン提携販売に類推適用）・30条の 3 （リボルビング方式を除く包括信用購入あっせん）・35条の 3 の18（個別信用購入あっせん））（本節第 3 （23頁）参照）

③　抗弁権の接続の規定（割販29条の 4 第 2 項（30条の 4 ）（包括ローン提携販売）・ 3 項（30条の 5 ）（リボルビング方式ローン提携販売）・30条の 4 （包

---

[23] 割賦販売およびローン提携販売については、指定商品・役務制が維持されているため（割販 2 条 1 項・ 2 項）（本節第 1 ・ 2(1)ア・イ（ 4 頁）・エ（ 5 頁）・(2)ア（ 7 頁）・エ（10頁）参照）、家屋等の修繕は政令指定役務に掲げられており（割販 2 条 5 項、割賦令 1 条 3 項別表 1 の 3 ・ 3 ）、規制の対象となるが、不動産販売は指定されていないので、規制の対象とはならない。

括信用購入あっせん)・30条の5(リボルビング方式信用購入あっせん)・35条の3の19(個別信用購入あっせん))(本節第7(46頁)参照)

イ　個別信用購入あっせんのみ

包括・個別の信用購入あっせんのみにおける主な適用除外規定として、以下の①〜③がある。

① 与信契約(クレジット契約)および販売契約等のクーリング・オフの規定(割販35条の3の10(個別信用購入あっせんにおける訪問販売・電話勧誘販売)、35条の3の11(個別信用購入あっせんにおける特定連鎖販売個人契約・特定継続的役務提供等契約・業務提供誘引販売個人契約))(本節第4(25頁)参照)

② 過量販売契約の解除等の規定(割販35条の3の12(個別信用購入あっせん))(本節第5(36頁)参照)

③ 不実告知・重要事項故意不告知による販売契約等および与信契約等の取消しの規定(割販35条の3の13〜35条の3の16(個別信用購入あっせん))(本節第6(42頁)参照)

2　信用購入あっせんの規定の一部適用除外

個別信用購入あっせんに当たる場合でも、下記(1)のような訪問販売・電話勧誘販売には、個別信用購入あっせんにおける、下記(2)のような規定は適用されない(割販35条の3の60第3項)(『平成20年割賦販売法解説』284頁三)。これは、訪問販売・電話勧誘販売による取引について特定商取引法の適用が除外されているものについて、割賦販売法でもその提供を除外したものである(『平成20年割賦販売法解説』284頁)。

(1)　主な適用除外の場合

信用購入あっせんに当たる場合でも、主に以下の①〜④の場合には適用除外となる。

① 消費者の請求に応じて当該消費者の住居において行う訪問販売(割販35条の3の60第3項2号(特商26条5項1号))(『平成20年割賦販売法解説』

285頁)

② いわゆるご用聞き販売など、通常の取引態様として、訪問販売の方法による販売または役務提供が日常生活の中に支障なく定着している場合における訪問販売（割販35条の3の60第3項2号（特商26条5項2号、特商令8条））(『平成20年割賦販売法解説』285頁)

③ 消費者が販売業者等に対して契約締結のために電話をかけるように請求したことに応じて、当該消費者に対して行う電話勧誘販売（割販35条の3の60第3項2号（特商26条6項1号、特商令9条））(『平成20年割賦販売法解説』285頁)

④ 継続的取引関係にある顧客（当該勧誘の日前1年以内に2回以上の取引があった者に限る）との取引である場合など、通常の取引態様として、電話勧誘販売の方法によって行われることが日常生活の中に支障なく定着している場合における電話勧誘販売（割販35条の3の60第3項2号（特商26条6項2号、特商令10条））(『平成20年割賦販売法解説』285頁)

(2) 主な一部適用除外規定

信用購入あっせんのみにおける主な適用除外規定としては、以下の①～④がある（割賦35条の3の60第3項柱書）。

① 個別信用購入あっせん業者による書面交付義務（割販35条の3の9）
② 訪問販売・電話勧誘販売における与信契約（クレジット契約）および販売契約等のクーリング・オフの規定（割販35条の3の10）（本節第4（25頁）参照）
③ 過量販売契約の解除等の規定（割販35条の3の12）（本節第5（36頁）参照）
④ 不実告知・重要事項故意不告知による販売契約等および与信契約等の取消しの規定（割販35条の3の13）（本節第6（42頁）参照）

3　訪問販売・電話勧誘販売による個別信用購入あっせん関係受領契約のクーリング・オフの適用除外

　平成20年改正法により、上記のとおり、訪問販売・電話勧誘販売の方法による個別信用購入あっせん関係受領契約（クレジット契約）（割販35条の3の3第1項参照）をクーリング・オフすれば、同時に売買契約等もクーリング・オフされる（割賦35条の3の10）ようになったことから、特定商取引に関する法律上、訪問販売・電話勧誘販売の方法による売買契約等のクーリング・オフの適用除外となっているものを、適用除外とした（割販35条の3の60第4項）（『平成20年割賦販売法解説』285頁四）。その主なものとして、以下のものがある。

　　ア　**海上タクシーにおける役務の提供、飲食店における飲食、マッサージ、カラオケボックスの使用**（割販35条の3の60第4項1号（特商26条2項、特商令6条））（『平成20年割賦販売法解説』285頁）

　　イ　**自動車、自動車リース**（割販35条の3の60第4項2号（特商26条3項1号、特商令6条の2 *24））、**電気・ガス・熱の供給、葬式**（割販35条の3の60第4項2号（特商26条3項2号、特商令6条の3）））（『平成20年割賦販売法解説』285頁）

　特定商取引法施行令6条の2は、「自動車の貸与」を括弧内で、「当該貸与を受ける者が道路運送車両法80条1項但書の自家用自動車の使用者として当該自動車を使用する場合に限る。」と限定を加え、適用除外を自動車の貸与を受ける者が車検証上の「使用者」である場合に限定しているので、これに該当するのは「自動車リース」に限定され、自動車のレンタル（レンタカー）は適用除外となる役務とならない（齋藤ほか『特定商取引法ハンドブック第4版』96頁(ア)）。

　　ウ　**消費者が消耗品を「使用又は消費」してしまった場合**（割販35条の3の60第4項3号（特商26条4項1号、特商令6条の4別表第3））（『平成20年割賦販売法解説』285頁3）

(ア) クーリング・オフができない消耗品

　消費者の使用・消費によってクーリング・オフができなくなる消耗品として、以下のものが定められている（特商令6条の4別表第3）。

- a 動物・植物の加工品（一般の飲食に供されないものに限る）であって、人が摂取するもの（医薬品を除く）
- b 不織布および幅が13cm以上の織物
- c コンドームおよび生理用品
- d 防虫剤、殺虫剤、防臭剤および脱臭剤（医薬品を除く）
- e 化粧品、毛髪用剤および石けん（医薬品を除く）、浴用剤、合成洗剤、洗浄剤、つや出し剤、ワックス、靴クリーム並びに歯ブラシ
- f 履物
- g 壁紙
- h 配置薬

(イ) クーリング・オフができなくなる「使用又は消費」の意味

　指定消耗品の使用・消費とは、単に商品の包装を開いた程度ではなく、顧客自らの行為により当該商品の価値が著しく減少し、回復が困難になったと認められる状態を指す。たとえば、化粧品や洗剤を開封して内容物の一部を現実に使用・消費した場合や、品質保持のために真空パックになっているものや缶詰など密封されていること自体に商品価値がある商品を開封した場合は、使用・消費に当たるが、健康食品の箱や化粧品のセロファンを開封した場合などは、直ちに使用・消費に該当するわけではない（特定商取引法施行通達第2章第5節一(7)(イ)）（齋藤ほか『特定商取引法ハンドブック第4版』99頁、圓山『詳解特定商取引法の理論と実務〔第2版〕』210頁(イ)）。

　販売員が、契約締結の過程で顧客に商品の使用・消費をさせた場合は、指定消耗品の使用・消費ではなく、クーリング・オフは可能である（特商26条4項1号括弧書）。この点は、平成20年改正法で明記された（特定商取引法施行通達第2章第5節一(7)(イ)）（圓山『詳解特定商取引法の理論と実務〔第2版〕』

(ウ) クーリング・オフができなくなる範囲

指定消耗品の「使用又は消費」によりクーリング・オフができなくなるのは、当該指定消耗品の通常販売されている商品の最小単位が基準となる（梶村ほか『全訂版割賦販売法』322頁、齋藤ほか『特定商取引法ハンドブック第4版』99頁、岡口『要件事実マニュアル第3巻（第3版）』334頁）。最小単位の商品がいくつかセットで販売され、そのうちの一部を「使用又は消費」してしまったときは、当該使用・消費に係る最小単位部分についてクーリング・オフができなくなるだけで、それ以外の部分についてはクーリング・オフを行うことができる（特定商取引法施行通達第2章第5節一(7)(ロ)）。

第9　所有権留保

1　所有権留保特約付売買の売主が買主への引渡済みの物件の返還を求める場合

売買契約に所有権留保特約が付されている場合であっても、売買代金の完済を待たずに、売買目的物が買主に引き渡されているときは、売主と買主の間に、売買代金完済によって所有権が買主に移転することを解除条件とする「黙示の使用貸借契約」が成立したものとみることができる（『民事訴訟における要件事実第2巻』185頁）。

したがって、所有権留保特約付売買の売主が、買主への引渡済みの物件の返還を求めるには、約定に基づく黙示の使用貸借終了等による返還義務を主張しなければならないと思われる。

2　割賦販売等（所有権留保特約付売買）自動車事故における損害賠償

(1) 割賦販売等（所有権留保特約付売買）自動車事故における損害賠償請求権者

割賦販売等による自動車の買主は、所有権留保特約が付されている場合で

も、実質的に自動車を自由に使用・収益することができ、自動車の占有者として、当該自動車について交通事故により修理代等の損害が生じたときは、加害者に対して損害賠償を請求することができる（熊本地判昭43・4・26交民集1巻2号499頁、水戸地判昭43・11・25交民集1巻4号1342頁、東京地判平15・3・12交民集36巻2号313頁（所有権留保特約付売買の買主は、代車使用料・修理代の請求はできるが、車両の評価損の請求はできないとした））（梶村ほか『全訂版割賦販売法』346頁）。

所有権留保所有者が、加害者に対して、担保権の実行の意味での権利行使をしない場合、加害者は、買主に対して、当該自動車の交通事故による修理代等の損害の賠償をすべきである（梶村ほか『全訂版割賦販売法』346頁)[*24]。

(2) 割賦販売等（所有権留保特約付売買）自動車における運行供用者責任

所有権留保付割賦販売等について、自動車を代金月賦払いにより売り渡す者は、特段の事情のない限り販売代金債権の確保のためにだけ所有権を留保するにすぎないものと解すべきであり、当該自動車を買主に引き渡し、その使用に委ねたものである以上、自動車の使用についての支配権を有し、かつ、その使用によって享受する利益が自己に帰属するものではないとして、運行供用者責任は否定されている（最判昭46・1・26民集25巻1号126頁）。

3　動産の留保所有権者の撤去義務・不法行為責任

動産購入代金の立替金債務の担保として動産の所有権を留保した者は、第三者の土地上に存在する当該動産について、弁済期到来前は、特段の事情がない限り、撤去義務や不法行為責任を負わないが、弁済期経過後はその所有権が担保権の性質を有するからといって当該義務等を免れないとした判例がある。そして、残債務弁済期経過後であっても、留保所有者は、原則とし

---

*24　東京地判平2・3・13判時1338号21頁・判タ722号84頁は、所有権留保売買の目的物である自動車が代金完済前に第三者の不法行為により毀損した場合の毀損自体の損害については、売主に賠償請求権があるとする。

て、当該動産が第三者の土地所有権の行使を妨害している事実を知らなければ不法行為責任を問われることはなく、当該妨害の事実を告げられるなどしてこれを知ったときに不法行為責任を負うと解するとした（最判平21・3・10民集63巻3号785頁（所有権留保自動車の撤去土地明渡事例において上記のように判示した））。

第10　不正使用カード等の利用代金請求

1　カードの紛失・盗難事例

(1)　カードの紛失・盗難に関する規約

クレジットカードの会員規約には、以下のような規約があるのが普通である。

> カードの紛失・盗難により、他人がカードを不正使用した場合の損害は会員の負担とする。
> ただし、会員がカードの紛失・盗難を直ちにカード会社及び所轄警察署に届けた場合、カード会社がその届出を受理した日から60日前以降に発生した損害について、カード会社は会員に対し、その支払を免除する。ただし、カードの紛失・盗難が会員の故意又は重大な過失に起因する場合などは、会員の支払を免除しない。

このような規約による会員の負担する範囲が合理的なものである以上、この規約は公序良俗に反するものではないとされている（大阪地判平5・10・18判時1488号122頁・判タ845号254頁、札幌地判平7・8・30判タ902号119頁）（岡口『要件事実マニュアル第3巻（第3版）』346頁）。

(2)　会員の更新カード不受領

クレジットカード契約継続中に送付された更新カードを会員が受領しないうちに、他人がこれを手に入れて、不正に使用した場合に、当該会員の責任を否定した裁判例がある（大阪高判平元・1・26判時1330号54頁・判タ697号231頁）。

2　家族カード利用責任～家族カードの返還義務

　クレジットカード契約において、会員本人以外に、その配偶者等の家族に家族カードを発行する場合がある。この場合、会員規約の中で、家族カードを使わなくなったときなどは、会員に家族カードの返還義務を課している場合が多い。そのような規約がない場合でも、たとえば、当該家族カードの持ち主が離婚等によって家族会員の資格を失ったか否か等については、クレジット会社にはわからず、会員にしかわからないことであり、離婚等の際会員が回収することも可能であるから、会員に家族カードの返還義務があると解される（梶村ほか『全訂版割賦販売法』608頁）。

第11　クレジット契約と保証
　　　～空クレジットと保証人の責任

　契約をするに至った縁由に錯誤があっても、縁由の実在を要件としない限りは契約は無効とならず、保証人が、担保物があると誤信して保証契約を締結しても当該保証契約は無効とならない（大判明38・12・19民録11輯1786頁）。そして、意思表示をなすについての動機は、表意者が当該意思表示の内容を相手方に表示した場合でない限り法律行為の要素とはならないとされ（最判昭29・11・26民集 8 巻11号2087頁）、当該意思表示を錯誤により無効とすること（民95条本文）はできないとされている。

　商品売買の実態のないものに関する空クレジット契約について保証人となった者の責任がどうなるかの問題については、動機の錯誤の問題として論じられてきた。これについては、原審（東京高判平11・2・9 金商1159号11頁）がクレジット契約は金融の性質を有し、それは空クレジットであっても同様であり、商品の引渡しの有無は連帯保証人にとってさほど重要な意味をもたないから、錯誤無効の要件である要素の錯誤（民95条本文）に当たらないとしたのに対し、最高裁は、クレジット契約の経済的実質が金融上の便宜を供与することにあるとしても、主たる債務が実体のある正規のクレジット契約

である場合と空クレジットを利用した不正常な形での金融の便宜を得るものである場合では主債務者の信用に実際上の差があり、保証人にとって、主債務がどちらの実態のものであるかにより、その負うべきリスクが異なり、看過し得ない重要な相違があり、立替払契約と保証契約が合わせ記載されている事例において、連帯保証人は、主債務者が商品を買い受けて分割金を支払う正規の立替払契約であることを前提として保証契約の意思表示をしたものであり、連帯保証人の意思表示には要素の錯誤あるとした（最判平14・7・11判時1805号56頁）。

第2節　リース関係事件

第1　リース契約の意義

　ユーザーが機械設備等を必要とする場合、リース業者がユーザーに代わってこの物件を購入し（リース物件の供給者を「サプライヤー」という）、これをユーザーに使用収益させ、リース期間中に投下資金のほぼ全額をリース料として回収する取引を「ファイナンス・リース」という（山岸ほか『第三版リース・クレジットの法律相談』4頁・5頁・9頁(1)、岡口『要件事実マニュアル第3巻（第3版）』301頁）[25]。

　また、ファイナンス・リース以外のリースを総称して「オペレーティング・リース」といい、定義すれば、物件を必要とする期間だけ使用する賃貸借契約であり、一定の予告期間を経過すれば、ユーザーにおいて中途解約できるものである（梶村ほか『新リース契約法』19頁(1)、山岸ほか『第三版リース・クレジットの法律相談』7頁・8頁・10頁(2)・77頁・264頁）。

第2　リース契約の内容等

1　リース物件の引渡未了（空リース）

(1)　リース料支払いの拒絶

　リース業者に対しユーザーが物件受領書（借受書）を交付した場合は、原則として、リース物件の引渡しがなくとも（いわゆる「空リース」）、ユーザ

---

[25]　最判平5・11・25金法1395号49頁は、「ファイナンスリース契約は、物件の購入を希望するユーザーに代わって、リース業者が販売業者から物件を購入のうえ、ユーザーに長期間これを使用させ、右購入代金に金利等の諸経費を加えたものをリース料として回収する制度であり、その実体はユーザーに対する金融上の便宜を付与するものである」という理解の前提に、「リース料の支払債務は契約の締結と同時にその全額について発生し、ユーザーに対して月々のリース料の支払という方式による期限の利益を与えるにすぎず、また、リース物件の使用とリース料の支払とは対価関係に立つものではない」と判示している（同旨判決として、最判平7・4・14民集49巻4号1063頁がある）。

ーがリース物件の引渡しがないことを理由としてリース料の支払いを拒絶することは信義則に反することになる（最判平5・11・25金法1395号49頁）が、リース業者が、リース物件の引渡しがないことを、知っていた（悪意）か、または知り得た（重過失）場合、ユーザーはリース料の支払いを拒むことができる（悪意事例として、福岡高判平8・3・18判タ927号159頁、東京地判昭63・10・25金商822号40頁、札幌高判昭58・2・22判タ496号116頁）（梶村ほか『新リース契約法』138頁（根拠は民93条ただし書）・206頁、滝澤『消費者取引関係訴訟の実務』320頁・321頁、岡口『要件事実マニュアル第3巻（第3版）』306頁）。

また、リース業者の責めに帰すべき事由により、リース物件の引渡しを受けられなかった場合も、リース料の支払いを拒むことができる（最判平5・11・25金法1395号49頁）（岡口『要件事実マニュアル第3巻（第3版）』306頁）。

(2) 空リースにおける保証人の責任

主債務者であるユーザーが、物件引渡しがないことを主張してリース料の支払いを拒むことができない場合、当該リース料債務の保証人が空リースであることを知っていた場合は、当該保証人がリース料債務の支払いを拒むことができないことに問題はない。

しかし、当該保証人が空リースであることを知らなかった場合はどうであろうか。これについては、保証契約の錯誤無効が問題となる（梶村ほか『新リース契約法』139頁・140頁）。この問題については、錯誤無効を肯定する裁判例（広島高判平5・6・11判タ835号204頁、仙台地判平8・2・28判時1614号118頁・判タ954号169頁）と否定する裁判例（東京地判昭59・7・20金商716号26頁、東京地判平2・5・16判時1363号98頁）があったが、空クレジットについての最高裁判例があり、原審（東京高判平11・2・9金商1159号11頁）がクレジット契約は金融の性質を有し、それは空クレジットであっても同様であり、商品の引渡しの有無は連帯保証人にとってさほど重要な意味をもたないから、錯誤無効の要件である要素の錯誤（民95条本文）に当たらないとした

のに対し、最高裁は、クレジット契約の経済的実質が金融上の便宜を供与することにあるとしても、主たる債務が実体のある正規のクレジット契約である場合と空クレジットを利用した不正常な形での金融の便宜を得るものである場合では主債務者の信用に実際上の差があり、保証人にとって、主債務がどちらの実態のものであるかにより、その負うべきリスクが異なり、看過し得ない重要な相違があり、立替払契約と保証契約が合わせ記載されている事例において、連帯保証人は、主債務者が商品を買い受けて分割金を支払う正規の立替払契約であることを前提として保証契約の意思表示をしたものであり、連帯保証人の意思表示には要素の錯誤があるとした（最判平14・7・11判時1805号56頁）（本章第1節第11（73頁）参照）。空リースについても同様に考えることができ、今後は、この判例に従って、保証人が空リースであることを知らなかった場合、錯誤無効の主張を肯定することになると思われる（山岸ほか『第三版リースクレジットの法律相談』172頁）。

2 瑕疵担保責任、債務不履行責任、危険負担

(1) サプライヤーの瑕疵担保責任、債務不履行責任

裁判例では、サプライヤーとユーザーの実質的な関係が売買であることから、直ちにユーザーのサプライヤーに対する瑕疵担保請求を認めないが、黙示のものを含め当事者間に品質、性能の保証の合意があったと認められる場合には、ユーザーのサプライヤーに対する債務不履行責任追及を認めている（東京地判昭57・11・12判時1071号82頁（リース物件引渡し後、瑕疵が発見され、リース契約締結に至らなかった場合に、サプライヤーとユーザー間の関係は、当事者の意思解釈によるとして、両者間に売買契約の成立を認めたもの）、大阪地判昭51・3・26金法788号28頁（一審）・大阪高判昭53・8・31金商621号9頁（控訴審）・最判昭56・4・9判時1003号89頁（上告審）（サプライヤーとユーザーとの間に損害担保契約の成立を認めたうえ、ユーザーのサプライヤーに対する損害賠償請求を認容したもの）、大阪高判昭58・8・10判時1100号77頁・判タ509号148頁（一般論としてリース契約がリース業者とサプライヤー、リース業者とユーザー、

サプライヤーとユーザー間の3個の別個独立した契約から成立しており、ユーザーは、サプライヤーに対して瑕疵担保責任を追及することができるとしたもの)、大阪高判平3・5・29判タ780号203頁（三者間の契約が一体となって一個の経済目的を達する関係にあるからといって、このことから抽象的に直ちにサプライヤーがユーザーに対して直接責任を負うものとは解しがたいが、ユーザーとサプライヤーとの契約締結に際してサプライヤーがユーザーに物件の性能を保証する旨合意し、その保証した債務の不履行が認められる場合には直接債務不履行責任を負うものとするが、当該事案ではこの合意は認められないとしたもの))（山岸ほか『第三版リース・クレジットの法律相談』27頁(3)）。

また、リース物件に隠れたる瑕疵があった場合、リース業者はサプライヤーに対して売買契約上の瑕疵担保責任追及権を取得するが、その権利はリース契約の特約によりユーザーに譲渡されたものとする特約が付されるのが一般的である（梶村ほか『新リース契約法』62頁・66頁）。

(2) **リース業者の瑕疵担保責任**

ア　瑕疵担保責任の免責特約

リース物件についてのリース業者の瑕疵担保責任については、免責特約があるのが通常であり、この免責特約が有効であるとするのが判例通説である（大阪高判昭58・8・10判時1100号77頁・判タ509号148頁、福岡地判平元・1・9判時1320号121頁・判タ699号214頁）（『裁判実務体系(22)』264頁、岡口『要件事実マニュアル第3巻（第3版）』306頁)[26]。

イ　瑕疵担保責任免責特約の信義則違反

瑕疵担保責任免責特約の成立が信義則違反として主張できない場合として、以下の①〜④の場合がある（滝澤『消費者取引関係訴訟の実務』333頁(3)、岡口『要件事実マニュアル第3巻（第3版）』307頁c）。

① リース物件の瑕疵についてリース業者が悪意または重過失があった場

---

[26]　名古屋簡判平10・7・3判タ1013号151頁　免責特約を主張することが信義則に反するとして、例外的に担保責任の追及を認めた事例

合（盛岡地遠野支判昭63・5・18判時1305号109頁・判タ693号141頁）
② 瑕疵の存在をリース業者が悪意・重過失によりユーザーに告げなかった場合
③ リース業者がリース物件の品質・性能を保証した場合（大阪高判昭58・8・10判時1100号77頁・判タ509号148頁）
④ リース業者とサプライヤーに経済的一体性があり、かつ、瑕疵が重大である場合（福岡地判平元・1・9判時1320号121頁・判タ699号214頁）

ウ 消費者契約である場合

ユーザーが消費者（消契2条1項）であり、リース業者が事業者（消契2条2項）である場合、その間のリース契約は消費者契約となり（消契2条3項）、事業者であるリース業者の瑕疵担保責任を全部免責する特約は原則として無効となる（消契8条1項5号）。ただ、リース契約以前に、リース業者とサプライヤーの間で、リース物件についてサプライヤーが修補する責任を負う保守契約が締結されていた場合は有効となる（消契8条2項2号）（梶村ほか『新リース契約法』54頁・231頁、岡口『要件事実マニュアル第3巻（第3版）』307頁 d）。

　(3) 危険負担

不可抗力によりリース物件が滅失した場合、リース業者がリース物件を使用収益させる義務を負っているとしても、それは履行不能となり、その場合、ユーザーの負うリース料債務がどうなるかという危険負担の問題がある。これについては、リース物件を使用収益させる債務が不可抗力で履行不能となれば、その反対給付ともいえるリース料債務も消滅するとも考えられる（民536条（債務者の危険負担等））。

ただ、リース契約においては、このような場合、リース料債務が消滅せず、リース物件消滅・毀損の危険はユーザーが負担するとの定め（危険負担転換約定）がおかれているのが普通である（山岸ほか『第三版リースクレジットの法律相談』81頁）。このような特約については、ファイナンス・リース契

約は、ユーザーに対する金融上の便宜を付与するものであり、リース物件の使用とリース料の支払いとは対価関係に立つものではないこと（最判平5・11・25金法1395号49頁）（本節第1（75頁）参照）などから、有効と解されている（大阪地判昭51・3・26金商498号30頁）（山岸ほか『第三版リースクレジットの法律相談』82頁・83頁）。

　リース契約においては、リース物件に損害保険が付されているのが通常であり、そのような場合は、不可抗力によるリース物件の滅失等の損害については、その保険で填補されることになる（山岸ほか『第三版リースクレジットの法律相談』85頁）。ただ、リース業者がそのような損害保険を締結するのは、リース業者のユーザーに対する債務の履行としてなすものではなく、ユーザーに損害金の支払能力がないときでも、リース業者が損害を被らないようにすることを目的とするものであり、リース業者がこのような損害保険を締結せず、リース物件滅失等の場合にユーザーがリース業者に損害金を支払ったとしても、リース業者の債務不履行によりユーザーが損害を被ったということにはならないのである（梶村ほか『新リース契約法』250頁）。

3　転リース契約と民法613条の転貸の効果

　民法613条において、賃借人が適法に賃借物を転貸したときは、転借人は、転貸人に対して直接に義務を負うとするが、この賃貸借における転貸の効果の規定が、転リース契約に類推適用できるかが問題となる。これについては、リース契約においては、リース料支払義務と目的物の使用収益が対価関係に立たない点で賃貸借契約とは異なるので、転リース契約について民法613条を類推適用することはできないとされている（東京高判平18・3・8金商1256号38頁、最決平19・9・25銀行法務21第683号53頁）（山岸ほか『第三版リースクレジットの法律相談』237頁・241頁・242頁、梶村ほか『新リース契約法』94頁）。

4 リース物件における不法行為による損害賠償義務・請求権等

(1) リース自動車の損害賠償義務・請求権等

　一般に、ファイナンス・リースにおいて、リース業者は、リース物件を所有しているが、他人に何らかの影響を及ぼすようなリース物件に対する支配はなく、リース業者が第三者に対し不法行為責任を負うことはなく、ユーザーがリース物件の支配・管理をしているとして不法行為責任を負うことになる（山岸ほか『第三版リースクレジットの法律相談』194頁）。

　ファイナンス・リースの対象自動車で交通事故が発生した場合、自動車損害賠償保障法（昭和30年法律第97号）3条の損害賠償責任を負う者は誰か、また、被害者として損害賠償を請求することができる者は誰かが問題となる。これについては、一般的には、リース業者は、自動車損害賠償保障法3条の運転供用者に当たるだけの運行支配と運行利益を有しているとはいえず、運行供用者として損害賠償責任は負わず、被害者として損害賠償を請求することもできないと考えられる。そして、当該リース自動車のユーザー（賃借人）が、運行供用者として損害賠償責任は負い、被害者として損害賠償を請求することもできると考えられる（神戸地判平3・9・5判タ791号209頁（リース業者は、加害リース自動車に対する運行支配および運行利益を喪失しており、自動車損害賠償保障法3条の責任はないとした））（山岸ほか『第三版リースクレジットの法律相談』198頁、梶村ほか『新リース契約法』47頁）。

　ただ、レンタカーの運行供用者責任について、レンタカー業者は、自動車貸渡契約を締結するに際し、①自動車の利用申込者につき運転免許証その他の一定の利用資格の有無を審査し、②利用者は借受けに際し届け出た予定利用時間、予定走行区域の順守および走行中生じた事故の連絡を義務づけられていること、③契約上の使用時間はおおむね短期で、料金も相当に高額であること、④車両の整備は常にレンタカー業者の手で責任をもって行われ、賃貸中の故障の修理も原則としてレンタカー業者の負担であること等の事実関

係から、自動車に対する運行支配・運行利益を有しているとして、運行供用者責任が認められるとされており（最判昭46・11・9民集25巻8号1160頁、最判昭50・5・29判時783号107頁）、リース業者がリース自動車の保守義務を負うメンテナンス・リースの場合、ユーザーに一定の資格を設けて選定している等の事情があるなど、上記と同様の事情があるような場合は、リース業者が運行供用者責任を負う場合があると思われる（山岸ほか『第三版リースクレジットの法律相談』198頁・201頁、梶村ほか『新リース契約法』47頁・145頁）。

(2)　リースカラオケ装置による著作権侵害とリース業者の責任

著作権者の許諾を得ない、公衆に直接見聞きさせるためのリースカラオケ装置による著作物の上映・演奏につき、飲食店等の経営者とリース業者の共同不法行為による使用料相当損害金の賠償を請求した事例において、カラオケ装置のリース業者は、カラオケ装置のリース契約を締結した場合において、当該装置が飲食店に設置されるなどしてもっぱら音楽著作物を上映または演奏して公衆に直接見せまたは聞かせるために使用されるものであるときは、リース契約の相手方に対し、当該音楽著作物の著作権者との間で著作物使用許諾契約を締結すべきことを告知するだけではく、上記相手方が当該著作権者との間で著作物使用許諾契約の締結または申込みをしたことを確認したうえでカラオケ装置を引き渡すべき条理上の義務を負うとして、著作物使用許諾契約の締結または申込みをしたことを確認することなく、パブ経営者にカラオケ装置を引き渡したリース業者には注意義務違反があるとして、当該リース業者の損害賠償責任を認めた最高裁判例（最判平13・3・2民集55巻2号185頁）がある。

(3)　リース物件の撤去義務・不法行為責任

動産の留保所有権者の撤去義務・不法行為責任を認めた最高裁判例（最判平21・3・10民集63巻3号385頁）の法理（本章第1節第9・3（71頁）参照）が、ファイナンス・リース取引にも適用されると考えられる。具体的には、リース物件のリース業者は、第三者の土地上に存する当該リース物件につい

て、リース料不払い等による期限の利益喪失前は、特段の事情のない限り、当該リース物件の撤去義務や不法行為責任を負わないが、リース料不払い等による期限の利益喪失後、当該リース物件の引き揚げができる状態となった後は、当該リース物件の撤去義務を免れない。そして、リース業者は、リース料不払い等による期限の利益喪失後、当該リース物件の引き揚げできる状態となった後も、原則として、当該リース物件が第三者の土地所有権の行使を妨害している事実を知らなければ不法行為責任を問われることはなく、当該妨害の事実を告げられるなどしてこれを知ったときに不法行為責任を負うと解される（山岸ほか『第三版リースクレジットの法律相談』187頁～189頁）。

5 リース物件返還による清算

ファイナンス・リース契約において、リース業者がリース期間の途中でリース物件の返還を受けた場合には、その原因が利用者（ユーザー）の債務不履行にあるときでも、リース業者は、リース期間全部についてのリース料債権を失うものではないから、特段の事情がない限り、その返還によって取得した利益を、リース料債権から清算する必要がある。この場合に清算の対象となるのは、リース物件が返還時において有していた価値と本来のリース期間満了時において有すべき残存価値との差額と解するのが相当であり、返還時からリース期間満了時までの利用価値と解すべきではない（最判昭57・10・19民集36巻10号2130頁）。

第3 消費者リースの取消し

消費者契約法では、重要事項についての不実告知による消費者契約の申込みまたはその承諾の意思表示の取消し（消契4条1項1号）（第2章第1節第2・1(1)（89頁）参照）、不確実な事項についての断定的判断の提供による消費者契約の申込みまたはその承諾の意思表示の取消し（消契4条1項2号）（第2章第1節第2・1(2)（90頁）参照）、重要事項等について消費者の利益になる旨告げ、不利益事実を告げないことによる消費者契約の申込みまたはそ

の承諾の意思表示の取消し（消契 4 条 2 項）（第 2 章第 1 節第 2・1(3)（91頁）参照）、困惑による意思表示の取消し（消契 4 条 3 項）（第 2 章第 1 節第 2・2 (93頁) 参照) について定められている。

　サプライヤーの行為により、消費者であるユーザーが上記条文に該当する状態になった場合、事業者であるリース業者が第三者であるサプライヤーに対し、当該事業者であるリース業者と消費者であるユーザーとの間における消費者契約の締結について媒介をすることの委託をし、当該委託を受けた第三者であるサプライヤーが消費者であるユーザーに対し上記条文に当たる行為をした場合に、上記条文が準用され、上記条文に基づいて契約の申込み等の意思表示を取り消すことができる（消契 5 条 1 項）。つまり、事業者であるリース業者からリース契約締結の媒介の委託を受けた提携先であるサプライヤーが消費者であるユーザーに誤認させる行為や困惑させる行為を行い、上記条文に該当する場合は、契約申込み等の意思表示を取り消すことができるのである（山岸ほか『第三版リースクレジットの法律相談』256頁）。

第 4　ファイナンス・リース契約と倒産手続

1　ユーザーの倒産とファイナンス・リース契約

(1)　ユーザーの倒産手続とファイナンス・リース契約の取扱い

　判例は、いわゆるフルペイアウト方式によるファイナンス・リース契約（リース業者がリース期間中にリース物件の取得費、金利およびその他の経費等を全額回収できるようにリース料の総額が算定されているもの）において、リース物件の引渡しを受けたユーザーにつき会社更生手続の開始決定があったときは、リース物件を引き渡したリース業者は、ユーザーに対してリース料支払債務と牽連関係に立つ未履行債務を負担しないから、牽連関係に立つ双方の債務が未履行双務契約で更生会社の債務を履行した場合の相手方の債務を共益債権とする規定（現会更61条 1 項・4 項）は適用されず、未払いのリース料債権はその全額が更生債権となり、リース業者はこれを更生手続によらな

いで請求することはできないものと解するのが相当であるとした（最判平7・4・14民集49巻4号1063頁）。

この点は、民事再生手続でも同様であり、リース物件の引渡しを受けたユーザーにつき、民事再生手続の開始決定があったときは、リース業者は別除権者として取り扱われるべきである（東京地判平15・12・22判タ1141号279頁、東京高判平19・3・14判タ1246号337頁（最判平20・12・16民集62巻10号2561頁の控訴審判決））（山岸ほか『第三版リースクレジットの法律相談』140頁）。

(2) ユーザーの倒産手続とファイナンス・リース契約の解除特約

いわゆるフルペイアウト方式のファイナンス・リース契約（リース業者がリース期間中にリース物件の取得費、金利およびその他の経費等を全額回収できるようにリース料の総額が算定されているもの）における、民事再生手続開始の申立てがあったことを解除事由とする特約について、「ファイナンス・リース契約におけるリース物件は、リース料が支払われない場合には、リース業者においてリース契約を解除してリース物件の返還を求め、その交換価値によって未払リース料や規定損害金の弁済を受けるという担保としての意義を有するものであるが、同契約において、民事再生手続開始の申立てがあったことを解除事由とする特約の解除を認めることは、このような担保としての意義を有するにとどまる物件を、一債権者と債務者との間の事前の合意により、民事再生手続開始前に債務者の責任財産から逸出させ、民事再生手続中で債務者の事業等におけるリース物件の必要性に応じた対応をする機会を失わせることを認めることにほかならないから、民事再生手続の趣旨、目的に反することは明らかというべきである」ということを理由として、当該特約部分を、民事再生手続の趣旨、目的に反するものとして無効であると解するのが相当であるとした、最高裁判例（最判平20・12・16民集62巻10号2561頁）が出された[27]。

＊27　最判昭57・3・30民集36巻3号484頁　所有権留保売買の買主である株式会社の更生手続開始申立ての原因となるべき事実が生じたことを売買契約解除事由とする旨の特約は、利害関係人の利害を調整しつつ窮地にある株式会社の事業の維持更生を図ろうとする会社更生手続の趣旨・目的を害するものであり、その効力を肯認し得ないとした事例

上記の点は、民事再生手続・会社更生手続などの債務者であるユーザーの再生を目的とする倒産手続についていえることであり、債務者の財産の清算を目的とする破産手続等では、破産申立てなどをリース契約解除事由とする特約は無効とならないと考えられる（山岸ほか『第三版リースクレジットの法律相談』133頁）。

2 リース業者の倒産とファイナンス・リース契約

リース業者が倒産した場合、当該リース業者とユーザーとの間のファイナンス・リース契約について、破産法（平成16年法律第75号）53条、民事再生法（平成11年法律第225号）49条、会社更生法（平成14年法律第154号）61条の双方未履行の双務契約の規定が適用されるかが問題となる。この点については、ユーザーが倒産した場合に同規定の適用されるかと同様に考えることができ、最判平7・4・14民集49巻4号1063頁が、ユーザーについて会社更生手続が開始された事例において、フルペイアウト方式のファイナンス・リース契約について、リース物件を引き渡したリース業者は、ユーザーに対してリース料支払債務と牽連関係に立つ未履行債務を負担しないとして、同ファイナンス・リース契約は双方未履行の双務契約ではないとしたので、リース業者が倒産した事例においても、倒産したリース業者側からファイナンス・リース契約を解除するかどうかの選択権はなく、ユーザーはリース料を支払っている限りファイナンス・リース契約は存続し、リース物件の使用を継続することができ、ユーザー側からも、リース業者の倒産を理由にファイナンス・リース契約を解除することはできないと解される（山岸ほか『第三版リースクレジットの法律相談』161頁・162頁）。

第2章　消費者保護法

第1節　消費者契約法

第1　消費者契約

1　消費者契約法の施行

消費者契約法は、平成13年4月1日から施行されているので、その後に締結された契約について適用され、それ以前に締結された契約には適用されない（消契附則）。

2　消費者契約とは

消費者契約法の対象となる消費者契約とは、消費者（事業としてまたは事業のために契約の当事者となる場合におけるものを除く個人（消契2条1項））と事業者（法人その他の団体および事業としてまたは事業のために契約の当事者となる場合における個人（消契2条2項））との間で締結される契約である（消契2条3項）。

なお、労働契約については、消費者契約法は適用されない（消契48条）。

3　消費者契約法における事業（者）の意義

消費者契約法における「事業」とは、自己の危険と計算により、一定の目的をもってなされる同種の行為の反復継続的遂行ではあるが、営利の要素は必要ではなく、営利の目的をもってなされるかどうかを問わない。また、公益・非公益を問わず、反復継続して行われる同種の行為が含まれ、自由職業（専門的職業）の概念も含まれる（『逐条解説消費者契約法〔第2版〕』15頁・79頁、『消費者関係法執務資料（改訂版）』6頁・39頁4）。マンション管理組合も、事業者に当たる（『逐条解説消費者契約法〔第2版〕』83頁）。

なお、労働契約は、自己の危険と計算によらず、他人（事業主）の指揮命

令に服するものであり、「事業」には含まれない（『逐条解説消費者契約法〔第2版〕』79頁・80頁、「消費者関係法執務資料（改訂版）」6頁・39頁5）。

4 消費者概念等

(1) 消費者概念

　事業を行っている個人でも、事業遂行に関連しない契約を締結する場合は「消費者」である（『コンメ消費者契約法〔第2版〕』33頁）。

　「消費者」であることの立証責任は、消費者契約法の適用があることを主張する個人が負うとされている（『逐条解説消費者契約法〔第2版〕』81頁）[1]。

(2) 消費者概念該当性

ア　従業員の業務遂行のための資格取得講座受講契約

　従業員が業務遂行のために資格を取ることが必要と判断し、自分で資格取得講座受講契約を締結した場合、労働のための契約に当たり、「業務のため」の契約には当たらず、当該従業員は消費者に当たり、相手方が事業者であれば当該契約は消費者契約に当たると解される（『逐条解説消費者契約法〔第2版〕』91頁(3)）。

イ　将来の独立開業のための資格取得講座受講契約

　将来資格をもって独立開業する意図をもって（例：司法書士）、自分で当該資格取得講座受講契約を締結した場合、いまだ事業を行っていない段階での契約であり、「事業のため」の契約には当たらず、当該講座申込者は消費者に当たり、相手方が事業者であれば当該契約は消費者契約に当たると解される（『逐条解説消費者契約法〔第2版〕』91頁(4)）。

---

[1]　『コンメ消費者契約法〔第2版〕』34頁・35頁は、契約当事者である個人が消費者か事業者かが争われた場合、消費者であることを主張する個人は、個人であることを主張立証すれば足り、それを争う側が当該個人が事業としてまたは事業のために契約の当事者となっていることの主張立証責任を負うとしている。

第2　消費者契約の申込みまたはその承諾の意思表示の取消し（消契4条）

1　誤認による意思表示の取消しの抗弁（消契4条1項・2項）

(1)　重要事項についての不実告知による消費者契約の申込みまたはその承諾の意思表示の取消し（消契4条1項1号）

ア　意思表示取消しの要件

消費者は、事業者が消費者契約の締結について勧誘をするに際し、当該消費者に対し、重要事項について事実と異なることを告げる行為をしたことにより、当該告げられた内容が事実であると誤認し、それによって当該消費者契約の申込みまたは承諾の意思表示をしたときは、当該意思表示を取り消すことができる（消契4条1項1号）。

イ　重要事項

重要事項とは、消費者契約に係る消費者契約法4条4項1号・2項に掲げる事項であって、消費者の当該消費者契約を締結するか否かについて判断に通常影響を及ぼすものをいう（消契4条4項柱書）[*2][*3]。

[*2]　『逐条解説消費者契約法〔第2版〕』146頁〔事例4-34〕では、自宅を訪問してきたセールスマンから「今使っている黒電話は使えなくなるので、新しい電話と交換するように」と言われ、新しい電話を契約した場合、「今使っている黒電話は使えなくなる」と告げることは「事実と異なること」に当たるが、今使っている黒電話は消費者契約法4条4項の重要事項の要件である「当該消費者契約の目的となるもの」ではないので、同項の重要事項の要件には該当しないので、取消しは認められないが、民法の詐欺に当たる可能性はあるとする。

[*3]　一般的小売価格の重要事項該当性について、大阪高判平16・4・22消費者法ニュース60号156頁は、一般的小売価格がせいぜい12万円程度のファッションリングを一般的小売価格が41万4000円程度である旨販売業者から告げられ、売買・割賦購入あっせん契約を締結した事例において、ファッショリングの一般的小売価格は消費者契約法4条4項1号に掲げる事項（物品の質ないしその他の内容）に当たり、かつ、消費者が契約を締結するか否かについての判断に通常影響を及ぼすべきものであるから、同法4条1項1号の重要事項であるとして、購入者は同号に基づき当該ファッショリングの売買契約を取り消すことができ、割賦販売法30条の4（現35条の3の19）により、購入者はこの取消しをもって割賦購入あっせん（現「信用購入あっせん」）業者に対抗することができるとした。

ウ　不実告知

（ア）　不実告知と主観的評価

　条文上の要件である「重要事項について事実と異なることを告げること」とは、客観的に判断され、「新鮮」「安い」「お買い得」などは、主観的評価にわたる事項であり、客観的に真実かどうかを判断することができないものであるから、消費者契約法4条1項1号の不実告知の対象とはならない（『逐条解説消費者契約法〔第2版〕』109頁、「消費者関係法執務資料（改訂版）」10頁・11頁・42頁3）。

（イ）　不実の告知と主観的認識

　条文上の要件である「重要事項について事実と異なることを告げること」とは、真実または真正でないことにつき必ずしも主観的認識（故意）を有していることは必要ではなく、告知の内容が客観的に真実または真正でないことで足りる（『逐条解説消費者契約法〔第2版〕』108頁・109頁、「消費者関係法執務資料（改訂版）」11頁）。

（ウ）　不実の告知と債務不履行

　事業者が告げた内容が当該契約における事業者の債務の内容となっている場合において、契約締結後に当該債務について不履行があったとしても、そのことによって遡って「事実と異なること」を告げたことにはならない（『逐条解説消費者契約法〔第2版〕』112頁）。

(2)　**不確実な事項についての断定的判断の提供による消費者契約の申込みまたはその承諾の意思表示の取消し（消契4条1項2号）**

ア　意思表示取消しの要件

　消費者は、事業者が消費者契約の締結について勧誘をするに際し、当該消費者に対し、消費者契約の目的となるものに関して、将来におけるその価額、将来において当該消費者が受け取るべき金額その他変動が不確実な事項について、断定的判断を提供する行為をしたことにより、その内容が確実であると誤認し、それによって当該消費者契約の申込みまたは承諾の意思表示

をしたときは、当該意思表示を取り消すことができる（消契4条1項2号）。

　イ　断定的判断該当性

　断定的判断の提供をしたとして、消費者契約法4条1項2号による意思表示の取消しが問題となった事例として、以下のものがある。

　①　内職商法における月に稼げる金額と断定的判断

　　　内職商法において、事業者が勧誘の際に、月2万円は確実に稼げる旨発言したしたことは断定的判断の提供に当たるとして、消費者契約法4条1項2号の取消しを認めた（東京簡判平16・11・15最高裁HP）。

　②　パチンコ攻略情報における100％勝てる旨の勧誘と断定的判断の提供

　　　パチンコ攻略情報の売買契約に際し売主から「100％絶対に勝てる」等の勧誘を受けた買主がした消費者契約法4条1項2号所定の「断定的判断の提供」を理由とする当該売買契約の取消しが認められた（東京地判平17・11・8判時1941号98頁・判タ1224号259頁）。

　(3)　重要事項等について消費者の利益になる旨告げ、不利益事実を告げないことによる消費者契約の申込みまたはその承諾の意思表示の取消し（消契4条2項）

　ア　意思表示取消しの要件

　　(ア)　意思表示取消しの要件

　消費者は、事業者が消費者契約の締結について勧誘をするに際し、当該消費者に対し、ある重要事項または当該重要事項に関連する事項について、消費者の利益になる旨告げ、かつ、当該重要事項についての消費者にとって不利益となる事項を故意に告げなかったことにより、当該事実が存在しないと誤認し、それによって当該消費者契約の申込みまたは承諾の意思表示をしたときは、当該意思表示を取り消すことができる（消契4条2項本文）。

　　(イ)　意思表示取消しができない場合〜消費者が不利益事実告知を拒んだ場合

　ただし、当該事業者が、当該消費者に対し、当該事実を告げようとしたに

もかかわらず、当該消費者がこれを拒んだときは、当該意思表示を取り消すことはできない（消契4条2項ただし書）。この事業者の免責事由の立証責任は、事業者が負う（『逐条解説消費者契約法〔第2版〕』129頁、「消費者関係法執務資料（改訂版）」14頁）。

イ　重要事項

重要事項とは、消費者契約に係る消費者契約法4条4項1号・2項に掲げる事項であって、消費者の当該消費者契約を締結するか否かについて判断に通常影響を及ぼすものをいう（消契4条4項柱書）。

ウ　不利益事実不告知該当性

不利益事実を故意に告げなかったとして、消費者契約法4条2項による意思表示の取消しが問題となった事例として、以下のものがある。

①　マンション販売における眺望・日当たり良好の説明

　　隣接地が空き地であって「眺望・日当たり良好」という業者の説明を信じてマンションを買ったが、半年後に当該隣接地にマンションが建って、眺望・日照がほとんど遮られるようになった場合、業者が隣接地にマンション建設計画があることを知っていたにもかかわらずその説明をしなかったときは、「隣接地が空き地であって眺望・日当たり良好」という消費者の利益となる旨を告げ、「当該隣接地にマンションができ眺望・日照が遮られるようになること」という消費者に不利益となる事実を告げていないので、消費者契約法4条2項の要件に該当する（『逐条解説消費者契約法〔第2版〕』120頁〔事例4-19〕）。

②　金の先物取引における金相場の説明

　　金の商品先物取引について、事業者である商品取引員（上告人）の外務員が、顧客である消費者（被上告人）に対し、金の相場が上昇するとの自己判断を告げて取引を勧め、将来の金相場の暴落の可能性を示す事実を故意に告げなかった場合、顧客である消費者は、消費者契約法4条2項に基づき、同契約を取り消すことができるとした原審（札幌高判平

20・1・25金商1285号44頁）について、「消費者契約法4条2項にいう『重要事項』とは、同条4項において、当該消費者契約の目的となるものの『質、用途その他の内容』又は『対価その他の取引条件』をいうものと定義されており、同条1項2号では断定的判断の提供の対象となる事項につき『将来におけるその価額、将来において当該消費者が受け取るべき金額その他の将来における変動が不確実な事項』と明示されているのとは異なり、同条2項、4項では商品先物取引の委託契約に係る将来における当該商品の価格など将来における変動が不確実な事項を含意するような文言は用いられていないので、将来における金の価格は『重要事項』に当たらないと解するのが相当であって、事業者である商品取引員（上告人）が、顧客である消費者（被上告人）に対し、将来における金の価格が暴落する可能性を示す事実を告げなかったからといって、同条2項本文により契約の申込みの意思表示を取り消すことはできないというべきである」と判示して原審に差し戻した最高裁判例がある（最判平22・3・30判時2075号32頁）。

2　困惑による意思表示の取消し（消契4条3項）

(1) 意思表示取消しの要件

消費者は、事業者が消費者契約の締結について勧誘するに際し、当該消費者に対し、以下の①または②の行為をしたことにより困惑し、それによって当該消費者契約の申込みまたはその承諾の意思表示をしたときは、当該意思表示を取り消すことができる（消契4条3項）。

① 　当該事業者に対し、当該消費者が、その住居または業務を行っている場所から退去すべき旨の意思を示したにもかかわらず、当該事業者がその場から退去しないこと
② 　当該事業者が、当該消費者契約の締結について勧誘をしている場所から当該消費者が退去する旨の意思を示したにもかかわらず、その場所から当該消費者を退去させないこと

(2) 困惑の意味

この場合の「困惑」とは、畏怖を含む広い概念で、精神的に自由な判断ができない場合であるとされている（「消費者契約法執務資料」18頁、岡口『要件事実マニュアル第4巻（第3版）』46頁）。

上記(1)①または②の行為が立証させると、この場合の「困惑」は事実上推定されると考えられる（落合『消費者契約法』89頁、岡口『要件事実マニュアル第4巻（第3版）』46頁）。

(3) 退去の意味

ア 退去すべき旨の意思表示（消契4条3項1号）

以下のような場合は、「退去すべき旨の意思を示した」（消契4条3項1号）とみなすことができる（『逐条解説消費者契約法〔第2版〕』133頁・134頁）。

① 時間的な余裕がない旨消費者が告知した場合

「時間がありませんので」「今取り込み中です」「これから出かけます」等と消費者が告知した場合

② 消費者契約を締結しない旨を消費者が明確に告知した場合

「要らない」「結構です」「お断りします」等と消費者が告知した場合[*4]

③ 口頭以外の手段で消費者が意思を表示した場合

消費者が、手振り身振りで「帰ってくれ」「契約しない」という動作をした場合

イ 退去する旨の意思表示（消契4条3項2号）

以下のような場合は、「退去する旨の意思を示した」（消契4条3項2号）とみなすことができる（『逐条解説消費者契約法〔第2版〕』136頁・137頁）。

[*4] 大分簡判平16・2・19消費者法ニュース60号59頁は、自宅の床下拡散送風機設置請負契約の際、「そのようなものは入れんでいい。必要ない」「帰ってくれ」「換気扇は必要ない。私らを騙しているんじゃないか」などと言っているにもかかわらず、午前11時から午後6時30分頃まで勧誘して契約を締結したことにつき、不退去により困惑して契約を締結したものとして、請負契約の取消しを認め、信販会社に対して、割賦販売法30条の4による抗弁の接続を認めた。

① 時間的な余裕がない旨消費者が告知した場合

「時間がありませんので」「これから別の場所に用事があります」等と消費者が告知した場合

② 消費者契約を締結しない旨を消費者が明確に告知した場合

「要らない」「結構です」「お断りします」等と消費者が告知した場合

③ 口頭以外の手段で消費者が意思を表示した場合

消費者が、手振り身振りで「契約を締結しない」という動作をしながら、椅子から立ち上がった場合

ウ　退去させないこと（消契4条3項2号）

その場所から消費者を「退去させないこと」とは、物理的な方法であるか心理的な方法であるかを問わず、消費者の一定の場所からの脱出を不可能もしくは著しく困難にする行為をいい、拘束時間の長短を問わない（『逐条解説消費者契約法〔第2版〕』137頁)*5。

3　媒介の委託を受けた第三者等への取消規定（消契4条）の準用（消契5条）

消費者契約法4条の消費者契約の申込みまたはその承諾の意思表示の取消しの規定は、事業者が第三者に対し、当該事業者と消費者との間における消費者契約の締結について媒介することを委託し、当該委託を受けた第三者（その第三者から委託を受けた者を含む）が消費者に対して同条1項から3項までに規定する行為をした場合に準用する（消契5条1項）。

消費者契約の締結に係る消費者の代理人、事業者の代理人および受託者等

---

*5　東京簡判平15・5・14最高裁HPは、絵画のクレジット販売につき、相手方の家出中で定職がなく絵画に興味がない旨の繰り返しの話を一切考慮することにない販売店の担当者の一連の勧誘行動は、「退去させない」意思を十分に推測させるものであり、販売店の不適切な勧誘行為に困惑し、自分の意思に反して契約を締結するに至ったものであるとして、消費者契約法4条3項2号に該当することを認め、取消権を行使した日は、契約締結日から6カ月以上経過していたが、商品引渡しからは6カ月を経過しておらず、引渡しを受けた段階でもいまだ困惑状況が継続していたとして、引渡しの時から取消権の行使期間が進行するとし、取消権を有効と認めた。

の代理人は、消費者契約法4条1項から3項までの消費者契約の申込みまたはその承諾の意思表示の取消しの規定の適用については、それぞれ消費者、事業者および受託者等とみなす（消契5条2項）。したがって、消費者の代理人が弁護士等の事業者である場合も、当該代理人は消費者とみなされる（『逐条解説消費者契約法〔第2版〕』162頁〔事例5-7〕）。

4 詐欺・強迫による取消しと消費者契約法4条1項〜3項の意思表示の取消し

　消費者契約法4条1項から3項により、消費者契約の申込みまたはその承諾の意思表示の取消しができる場合でも、同時に民法上の詐欺・強迫による取消し（民96条）ができる場合には、消費者は、詐欺・強迫による取消し（民96条）もできる（消契6条：解釈規定、確認規定）（『逐条解説消費者契約法〔第2版〕』168頁、「消費者関係法執務資料（改訂版）」29頁）。

5 消費者契約法4条5項（善意の第三者への不対抗）と割賦販売法の抗弁権の接続規定

　割賦販売法30条の4等の抗弁権の接続の規定は、販売業者等に対して生じている事由であれば、その事由の如何を問わず、これを信用購入あっせん業者等に対して主張して、割賦代金等の支払いの停止を認めるものである。したがって、消費者契約の申込みまたはその承諾の意思表示の取消し（消契4条1項〜3項）をもって善意の第三者に対抗できないとする消費者契約法4条5項の規定にかかわらず、割賦販売法30条の4等の抗弁権の接続の規定に基づいて、消費者契約の申込みまたはその承諾の意思表示の取消し（消契4条1項〜3項）を信用販売あっせん業者等に対して主張し、割賦代金等の支払いの停止をすることは可能である（『逐条解説消費者契約法〔第2版〕』150頁(2)(3)）。

6 取消権の行使期間（消契7条1項）

　誤認による意思表示の取消し（消契4条1項・2項）および困惑による意思表示の取消し（消契4条3項）による取消権は、追認することができる時

から6カ月間行わないときは、時効により消滅し、当該消費者契約締結時から5年を経過したときも同様とされる（消契7条1項）。「追認することができる時」とは、誤認による意思表示の取消し（消契4条1項・2項）の場合は消費者が誤認したことに気付いた時であり、困惑による意思表示の取消し（消契4条3項）の場合は消費者が困惑を脱した時である。具体的には、消費者が事業者に退去すべき旨の意思表示をした場合（消契4条3項1号）は消費者が退去すべき旨の意思表示した住居等から事業者が退去した時、消費者が退去する旨の意思表示をした場合（消契4条3項2号）は消費者が退去する旨の意思表示をした場所から退去した時である（『逐条解説消費者契約法〔第2版〕』170頁）。

7 株式引受け等に係る意思表示についての意思表示取消規定（消契4条1項～3項）の不適用（消契7条2項）

　会社法その他の法律により詐欺または強迫を理由として取消しをすることができないものとされている株式もしくは出資の引受けまたは基金の拠出が消費者契約としてされた場合には、当該株式もしくは出資の引受けまたは基金の拠出に係る意思表示については、消費者契約法4条1項から3項までの規定によって取消しをすることができない（消契7条2項）（『逐条解説消費者契約法〔第2版〕』173頁、「消費者関係法執務資料（改訂版）」14頁）。

第3　事業者の損害賠償の責任を免除する条項の無効（消契8条）

1　事業者の損害賠償の責任を免除する条項の無効（消契8条1項）

　以下の①～⑤に掲げる消費者契約の条項は、無効とされる（消契8条1項）。

　①　事業者の債務不履行により消費者に生じた損害を賠償する責任の全部を免除する条項

② 事業者の債務不履行（当該事業者、その代表者またはその使用する者の故意または重大な過失によるものに限る）により消費者に生じた損害を賠償する責任の一部を免除する条項
③ 消費者契約における事業者の債務の履行に際してされた当該事業者の不法行為により消費者に生じた損害を賠償する民法の規定による責任の全部を免除する条項
④ 消費者契約における事業者の債務の履行に際してされた当該事業者の不法行為（当該事業者、その代表者またはその使用する者の故意または重大な過失によるものに限る）により消費者に生じた損害を賠償する民法の規定による責任の一部を免除する条項
⑤ 消費者契約が有償契約である場合において、当該消費者契約の目的物に隠れた瑕疵があるとき（当該消費者契約が請負契約である場合には、当該消費者契約の仕事の目的物に瑕疵があるとき）に、当該瑕疵により消費者に生じた損害を賠償する事業者の責任の全部を免除する条項

これにより、民法91条（法律行為の当事者が法令中の公の秩序に関しない規定と異なる意思を表示したときは、その意思に従う）の特則として、民法、商法等の一定の任意規定と異なる特約を全部無効とし、民法、商法等の任意規定に基づく損害賠償責任を事業者に負わせることとしている（『逐条解説消費者契約法〔第2版〕』178頁）。

2 目的物の瑕疵に伴う事業者の損害賠償の責任を免除する条項を無効とする規定の不適用（消契8条2項）

目的物の瑕疵に伴う事業者の損害賠償の責任を免除する条項（消契8条1項5号）については、以下の①②に該当するときは、当該条項を無効とする規定（消契8条1項）は適用しない（消契8条2項）。
① 消費者契約において、当該消費者契約の目的物に隠れた瑕疵があるときに、事業者が瑕疵のない物をもってこれに代える責任または当該瑕疵を補修する責任を負うこととされている場合

② 消費者と事業者の委託を受けた他の事業者との間の契約または事業者と他の事業者との間の当該消費者のためにする契約で、消費者契約の締結に先立ってまたはこれと同時に締結されたものにおいて、当該消費者契約の目的物に隠れた瑕疵があるときには、当該他の事業者が、当該瑕疵により当該消費者に生じた損害を賠償する責任の全部または一部を負い、瑕疵のない物をもってこれに代える責任を負い、または当該瑕疵を補修する責任を負うこととされている場合

このような規定を置いたのは、現在の商品販売においては、商品の製造者と販売者が異なっている場合が多く、商品に隠れた瑕疵がある場合に、販売者以外の製造者等が瑕疵担保責任を負うほうが、消費者の救済に資する場合があるためである。たとえば、ファイナンス・リース契約においては、商品の瑕疵担保責任は、ユーザーとリース契約を締結したリース会社（事業者）ではなく、実際に商品を引き渡すサプライヤー（他の事業者）が負うとされている場合が多い（『逐条解説消費者契約法〔第2版〕』196頁・197頁・204頁〔事例8-13〕、「消費者関係法執務資料（改訂版）」24頁・25頁）。

3　事業者の損害賠償の責任の一部を免除する条項の効力

事業者の損害賠償責任の一部を免除する条項は、消費者契約法8条1項2号や4号に該当しない場合でも、その免除の範囲によっては、民法416条の損害賠償の範囲の規定の適用による場合よりも消費者の権利を制限することによって、民法の信義則に反する程度に消費者の利益を一方的に害すると考えられるものについては、消費者契約法10条の消費者の利益を一方的に害する条項の無効に該当し、無効となりうる（『逐条解説消費者契約法〔第2版〕』201頁）。

4　事業者の損害賠償の責任に関する証明責任を転換する条項の効力

事業者の損害賠償の責任に関する証明責任を転換する条項は、消費者契約法8条の事業者の損害賠償の責任を免除する条項を無効とする規定には該当

しないので、当該条項は無効とはならない（『逐条解説消費者契約法〔新版〕』203頁〔事例8-10〕）。しかし、証明責任を法定の場合よりも消費者に不利に定める条項（たとえば、民法415条の債務不履行責任に関し、事業者の「責めに帰すべき事由」を消費者に証明させる条項）は、消費者契約法10条の消費者の利益を一方的に害する条項の無効に該当し無効となりうる（『逐条解説消費者契約法〔第2版〕』225頁〔事例10-4〕）。

5　瑕疵担保責任の権利行使期間を制限する条項の効力

瑕疵担保責任の権利行使期間を制限する条項は、消費者契約法8条1項5号に該当しないので、同項によって無効とならないが、権利行使期間を不当に短くする条項は、民法570条・566条3項（権利行使期間は1年以内）に反するものとして、消費者契約法10条の消費者の利益を一方的に害する条項の無効に該当し無効となりうる（『逐条解説消費者契約法〔第2版〕』205頁〔事例8-15〕・226頁〔事例10-5〕）。

第4　消費者が支払う損害賠償の額を予定する条項等の無効（消契9条）

1　消費者が支払う損害賠償の額を予定する条項等の無効

以下の①②に掲げる消費者契約の消費者が支払う損害賠償の額を予定する条項等は、以下の超過部分が無効となる（消契9条）。

① 消費者契約の解除に伴う損害賠償の額を予定し、または違約金を定める条項であって、これらを合算した額が、当該条項において設定された解除の事由、時期等の区分に応じ、当該消費者契約と同種の消費者契約の解除に伴い当該事業者に生ずべき平均的な損害の額を超えるものは、その超える部分について無効とする。

② 消費者契約に基づき支払うべき金銭の全部または一部を消費者が支払期日までに支払わない場合における損害賠償の額を予定し、または違約金を定める条項であって、これらを合算した額が、支払期日の翌日から

その支払いをする日までの期間について、その日数に応じ、当該支払期日に支払うべき額からすでに支払われた額を控除した額に年14.6％の割合を乗じて計算した額を超えるものについては、その超える部分について無効とする。

　消費者契約法 9 条の規定は、契約の解除に伴う損害賠償額の予定等の定めがある場合において契約が解除されたときに、民法420条の当事者間の合意による損害賠償の予定等の額を裁判所が増減できないとする規定の適用如何にかかわらず、事業者に生ずべき平均的損害の額を超える部分または遅延損害金の率の年14.6％を超える部分の支払いを消費者に請求することができず、その超過部分を無効とするものである（『逐条解説消費者契約法〔第 2 版〕』208頁・211頁(2)）。

2　消費者契約法 9 条 1 号の平均的損害

(1)　消費者の責めに帰すべき事由による解除と消費者契約法 9 条 1 号

　消費者契約法 9 条 1 号は、たとえ消費者の責めに帰すべき事由により事業者が解除権を行使した場合であっても、事業者は同号に定める平均的損害を超える金額の損害賠償等を請求することができないとするものである（『逐条解説消費者契約法〔第 2 版〕』208頁）。

(2)　消費者契約法 9 条 1 号の平均的損害

　消費者契約法 9 条 1 号は、消費者契約の解除に伴う損害賠償の額の予定または違約金の定めについて、同種の消費者契約の解除に伴う当該事業者に生ずべき平均的損害の額を超える部分を無効とするが、当該平均的損害については、同一事業者が締結する多数の同種契約事業について類型的に考察した場合に算定される平均的損害をいうとされている（『逐条解説消費者契約法〔第 2 版〕』209頁、「消費者関係法執務資料（改訂版）」26頁ウ）[*6]。

　平均的損害の主張立証責任については、事業者側が負担すべきであるとする裁判例（大阪地判平14・ 7 ・19金商1162号32頁、さいたま地判平15・ 3 ・26金商1179号58頁）もあるが、消費者契約法 9 条 1 号は、民法420条に定める損害

賠償の予定ないし違約金の額を裁判所が増減することができないとする原則に例外を設け、当該損害賠償の予定等の条項の一部または全部を無効とするものであり、消費者に有利な法律効果をもたらす規定であるから、消費者契約法9条1号所定の平均的損害およびこれを超える部分については、事実上の推定が働く余地があるとしても、消費者側に主張立証責任があるというべきであり（最判平18・11・27（平17(受)1158、1159）民集60巻9号3437頁）、これが立法担当者の見解でもある（「最高裁判所判例解説民事・平成18年度(下)」1221頁）。

*6① パーティー予約取消しに伴う平均的損害について、東京地判平14・3・25判タ1117号289頁は、原告が経営する店舗での料金1人当たり4500円、30名～40名でパーティーでの予約を解約したものについて、解約が開催日から2カ月前であり、開催予定日に他の客からの予約が入る可能性が高いこと、解約により原告はパーティーにかかる材料費・人件費等の支出を免れたことが認められ、他方、パーティー開催日が仏滅で結婚式の二次会等が行われにくいこと、解約が被告の自己都合であることなどが認められるとして、民事訴訟法248条の趣旨に従って、平均的損害を1人当たり4500円の3割に予定人数の平均である35人を乗じた4万7250円と認めた。

② 自動車販売契約解除に伴う平均的損害について、大阪地判平14・7・19金商1162号32頁は、注文車両は他の顧客に販売できない特注品であったわけではなく、契約締結後2日で解約したのであるから、その販売によって得られたであろう粗利益（得べかりし利益）が消費者契約法9条の予定する事業者に生ずべき平均的な損害に当たるとはいえないとし、原告が取引業者との間で対象車両の確保のために使用した電話代などの通信費がかかっているとしても、その額はわずかであり、事業者がその業務を遂行する過程で日常的に支出すべき経費であるから、消費者契約法9条の趣旨からしてもこれを消費者に転嫁することはできないとした。

③ 消費者契約法9条1号と憲法29条について、最判平18・11・27（平17(オ)886）判タ1232号82頁は、消費者契約法2条3項に規定する消費者契約を対象として損害賠償の予定等を定める条項の効力を制限する消費者契約法9条1号（平均的損害を超える部分の無効）は、憲法29条（財産権）に違反するものではないとした。

④ 電気通信事業者が消費者と締結している、基本使用料金を通常の半額とし、契約期間を2年間とする携帯電話利用サービス契約における、①2年間の期間内（当該期間末日の属する月の翌月を除く。）に消費者が契約を解約する場合には、原則として9975円（消費税込み）の解約金を支払わなければならないという条項、および②この契約締結後2年が経過すると自動的に更新され、以後、消費者は、契約を解約するに際し、更新期間となる2年に1度の1か月間に解約を申し出ない限り、①と同額の解約金を支払わなければならないという条項について、京都地判平24・3・28判時2150号60頁は、いずれも消費者契約法9条1号および同法10条により無効となるものではないとした。

(3) 大学在学契約解除に伴う入学金・授業料等の返還請求と消費者契約法 9 条 1 号の平均的損害

ア 大学在学契約解除に伴う入学金の返還請求

　大学の入学金は、その額が不相当に高額であるなど他の性質を有するものと認められる特段の事情のない限り、大学の入試試験に合格した者が当該大学に入学しうる地位を取得するための対価としての性質を有するものであり、大学の入学試験の合格者が当該大学に入学しうる地位を取得するための対価としての性質を有する入学金については、その納付をもって当該合格者は上記地位を取得するものであるから、その後に在学契約またはその予約が解除され、あるいは失効しても、当該大学は当該合格者に入学金の返還義務を負う理由はないとした最高裁判例（最判平18・11・27（平17(受)1158、1159）民集60巻 9 号3437頁）が出された。

イ 大学在学契約解除に伴う授業料等の返還請求と消費者契約法 9 条 1 号の平均的損害

　そして、最高裁は、一般に、 4 月 1 日には、学生が特定の大学に入学することが客観的にも高い蓋然性をもって予測されるものというべきであり、在学契約の解除の意思表示がその前日である 3 月31日までにされた場合には、原則として、大学に生ずべき平均的な損害は存在しないものであって、不返還特約はすべて無効となり、在学契約の解除の意思表示が同日よりも後にされた場合には、原則として、学生が納付した授業料等および諸会費等は、それが初年度に納付すべき範囲内のものにとどまる限り、大学に生ずべき平均的な損害を超えず、不返還特約はすべて有効となるというべきであるとした（最判平18・11・27（平17(受)1158、1159）民集60巻 9 号3437頁）。

　ただ、入学試験要項の定めにより、その大学に入学することを確約すること等が出願資格とされている推薦入学試験等に合格して当該大学と在学契約を締結した学生については、学生が在学契約を締結した時点で当該大学に入学することが客観的にも高い蓋然性をもって予測されるものというべきであ

るから、当該在学契約が解除された場合には、その時期が当該大学において当該解除を前提として他の入学試験等によって代わりの入学者を通常容易に確保することができる時期を経過していないなどの特段の事情がない限り、当該大学には当該解除に伴い初年度に納付すべき授業料等および諸会費等に相当する平均的な損害が生ずるものというべきであるとした（最判平18・11・27（平17(受)1158、1159）民集60巻9号3437頁）。

また、最高裁は、入学式無断欠席は入学を辞退したものとみなし入学を取り消す等の入学手続要領がある場合、入学式の日まで在学契約が黙示に解除されることがあることは当該大学の予測の範囲内であり、入学式の日までに同契約が解除されても、原則として、当該大学に生ずべき消費者契約法9条1号所定の平均的損害は存在せず、納付済みの授業料等を返還しない旨の特約は同号により無効となり、授業料等の返還が認められるとも判示した（最判平18・11・27（平17(受)1437、1438）民集60巻9号3597頁）。

3 消費者が支払うべき損害賠償の予定・違約金の年14.6％を超える部分の無効（消契9条2号）

(1) 消費者が支払うべき損害賠償の予定・違約金の年14.6％を超える部分の無効

消費者契約（消費者（個人（事業としてまたは事業のために契約の当事者となる場合を除く）（消契2条1項）と事業者（法人その他の団体および事業としてまたは事業のために契約の当事者となる場合の個人（消契2条2項））との間で締結された契約（消契2条3項））に基づき支払うべき金銭を消費者が支払期日までに支払わない場合における損害賠償の額を予定し、または違約金を定める条項であって、これらを合算した額が、当該支払期日に支払うべき額からすでに支払われている額を控除した額に年14.6％の割合を乗じて計算した額を超える部分は、無効とされる（消契9条2号）*7。

(2) 他の法律の適用（消契11条）

ただ、民法および商法等その他の法律に別段の定めがあるときは、その定

めによることになる（消契11条）ので、利息制限法、割賦販売法等が適用される場合はその定めによることになる。そのため、消費者契約法9条2号が適用されるのは、割賦販売法の損害賠償等の額の制限の規定（割販6条、30条の3、35条の3の18）が適用されない販売・提供の契約から2カ月以内の支払いの2カ月払購入あっせん（割販35条の16第2項参照）（マンスリークリアカード）の場合・リボルビングの場合、リース契約、保証債務の履行に伴う代位弁済額（当初の契約の元金および利息・損害金の合計額）についての求償債権等である[8]。

第5　消費者の利益を一方的に害する条項の無効（消契10条）[9][10][11]

1　消費者の利益を一方的に害する条項の無効

民法、商法その他の法律の公の秩序に関しない規定（任意規定）の適用による場合に比し、消費者の権利を制限し、または消費者の義務を加重する消費者契約の条項であって、民法1条2項に規定する基本原則（権利の行使および義務の履行は、信義に従い誠実に行わなければならない）（信義誠実の原則）

---

[7]　レンタルビデオ等の延滞料について、期限までに返却されないレンタルビデオ等の1日当たりの延滞料は、契約に定められた期間を超える期間における物品の賃借についての追加料金と考えられ、金銭債務の支払遅延に対するものではないため、消費者契約法9条2号には該当しないとされる（『逐条解説消費者契約法〔第2版〕』215頁〔事例9-7〕）。

[8]　保証委託契約に基づく代位弁済に伴う求償元本（代位弁済した原債権の元本および利息・損害金等）に対する遅延損害金について、東京高判平16・5・26判タ1153号275頁は、株式会社かんそうしんが、消費者契約法施行後締結された信用保証委託契約に基づいて、銀行に借入元金および利息を代位弁済し、それを求償元本として、求償元金および遅延損害金の支払いを求めた事例において、「本件保証委託契約については、消費者契約法が適用され、同契約中遅延損害金についての定めのうち、同法9条2号所定の14.6パーセントを超える部分は無効である」と述べた。

[9]　事業者の損害賠償の責任の一部を免除する条項の効力については、第3・3（99頁）参照。

[10]　事業者の損害賠償の責任に関する証明責任を転換する条項の効力については、第3・4（99頁）参照。

[11]　瑕疵担保責任の権利行使期間を制限する条項の効力については、第3・5（100頁）参照。

に反して消費者の利益を一方的に害するものは、無効とする（消契10条）（『逐条解説消費者契約法〔第2版〕』220頁3）。

「民法1条2項に規定する基本原則に反して消費者の利益を一方的に害する」という要件は、規範的要件であるため、消費者と事業者は、それぞれ評価根拠事実と評価障害事実を主張立証することになる（『コンメ消費者契約法〔第2版〕』195頁）。

2　消費者の契約解除権を奪う条項

契約の解除はできないとするなどの消費者の契約解除権を奪う条項は、消費者契約法9条1号の損害賠償の額を予定する条項等における平均的損害を超える部分の無効の規定等には該当しないが、消費者契約法10条の消費者の利益を一方的に害する条項の無効の規定には該当し、無効となりうる（『逐条解説消費者契約法〔第2版〕』215頁〔事例9－5〕）。

たとえば、事業者が民法570条に基づく瑕疵担保責任を負う場合であるにもかかわらず、民法570条に基づく消費者の解除権を奪う条項は、消費者に極めて少額の損害賠償請求権しか認められない場合には、無効となると考えられる（『逐条解説消費者契約法〔第2版〕』223頁・224頁）[*12]。

3　事業者の解除の要件を緩和する条項

解除権を行使するには相手方に対する意思表示が必要であり（民540条1項）、履行遅滞の場合には、相当の期間を定めてその履行を催告し、その期間内に履行がないときには契約を解除することができるとされている（民541条）。したがって、契約の性質からして一定の期日または期間内に債務者が履行しなければ、債権者の契約の目的が達成できない場合（定期行為の場合）などの正当な理由なく、事業者が、消費者の債務不履行の場合に、相当な期間の催告なしに契約を解除できるとする条項については、無効と解すべ

[*12]　塾の受講契約の中途解約を一切認めず受講料の返還を認めない特約の消費者契約法10条による無効を認めた事例として、東京地判平15・11・10判時1845号78頁・判タ1164号153頁がある。

きである（『逐条解説消費者契約法〔第2版〕』224頁〔事例10-2〕）。

4 消費者の一定の作為・不作為により消費者の意思表示を擬制する条項

承諾の意思表示ありとは判断しがたい消費者の一定の作為または不作為をとらえて、「承諾の意思表示」と認めるべき事実があったとして契約が成立するものとする条項は、消費者に不測の損害を与える可能性があり、場合によっては無効と解される場合があると考えられる。たとえば、会員となった者に商品を一方的に送り付け、送り付けられた者がその商品を購入しない旨の通知や返品をしないと、その商品を購入したものとみなす条項は、無効となるものと考えられる（『逐条解説消費者契約法〔第2版〕』225頁〔事例10-3〕）。

第6 他の法律の適用（消契11条）

1 他の法律の優先適用

消費者契約の申込みまたはその承諾の意思表示の取消しおよび消費者契約の条項の効力については、消費者契約法に規定するほか、民法および商法の規定による（消契11条1項）。

消費者契約の申込みまたはその承諾の意思表示の取消しおよび消費者契約の条項の効力について民法および商法以外の法律に別段の定めがあるときは、その定めるところによる（消契11条2項）。

2 消費者契約法4条の意思表示の取消しとクーリング・オフ権・中途解約権等

消費者契約法4条の消費者による消費者契約の申込みおよびその承諾の意思表示の取消権については、特定商取引に関する法律・割賦販売法におけるクーリング・オフ権や特定継続的役務提供における中途解約権と競合的に行使できるとしても、これらの法律の立法趣旨を害するものではないので、消費者契約法11条2項の特別の定めに当たらず、競合的に行使できる（『逐条

解説消費者契約法〔第2版〕』231頁(4)、「消費者関係法執務資料（改訂版）」30頁)。

3 プロバイダ責任制限法と消費者契約法8条等

　個別法の規定に抵触しない消費者契約法の規定については、個別法の適用範囲であっても、消費者契約である限り適用される。たとえば、特定電気通信役務提供者の損害賠償責任の制限及び発信者情報の開示に関する法律（平成13年法律第137号）（プロバイダ責任制限法）には、特定電気通信役務提供者（プロバイダ等）の損害賠償責任に関する規定が置かれているが、消費者とプロバイダ等との契約において、プロバイダ等の債務不履行による損害賠償責任および不法行為による損害賠償責任を免除する条項が定められていても、当該条項が同法3条および4条4項によって有効になるわけではなく、同法3条および4条4項の規定については、消費者契約法8条の事業者の損害賠償の責任を制限する条項の無効の規定に抵触せず、消費者契約である限り、同法8条が適用される（『逐条解説消費者契約法〔第2版〕』232頁(5)）。

4 消費者契約法の規定と抵触する規定

　消費者契約の申込みまたはその承諾の意思表示の取消しおよび消費者契約の条項の効力についての消費者契約法の規定と抵触する個別法の規定としては、以下の(1)～(3)のものがある。

(1) 消費者契約法9条1号と抵触する個別法の規定

　消費者契約法9条1号（事業者の平均的損害を超える部分の損害賠償の額の予定の条項等の無効）と抵触する個別法の規定として、以下のものがある。

① 割賦販売法30条の3の10（個別信用購入あっせん関係受領契約の申込みの撤回等）第1項・3項・6項・15項（『逐条解説消費者契約法〔第2版〕』242頁～244頁）

② 特定商取引法9条（訪問販売における契約の申込みの撤回等）3項・8項（『逐条解説消費者契約法〔第2版〕』244頁）

③ 特定商取引法24条（電話勧誘販売における契約の申込みの撤回等）3

④　特定商取引法40条（連鎖販売契約の解除等）1項・4項（『逐条解説消費者契約法〔第2版〕』244頁・245頁）

⑤　特定商取引法48条（特定継続的役務提供等契約の解除等）4項・8項（『逐条解説消費者契約法〔新版〕』245頁）

⑥　特定商取引法58条（業務提供誘引販売契約の解除）1項・4項（『逐条解説消費者契約法〔新版〕』245頁・246頁）

⑦　宅地建物取引業法（昭和27年法律第176号）38条（宅地建物取引業者が売主となる宅地・建物の売買契約における債務不履行契約解除に伴う損害賠償の額等の代金の10分の2を超える定めの不可）（『逐条解説消費者契約法〔第2版〕』234頁③）

(2)　消費者契約法9条2号と抵触する個別法の規定

消費者契約法9条2号（年14.6％を超える部分の損害賠償の額の予定の条項等の無効）と抵触する個別法の規定として、以下のものがある。

①　利息制限法4条（利息制限法1条の利息の制限の利率の1.46倍を超える部分の無効）（『逐条解説消費者契約法〔第2版〕』236頁⑤、「消費者関係法執務資料（改訂版）」31頁）

②　割賦販売法6条（契約の解除等に伴う損害賠償等の額の制限）2項（『逐条解説消費者契約法〔第2版〕』248頁）

③　割賦販売法30条の3（（包括信用購入あっせんにおける）契約の解除等に伴う損害賠償等の額の制限）第2項（『逐条解説消費者契約法〔第2版〕』235頁・249頁、「消費者関係法執務資料（改訂版）」31頁）

④　割賦販売法35条の3の18（（個別信用購入あっせんにおける）契約の解除等に伴う損害賠償等の額の制限）第2項（『逐条解説消費者契約法〔第2版〕』236頁・249頁）

⑤　特定商取引法10条（訪問販売における契約の解除等に伴う損害賠償等の額の制限）2項（『逐条解説消費者契約法〔第2版〕』249頁）

⑥　特定商取引法25条（電話勧誘販売における契約の解除等に伴う損害賠償等の額の制限）2項（『逐条解説消費者契約法〔第2版〕』249頁・250頁）

⑦　平成18年法律第115号による改正前の貸金業法旧43条（任意に支払った場合のみなし弁済）[*13]（『逐条解説消費者契約法〔第2版〕』250頁・251頁）

(3)　消費者契約法9条1号および2号のいずれにも抵触する個別法の規定

消費者契約法9条1号（事業者の平均的損害を超える部分の損害賠償の額の予定の条項等の無効）および2号（年14.6％を超える部分の損害賠償の額の予定の条項等の無効）のいずれにも抵触する個別法の規定として、以下のものがある。

①　割賦販売法6条（契約の解除等に伴う損害賠償等の額の制限）1項（『逐条解説消費者契約法〔第2版〕』253頁・254頁）

②　割賦販売法30条の3（契約の解除等に伴う損害賠償等の額の制限）第1項（『逐条解説消費者契約法〔第2版〕』254頁）

③　割賦販売法30条の3の18（契約の解除等に伴う損害賠償等の額の制限）第1項（『逐条解説消費者契約法〔第2版〕』254頁）

④　特定商取引法10条（訪問販売における契約の解除等に伴う損害賠償等の額の制限）1項（『逐条解説消費者契約法〔第2版〕』254頁・255頁、圓山『詳解特定商取引法の理論と実務〔第2版〕』276頁）

⑤　特定商取引法25条（電話勧誘販売における契約の解除等に伴う損害賠償等の額の制限）1項（『逐条解説消費者契約法〔第2版〕』255頁）

⑥　特定商取引法40条の2第3項・4項（連鎖販売契約における商品販売契約の解約）（『逐条解説消費者契約法〔第2版〕』255頁・256頁）

⑦　特定商取引法49条（特定継続的役務提供における中途解約）2項・4項・6項・7項（『逐条解説消費者契約法〔第2版〕』256頁・257頁）

[*13]　貸金業法43条のみなし弁済の規定は、平成18年法律第115号で廃止され、みなし弁済制度の廃止等については、平成22年6月18日から施行されている。

第2節　特定商取引に関する法律（特定商取引法）

第1　総　説

1　特定商取引法上のクーリング・オフのまとめ

(1)　クーリング・オフ一覧

　特定商取引に関する法律（以下、「特定商取引法」という）上のクーリング・オフについて、対象取引ごとにその要件、効果、適用除外等をまとめると、［表4］のようになる。

［表4］　特定商取引法上のクーリング・オフ一覧

対象取引	適用要件	対　象	クーリング・オフ行使期間（原則初日算入）	適用除外
訪問販売 （特商9条）	販売業者が、営業所等以外の場所において、契約の申込みを受けまたは契約を締結すること（キャッチセールス、アポイントメントセールスを含む（特商2条1項2号、特商令1条）	商品・政令指定権利（特商令3条別表第1）・役務	書面（申込書面（訪問販売：特商4条、電話勧誘販売：特商18条）、契約書面（訪問販売：特商5条、電話勧誘販売：特商19条））受領日から8日間	①営業のためにまたは営業としての契約締結に係る販売・役務提供（特商26条1項1号） ②自動車（二輪を除く）販売、自動車リース（特商26条3項1号、特商令6条の2） ③消耗品（特商26条4項1号、特商令6条の4別表第3） ④3000円以下の取引（特商26条4項3号、特商令7条）等
電話勧誘販売 （特商24条）	販売業者が、電話をかけて勧誘し、郵便・電話等で契約の申込みを受けまたは契約を締結すること			
	店舗等によらない個人（＝連鎖販売加入	店舗等によらない個人（＝	契約書面（特商37条2項）受領日か	

111

連鎖販売取引（特商40条）	者）が連鎖販売を締結した場合	連鎖販売加入者）による連鎖販売契約	ら20日間	
特定継続的役務提供等契約（特商48条）	継続的役務提供等契約	継続的役務提供等契約、関連商品販売契約	契約書面（特商42条2項・3項）受領日から8日間	営業のためまたは営業としての契約締結に係る販売・役務提供（特商50条1項1号）等
業務提供誘引販売取引（特商58条）	事業所等によらないで行う個人が業務提供誘引販売契約を締結した場合	業務提供誘引販売取引契約	契約書面（特商55条2項）受領日から20日	
訪問購入（特商58条の14）	購入業者が、営業所等以外の場所において、契約の申込みを受けまたは契約を締結すること	物品	書面（申込書面（特商58条の7）または契約書面（特商58条の8）受領日から8日間	（適用除外）・営業のためまたは営業としての契約締結に係る訪問購入（特商58条の17第1項1号）等

（注） 訪問購入（物品の購入を業として営む者（購入業者）が営業所等以外の場所において、売買契約の申込みを受け、または売買契約を締結して行う物品の購入）（特商58条の4）については、平成24年法律第59号「特定商取引に関する法律の一部を改正する法律」の公布日（平成24年8月22日）から起算して6月を超えない範囲内において政令で定める日から施行される。

(2) クーリング・オフの要件

ア クーリング・オフの発信主義

　クーリング・オフは、その通知を発した時にその効力を生ずる（訪問販売：特商9条2項、電話勧誘販売：特商24条2項、連鎖販売取引：特商40条2項、特定継続的役務提供：特商48条3項、業務提供誘引販売取引：特商58条2項）（齋藤ほか『特定商取引法ハンドブック第4版』158頁・163頁(4)・246頁・413頁⑤・615頁ウ、圓山『詳解特定商取引法の理論と実務〔第2版〕』225頁(2)・378頁②・487頁(2)・567頁③）[14]。

*14　神戸地判昭63・12・1判時1321号149頁は、振袖のクレジット契約の4日後に販売店への「何卒御事情御察知くださいましてご了承いただきたく、おことわり旁々お願い申し上げます」と結んだ手紙の送付について、クーリング・オフを適用し、クレジット会社の請求を棄却した。

第2節　特定商取引に関する法律（特定商取引法）

イ　口頭によるクーリング・オフ

条文上は、書面によりクーリング・オフを行うとされている（訪問販売：特商9条1項、電話勧誘販売：特商24条1項、連鎖販売取引：特商40条1項、特定継続的役務提供：特商48条1項、業務提供誘引販売取引：特商58条1項）が、口頭によるクーリング・オフを認めた裁判例（古川簡判昭62・6・15NBL431号49頁。また、割賦販売法のクーリング・オフの肯定例としては、大阪簡判昭63・3・18判時1294号130頁、福岡高判平6・8・31判時1530号64頁・判タ872号289頁、広島高松江支判平8・4・24消費者法ニュース29号57頁）がある（齋藤ほか『特定商取引法ハンドブック第4版』5頁・155頁・156頁・161頁(2)、岡口『要件事実マニュアル第4巻（第3版）』52頁、圓山『詳解特定商取引法の理論と実務〔第2版〕』218頁(5)・379頁・486頁⑦・566頁(5)・665頁⑦）。

ウ　クーリング・オフの行使期間

(ア)　法定書面の交付日の主張立証責任

クーリング・オフの発信（訪問販売：特商9条2項、電話勧誘販売：特商24条2項、連鎖販売取引：特商40条2項、特定継続的役務提供：特商48条3項、業務提供誘引販売取引：特商58条2項、訪問購入：特商58条の14第2項）は、法定書面（訪問販売：特商4条（申込書面）・5条（契約書面）、電話勧誘販売：特商18条（申込書面）・19条（契約書面）、連鎖販売取引：特商37条2項（契約書面）、特定継続的役務提供：特商42条2項（特定継続的役務提供契約の場合）・3項（特定権利販売契約の場合）（契約書面）、業務提供誘引販売取引：特商55条2項（契約書面）、訪問購入：特商58条の7（申込書面）・58条の8（契約書面））の受領日から8日（訪問販売：特商9条1項ただし書（特商5条書面を受領した日（その日の前に特商4条書面を受領した場合にあってはその書面を受領した日）から8日）、電話勧誘販売：特商24条1項ただし書（特商19条書面を受領した日（その日の前に特商18条書面を受領した場合にあってはその書面を受領した日）から8日）、特定継続的役務提供：特商48条1項、訪問購入：特商58条の14第1項ただし書（特商58条の書面を受領した日（その日の前に58条の7書面を受領した場合にあっ

てはその書面を受領した日）から8日））または20日（連鎖販売取引：特商40条1項、業務提供誘引販売取引：特商58条1項）以内であることが必要であるが、当該法定書面の交付日については事業者に主張立証責任があり、顧客側が抗弁で当該主張をする必要はない（東京地判平8・4・18判時1594号118頁（法定書面不交付を理由とするクーリング・オフによる解除を有効とした事例））（齋藤ほか『特定商取引法ハンドブック第4版』151頁・157頁(イ)・246頁、岡口『要件事実マニュアル第4巻〔第3版〕』52頁 a、圓山『詳解特定商取引法の理論と実務〔第2版〕』376頁）。

　(イ)　法定期間の計算〜初日算入

　8日（訪問販売：特商9条1項ただし書、電話勧誘販売：特商24条1項ただし書、特定継続的役務提供：特商48条1項、訪問購入：特商58条の14第1項ただし書）または20日（連鎖販売取引：特商40条1項、業務提供誘引販売取引：特商58条1項）の法定期間計算においては、初日を算入する（訪問販売：特商9条1項ただし書、電話勧誘販売：特商24条1項ただし書、連鎖販売取引：特商40条1項、特定継続的役務提供：特商48条1項、業務提供誘引販売取引：特商58条1項、訪問購入：特商58条の14第1項ただし書）（齋藤ほか『特定商取引法ハンドブック第4版』158頁(エ)、岡口『要件事実マニュアル第4巻〔第3版〕』53頁(2)、圓山『詳解特定商取引法の理論と実務〔第2版〕』192頁・376頁・480頁・561頁・661頁）。

　(ウ)　記載事項に不備のある法定書面交付におけるクーリング・オフの行使

　記載事項に不備のある法定書面（訪問販売：特商4条・5条、特商規3条〜6条、電話勧誘販売：特商18条・19条、特商規17条〜20条、連鎖販売取引：特商37条2項、特商規29条・30条、特定継続的役務提供：特商42条2項・3項、特商規33条〜36条、業務提供誘引販売取引：特商55条2項、特商規44条・45条、訪問購入：特商58条の7・58条の8）が交付された場合に、顧客の法定書面の法定期間内の受領の再抗弁が認められず、書面受領から数カ月経過後のクーリング・オフの行使を認めた裁判例がある（齋藤ほか『特定商取引法ハンドブック

第4版』151頁・240頁・507頁・613頁・688頁㈹、圓山『詳解特定商取引法の理論と実務〔第2版〕』233頁8・561頁～563頁・664頁・665頁、岡口『要件事実マニュアル第4巻（第3版）』53頁）*15。

*15① 大阪簡判平元・8・16消費者法ニュース1号13頁は、クレジット利用の教材の訪問販売で、商品の引渡時期の記載を欠く不備な書面の交付をもってしては、クーリング・オフを阻止できないとした。
② 神戸簡判平4・1・30判時1455号140頁は、家屋の一部取り壊しによるカーポート等設置工事の訪問販売において、クーリング・オフ関係事項が記載されていない書面は、特定商取引法5条書面とは認められず、クーリング・オフの期間は進行しないとした。
③ 東京地判平5・8・30判タ844号252頁は、アルミサイディングの取付工事付売買契約において、当該商品がナショナルの製品であるかのように偽って購入者をその旨誤信させて販売し、交付した契約書には、品名（規格・仕様）欄に「ユニウォール21」、数量欄に「一式」、小計と合計欄に「3,730,000円」等の記載しかない場合に、法定書面を交付したとはいえないとし、契約締結から2カ月半後のクーリング・オフの行使を有効とした。
④ 東京地判平6・6・10判時1527号120頁・判タ878号228頁は、ゴルフ会員権の訪問販売で、訪問販売法4条・5条書面の交付がなかった（クーリング・オフの記載なし）場合で、会員権売買契約申込みから1年4カ月後、会員登録から8カ月後、数回のゴルフプレー後のクーリング・オフの行使を権利の濫用に当たらないとした。
⑤ 東京地判平6・9・2判時1535号92頁は、アルミサイディング工事の訪問販売で、役務提供期間、クーリング・オフの告知、商品の数量につき記載のない不備書面しか交付していない契約で、契約締結から8カ月経過している場合に、購入者がクーリング・オフを行使したことは権利濫用に当たらないとした。
⑥ 東京地判平7・8・31判タ911号214頁は、老人性認知症のある購入者に対する屋根用パネルの販売・取付契約について、交付された書面には、商品の販売価格と役務の対価の内訳、支払時期、引渡時期、商品の数量等の記載事項に不備があり、法定書面に該当しないとして、契約締結から18日後のクーリング・オフの行使を認めた。
⑦ 大阪地判平12・3・6消費者法ニュース45号69頁は、ダイヤの訪問販売（クレジット利用）において、交付されたクレジット契約書の商品の特定が不十分であり、契約締結時に提示した鑑定書・保証書よって書面の記載を補完したものと評価することはできず、鑑定書・保証書が後日送付されたことによって交付書面の記載が補完されたものとみることはできないとして、クーリング・オフの行使を認めた。
⑧ 東京地判平16・7・29判時1880号80頁は、クーリング・オフに関する事項の記載がないなどの理由から訪問販売法5条所定の書面の交付をしたとは認められないとした。
⑨ 大阪地判平22・12・2判時2151号54頁は、連鎖販売契約について、特定負担等の記載がない交付書面は特定商取引法37条2項書面と評価することができず、同法40条1項のクーリング・オフ期間である同法37条2項書面受領日から20日の期間は経過していないとした。

115

㈤　法定書面不交付・不備書面の交付による相当日数経過後のクーリング・オフ行使と権利濫用

　法定書面不交付・不備書面の交付によって、相当日数（数カ月以上）経過後のクーリング・オフを行使することは、権利濫用とならないかという問題があるが、申込者等の側に背信的な特段の事情がない限り、権利濫用には当たらないと解される（東京地判平6・6・10判時1527号120頁・判タ878号228頁（上記㈦＊15④（115頁）参照）、東京地判平6・9・2判時1535号92頁（上記㈦＊15⑤（115頁）参照））。

　㈥　クーリング・オフ妨害行為が行われた場合のクーリング・オフ期間

　業者が、クーリング・オフに関する不実の告知または威迫行為を行ったことにより、顧客が誤認しまたは困惑して、クーリング・オフを行わなかった場合は、クーリング・オフができることなどを記載した書面（訪問販売：特商規7条の2、電話勧誘販売：特商規23条の2、連鎖販売取引：特商規31条の2、特定継続的役務提供：特商規39条の2、業務提供誘引販売取引：特商規46条の2、訪問購入：特商58条の7第5号（58条の8））をあらためて顧客に交付し、かつ、その意味を説明した日から8日（訪問販売：特商9条1項ただし書、電話勧誘販売：特商24条1項ただし書、特定継続的役務提供：特商48条1項括弧書[16]、訪問購入：特商58条の14第1項ただし書）または20日（連鎖販売取引：特商40条1項括弧書、業務提供誘引販売取引：特商58条1項括弧書）経過するまでは、クーリング・オフ期間が延長される（平成16年法律第44号による改正特定商取引法（以下、「平成16年改正法」という。平成16年11月11日施行）により新設された（『消費者関係法執務資料（改訂版）』227頁1））（齋藤ほか『特定商取引法ハンドブック第4版』158頁イ・246頁(3)・404頁ウ・507頁(2)・613頁(3)、圓山『詳解特定商取引法の理論と実務〔第2版〕』193頁4・377頁(3)・482頁(3)・563頁(4)・661頁(3)）。

＊16　特定商取引法48条2項が「前項と同様とする」としていることから、上記クーリング・オフ妨害行為が行われた場合のクーリング・オフ期間の延長については、特定継続的役務提供における関連商品についても同様になる（齋藤ほか『特定商取引法ハンドブック第4版』410頁㈭）。

業者は、クーリング・オフ告知書面を交付した際、直ちに顧客が当該書面を見ていることを確認したうえで、クーリング・オフができる旨等口頭で告知する義務を負う（訪問販売：特商規7条の2第5項、電話勧誘販売：特商規23条の2第5項、連鎖販売取引：特商規31条の2第5項、特定継続的役務提供：特商規39条の2第5項、業務提供誘引販売取引：特商規46条の2第5項、訪問購入：特商58条の14第1項ただし書括弧書）。したがって、単に告知書面を顧客に交付しただけでは、業者が義務を果たしたことにならず、いつまでもクーリング・オフができるものと解される（齋藤ほか『特定商取引法ハンドブック第4版』159頁(ウ)・246頁(3)・405頁・406頁・507頁・614頁、圓山『詳解特定商取引法の理論と実務〔第2版〕』203頁(7)・378頁(ウ)・484頁(エ)・565頁(エ)・663頁(エ)）。

　(カ)　再販売型の連鎖販売取引におけるクーリング・オフ期間の起算日

　再販売型の連鎖販売取引においては、契約書面（特商37条2項）の交付よりも商品の受領が遅い場合は、商品の引渡日が起算日となる（特商40条1項括弧書）（齋藤ほか『特定商取引法ハンドブック第4版』507頁②、圓山『詳解特定商取引法の理論と実務〔第2版〕』481頁(イ)）。

　この場合の引渡しとは、現実の引渡しを意味し、民法上の占有改定（民183条）や指図による占有移転（民184条）などの方法による場合は、引渡しがあったとはみなされない（齋藤ほか『特定商取引法ハンドブック第4版』507頁、圓山『詳解特定商取引法の理論と実務〔第2版〕』481頁）。

　商品の引渡しが数回に及ぶ場合には、その最初の引渡日が起算日となる（齋藤ほか『特定商取引法ハンドブック第4版』507頁、圓山『詳解特定商取引法の理論と実務〔第2版〕』481頁）。

　エ　購入者の相続人によるクーリング・オフの行使

　クーリング・オフは、購入者の相続人によっても行使できる（東京地判平16・7・29判時1880号80頁）。

オ　連鎖販売取引におけるクーリング・オフ

　(ｱ)　行使できる者（連鎖販売加入者）

　連鎖販売取引においてクーリング・オフを行使できる者は、無店舗個人（連鎖販売加入者）（連鎖販売業に係る商品の販売等または役務の提供等を店舗等によらないで行う個人である連鎖販売契約の相手方）に限られている（特商40条1項括弧書）（齋藤ほか『特定商取引法ハンドブック第4版』506頁、圓山『詳解特定商取引法の理論と実務〔第2版〕』480頁）。

　(ｲ)　クーリング・オフの対象〜上のランクに昇進するための契約

　連鎖販売取引には、取引条件の変更も含んでいるので（特商33条1項括弧書）、上のランクに昇進するための契約も、クーリング・オフの対象となる（齋藤ほか『特定商取引法ハンドブック第4版』506頁）。

カ　特定継続的役務提供等契約における関連商品の販売契約のクーリング・オフ

　特定継続的役務提供等契約においては、関連商品の販売契約についても、特定継続的役務提供等契約とともにクーリング・オフすることができる（特商48条2項）（齋藤ほか『特定商取引法ハンドブック第4版』406頁(2)、圓山『詳解特定商取引法の理論と実務〔第2版〕』566頁(6)、岡口『要件事実マニュアル第4巻〔第3版〕』51頁）。

　関連商品は、特定商取引法施行令14条1項別表第5で指定されている（使用・消費した場合の適用除外あり（特商48条2項ただし書、特商令14条2項別表第5第1号イ・ロ））（齋藤ほか『特定商取引法ハンドブック第4版』377頁〔表6-2〕）。

キ　業務提供誘引販売取引においてクーリング・オフを行使できる者

　クーリング・オフを行使できるのは、業務提供誘引販売取引においては、業務提供誘引販売業に関して提供等される業務を事業所等によらないで行う個人である業務提供誘引販売契約の相手方に限られる（特商58条1項括弧書）（齋藤ほか『特定商取引法ハンドブック第4版』612頁・613頁）。

(3) クーリング・オフの効果

ア　総　説

　クーリング・オフの行使によって、申込みの撤回の場合は契約未成立のまま解消され、成立後の契約解除の場合は、未払代金等債務については支払義務が消滅し、支払済みの代金等および引渡済みの商品等は、それぞれ返還（原状回復）する必要がある。

　特定商取引法は、クーリング・オフによる顧客保護の効果を徹底させるために、解除等に伴う損害賠償または違約金の支払いを請求できないこと（訪問販売：特商9条3項、電話勧誘販売：特商24条3項、連鎖販売取引：特商40条1項、特定継続的役務提供：特商48条4項、業務提供誘引販売取引：特商58条1項、訪問購入：特商58条の14第4項）、商品等の原状回復費用は業者の負担とすること（訪問販売：特商9条4項、電話勧誘販売：特商24条4項、連鎖販売取引：特商40条3項、特定継続的役務提供：特商48条5項、業務提供誘引販売取引：特商58条3項、訪問購入：特商58条の14第5項）、役務提供・権利販売の契約については履行済みの役務の対価や行使済みの権利その他顧客が得た利益に相当する金銭を顧客が支払う義務がないこと（訪問販売：特商9条5項、電話勧誘販売：特商24条5項、特定継続的役務提供：特商48条6項）、契約に関して顧客が支払った金銭は返還を請求することができること（訪問販売：特商9条6項、電話勧誘販売：特商24条6項、特定継続的役務提供：特商48条7項）、工作物の原状回復費用は業者の負担とすること（訪問販売：特商9条7項、電話勧誘販売：特商24条7項）などの定めをしている（齋藤ほか『特定商取引法ハンドブック第4版』164頁4・247頁3・411頁3・507頁3・614頁3、圓山『詳解特定商取引法の理論と実務〔第2版〕』224頁7・378頁(5)・486頁2・567頁2・665頁2）。

イ　商品・権利の売買契約解除の場合

　(ｱ)　代金・商品等の返還

　売買契約は、解除により遡及的にその効力が消滅するものと解され、代金

債務は消滅し、支払済みの代金の返還と引渡済みの商品の返還が、相互に原状回復義務（民703条の不当利得）として生ずることになる（齋藤ほか『特定商取引法ハンドブック第4版』164頁、圓山『詳解特定商取引法の理論と実務〔第2版〕』224頁・666頁(6)、中崎『詳説改正割賦販売法』22頁）。

　(ｲ)　損害賠償・違約金

　解除等に伴う損害賠償または違約金の支払いは、請求できない（訪問販売：特商9条3項、電話勧誘販売：特商24条3項、連鎖販売取引：特商40条1項、特定継続的役務提供：特商48条4項、業務提供誘引販売取引：特商58条1項、訪問購入：特商58条の14第4項）（圓山『詳解特定商取引法の理論と実務〔第2版〕』226頁(3)・487頁(3)・666頁(3)）。

　したがって、解約返品された商品が使用・消費などにより再販売できなくなったことによる損害や、契約締結に際して費やした営業費用や手続費用が無駄になったことによる損害など、名目如何を問わず、業者はこうした損害または違約金を請求できない（齋藤ほか『特定商取引法ハンドブック第4版』165頁）。

　ただ、通常の使用以外による商品の毀損等で、顧客の故意または重過失による損害は、顧客が負担すべきであると解されている。また、クーリング・オフ後に顧客が商品を紛失した場合は、顧客の過失により原状回復ができないことになったとして、その損害を賠償する必要があると考えられている（圓山『詳解特定商取引法の理論と実務〔第2版〕』227頁）。

　(ｳ)　原状回復費用

　原状回復義務（民703条の不当利得）を履行する場合、本来はそれぞれの義務者（商品等の返還については顧客）がその費用を負担するのが原則であるが、特定商取引法は顧客保護を徹底する趣旨で、商品等の原状回復費用は業者の負担とした（訪問販売：特商9条4項、電話勧誘販売：特商24条4項、連鎖販売取引：特商40条3項、特定継続的役務提供：特商48条5項、業務提供誘引販売取引：特商58条3項）（齋藤ほか『特定商取引法ハンドブック第4版』165頁・

248頁②・413頁・507頁・508頁・615頁、圓山『詳解特定商取引法の理論と実務〔第 2 版〕』227頁(4)・487頁(4)・666頁(4))。

したがって、クーリング・オフを行使した顧客は、受領した商品や移転された権利について、業者に対し引取りを請求して取りに来るまで保管しておくか、業者と協議の上料金着払いで返送することができる（齋藤ほか『特定商取引法ハンドブック第 4 版』165頁、圓山『詳解特定商取引法の理論と実務〔第 2 版〕』228頁)。権利の場合、名義を業者に戻すための手続費用も業者側の負担となる。これに対し、業者の代金返還義務は、民法の原則どおり業者側が返還の手数料を負担しなければならない（圓山『詳解特定商取引法の理論と実務〔第 2 版〕』228頁)。

(エ) 使用・消費利益の不当利得

クーリング・オフにより契約が解除された場合、顧客がそれ以前に商品を使用・消費したために、現に存する商品を返還しただけでは顧客が受けた利得を返還したことにならないことをどのように処理するかが問題となる（齋藤ほか『特定商取引法ハンドブック第 4 版』165頁・166頁)。

これについては、①民法上の原則に従って顧客が不当利得返還義務を負うとする見解と、②クーリング・オフによる無条件解除の趣旨を重視し、役務提供・権利販売の契約については履行済みの役務の対価や使用済みの権利その他顧客が得た利益に相当する金銭を顧客が支払う義務（不当利得返還義務）がないとされていたことから、商品使用利益の返還義務を負わないとする見解が対立していたが、平成20年改正法により、訪問販売等について、商品使用等の利益に相当する金銭について、販売業者等はその支払いを請求できないと定め、立法的に解決された（訪問販売：特商 9 条 5 項、電話勧誘販売：特商24条 5 項、特定継続的役務提供：特商48条 6 項）（連鎖販売取引および業務提供誘引販売取引には規定がない）(『平成21年特定商取引法解説』84頁 5 、齋藤ほか『特定商取引法ハンドブック第 4 版』166頁・705頁・706頁、圓山『詳解特定商取引法の理論と実務〔第 2 版〕』229頁(イ))。また、クーリング・オフをした消費

者に経済的負担を残さない無条件解除という効果の徹底を図る趣旨から考え、商品消費等の場合も残存商品等を返還するほか不当利得の返還義務を負わないものと解すべきである（齋藤ほか『特定商取引法ハンドブック第4版』166頁）。

ウ 役務提供契約の解除の場合

(ア) 原状回復義務

役務提供事業者は、役務提供契約に関連して顧客から金銭を受領しているときは、速やかにそれを返還すべきものとされている（訪問販売：特商9条6項、電話勧誘販売：特商24条6項、特定継続的役務提供：特商48条7項）（齋藤ほか『特定商取引法ハンドブック第4版』166頁(5)・248頁④・413頁④・707頁(エ)、圓山『詳解特定商取引法の理論と実務〔第2版〕』230頁・384頁⑤・568頁⑦）。

連鎖販売業者も、受領した役務の対価・取引料等を返還しなければならない（齋藤ほか『特定商取引法ハンドブック第4版』507頁3、圓山『詳解特定商取引法の理論と実務〔第2版〕』490頁）。

顧客は、業者に対し、工作物の原状回復工事を無償で（業者の費用負担で）行うことを請求できる（訪問販売：特商9条7項、電話勧誘販売：特商24条7項）（齋藤ほか『特定商取引法ハンドブック第4版』165頁・248頁⑤）。

(イ) 債務の履行義務または不当利得返還義務

役務提供・権利販売の契約については、履行済みの役務の対価や行使済みの権利その他顧客が得た利益に相当する金銭は、業者が顧客に請求することができないとされている（訪問販売：特商9条5項、電話勧誘販売：特商24条5項、特定継続的役務提供：特商48条6項）（齋藤ほか『特定商取引法ハンドブック第4版』166頁・248頁③・413頁③、圓山『詳解特定商取引法の理論と実務〔第2版〕』228頁(5)・379頁⑤・567頁⑥）。

この場合に業者が顧客に請求することができないものは、役務等の直接の対価に限らず、入会金、入学金、施設利用料等の初期費用なども含まれる（齋藤ほか『特定商取引法ハンドブック第4版』413頁、圓山『詳解特定商取引法

の理論と実務〔第 2 版〕』229頁）。

連鎖販売取引および業務提供誘引販売取引でも、同様に、業者が顧客に対し、不当利得返還請求はできないと解すべきである（齋藤ほか『特定商取引法ハンドブック第 4 版』507頁・508頁・615頁、圓山『詳解特定商取引法の理論と実務〔第 2 版〕』490頁(イ)・667頁(イ)）。

(ウ) 損害賠償・違約金

業者は、解除等に伴う損害賠償または違約金の支払いを請求できないとされている（訪問販売：特商 9 条 3 項、電話勧誘販売：特商24条 3 項、連鎖販売取引：特商40条 1 項、特定継続的役務提供：特商48条 4 項、業務提供誘引販売取引：特商58条 1 項、訪問購入：特商58条の14第 4 項）（齋藤ほか『特定商取引法ハンドブック第 4 版』165頁(2)・248頁①・412頁・508頁・616頁ア、圓山『詳解特定商取引法の理論と実務〔第 2 版〕』226頁(3)・379頁③・487頁(3)・567頁④・666頁(3)）。

エ　業務提供誘引販売取引におけるクーリング・オフの効果

業務提供誘引販売取引におけるクーリング・オフでは、提供される業務のために必要な物品等の売買契約や役務提供契約と業務提供契約の双方に解除の効果が及ぶ（齋藤ほか『特定商取引法ハンドブック第 4 版』615頁）。

(4)　**クーリング・オフ規定の強行規定性**

クーリング・オフの規定は、消費者保護のための強行規定であって、これに反する特約で消費者（申込者等）に不利なものは無効とされる（訪問販売：特商 9 条 8 項、電話勧誘販売：特商24条 8 項、連鎖販売取引：特商40条 4 項、特定継続的役務提供：特商48条 8 項、業務提供誘引販売取引：特商58条 4 項、訪問購入：特商58条の14第 6 項）（齋藤ほか『特定商取引法ハンドブック第 4 版』164頁(6)・248頁⑥・413頁⑥・616頁ウ、圓山『詳解特定商取引法の理論と実務〔第 2 版〕』233頁(8)・379頁・488頁(5)・568頁⑧・666頁(5)）。

2　適用除外

特定商取引法は、26条で訪問販売、通信販売および電話勧誘販売に関する規定の適用除外について、50条で特定継続的役務提供に関する規定の適用除

外について、58条の17で訪問購入に関する規定の適用除外について、それぞれ規定している。

まず、①特定商取引法26条1項は訪問販売、通信販売および電話勧誘販売に関する規定のすべてが適用除外される場合を規定し（『平成21年特定商取引法解説』168頁、中崎『詳説改正割賦販売法』8頁1）、②同条2項は平成20年改正での指定商品・指定役務制の廃止により、原則すべての商品・役務に規制が及ぶことに伴い、一定の役務の提供について、訪問販売および電話勧誘販売における書面交付義務およびクーリング・オフの規定の適用除外について規定し（『平成21年特定商取引法解説』171頁2）、③同条3項・4項は訪問販売および電話勧誘販売についてクーリング・オフの規定の適用が除外されるものについて規定し（『平成21年特定商取引法解説』172頁3・173頁4、中崎『詳説改正割賦販売法』27頁3）、④同条5項は、特定商取引法の訪問販売に対する規制は押し付け販売的なものから消費者を保護することを目的とし、日常生活において支障なく行われている取引にまで規制を及ぼすことは本意ではなく、それらの取引に無用の混乱を生じさせることを避けるべきことなどから、これらの取引を訪問販売についての規定の適用を除外することを規定し（『平成21年特定商取引法解説』176頁5、中崎『詳説改正割賦販売法』29頁4）、⑤同条6項は、電話勧誘販売について前項と同様の趣旨の適用除外を規定し（『平成21年特定商取引法解説』181頁6）、⑥同条7項〜9項は割賦販売法との適用関係について規定している（『平成21年特定商取引法解説』184頁、中崎『詳説改正割賦販売法』30頁5）。

また、①特定商取引法50条1項は特定継続的役務提供に関する規定のすべてが適用除外される場合について規定し（『平成21年特定商取引法解説』304頁）、②同条2項は割賦販売との適用関係を明らかにした規定である（『平成21年特定商取引法解説』305頁）。

そして、①特定商取引法58条の17第1項は、訪問購入に関する規定のすべて（第5章の2）が適用除外される場合を規定し、②同条2項は契約の申込

み等を請求した者および営業所等以外の場所で契約の申込み等をすることが通例で顧客の利益を損なうおそれがない取引形態について業者の氏名等の明示（特商58条の5）および業者の顧客に対する勧誘を受ける意思の確認義務等（特商58条の6第2項・3項）を除く訪問購入に関する規定の適用除外について規定している。

以下、適用除外の主な規定について説明する。

(1) **顧客が営業のためにまたは営業として締結するものの適用除外**[17]

---

*17① 理髪店を営む者への自宅用電話の設置について、越谷簡判平8・1・22消費者法ニュース27号39頁は、自宅で理髪店を営む者が、訪問販売業者の勧誘で、当該業者の指導により契約書上に理髪店の屋号を記載して、多機能電話を設置した契約について、業務用に利用することはほとんどなく自宅用であると認められるときは、「営業のために」する取引には当たらないとした。
② 自動車販売・修理会社への消火器販売について、大阪高判平15・7・30消費者法ニュース57号154頁は、自動車の販売・修理の会社に対して、訪問販売業者が、欺瞞的な勧誘方法により、事務所に設置する消火器を販売した場合に、購入者にとって営業のためもしくは営業として締結するものではない販売または役務の提供は、特定商取引法26条1項1号の適用除外としない趣旨であり、購入者は消火器を営業の対象とする会社ではないから、営業のためもしくは営業として締結したものではないとして、クーリング・オフの適用を認めた（同旨裁判例として、神戸地判平15・3・4金商1178号48頁がある）。
③ 宗教法人の電話リース契約について、広島地判平19・7・20消費者法ニュース74号180頁は、電話機（複合機）のリース契約の料金請求において、被告の寺は営利を目的としない宗教法人であり営業のためまたは営業として取引を行うことは通常あり得ないことなどから、特定商取引法26条1項1号「営業のため又は営業として締結したものに係る」取引には当たらないとし、請求を棄却した。
④ 印刷画工業者の電話リース契約について、名古屋高判平19・11・19判時2010号74頁・判タ1270号433頁は、リース会社は役務提供事業者（特商2条1項1号）に該当し、印刷画工を手作業で1人で行う零細事業者への電話機リース契約は、訪問販売と認められ、目的電話機は印刷画工との関連性・必要性が極めて低く、ユーザーである印刷画工業者の営業のためもしくは営業として締結されたものであるとは認められないとして、クーリング・オフ権行使による契約解除（特商9条）を認め、リース料として支払った金員の不当利得返還請求を認めた。
⑤ 年金生活の社会保険労務士への高機能・多機能電話リース契約について、東京地判平20・7・29判タ1285号295頁は、年金を主な収入として社会保険労務士としての活動はほとんどしていなかった者の自宅兼事務所への内線ボタンが30個ある機能・多機能電話のリース契約は、その者の社会保険労務士としての「営業のために若しくは営業として」締結されたものということはできないとして、クーリング・オフの行使を認め、既払リース料相当額の不当利得返還請求を認めた。

① 訪問販売、通信販売または電話勧誘販売における、売買契約または役務提供契約で、その申込みをした者、購入者または役務受領者が、営業のためにまたは営業として締結するものに係る販売または役務の提供には、特定商取引法の訪問販売の規定（第2章第2節）、通信販売の規定（第2章第3節）、電話勧誘販売の規定（第2章第4節）を適用しない（特商26条1項1号）。

② 特定継続的役務提供で、特定継続的役務提供受領者等が営業のためにまたは営業として締結するものに係る特定継続的役務提供には、特定商取引法の特定継続的役務提供の規定（第4章）を適用しない（特商50条1項1号）。

③ 訪問購入で、顧客が営業のためまたは営業として締結するものに係る訪問購入には、特定商取引法の訪問購入の規定（第5章の2）を適用しない（特商58条の17第1項1号）。

(2) **自動車販売、自動車貸与のクーリング・オフ不適用**

ア 自動車（二輪を除く）販売、自動車貸与（＝自動車リース）のクーリング・オフ不適用

訪問販売または電話勧誘販売に該当する自動車（二輪を除く）販売、自動車貸与（＝自動車リース）には、訪問販売または電話勧誘販売のクーリング・オフの規定（特商9条、24条）を適用しない（特商26条3項1号、特商令6条の2）。

特定商取引施行令6条の2は、「自動車の貸与」を括弧内で「当該貸与を受ける者が道路運送法第80条第1項ただし書の自家用自動車の使用者として当該自動車を使用する場合に限る」と限定を加え、適用除外を自動車の貸与を受ける者が車検証上の「使用者」である場合に限定しているので、これに該当するのは「自動車リース」に限定され、自動車のレンタル（レンタカー）は適用除外となる役務とならない（齋藤ほか『特定商取引法ハンドブック第4版』96頁(ｱ)、圓山『詳解特定商取引法の理論と実務〔第2版〕』208頁）。

イ 法定書面への自動車（二輪を除く）販売、自動車貸与（＝自動車リース）のクーリング・オフ不適用の不記載とクーリング・オフ

訪問販売または電話勧誘販売に該当する自動車（二輪を除く）販売、自動車貸与（＝自動車リース）であるときは、法定書面（訪問販売：特商4条・5条、電話勧誘販売：特商18条・19条）にその旨の記載をしなければならない（訪問販売：特商規6条2項、電話勧誘販売：特商規20条2項）。ただ、この法定書面への訪問販売または電話勧誘販売に該当する自動車（二輪を除く）販売、自動車貸与（＝自動車リース）である旨の記載がされていないときも、クーリング・オフが可能となるわけではないとされている（特定商取引法施行通達第2章第2節七(1)(イ)②）。

(3) 指定消耗品使用・消費のクーリング・オフ不適用

ア 指定消耗品使用・消費のクーリング・オフ不適用

(ア) 訪問販売・電話勧誘販売における指定消耗品使用・消費のクーリング・オフ不適用

訪問販売または電話勧誘販売に該当する指定消耗品の販売において当該商品を使用または消費した場合、訪問販売または電話勧誘販売のクーリング・オフの規定（特商9条、24条）は適用されない（特商26条4項1号、特商令6条の4別表第3）。

(イ) 特定継続的役務提供等契約の解除等に伴う関連商品販売におけるクーリング・オフ不適用

特定継続的役務提供等契約の解除等に伴う関連商品販売におけるクーリング・オフにおいても、一部の政令指定商品を使用または消費した場合には、当該関連商品クーリング・オフ規定（特商48条2項本文）が適用されないとされている（特商48条2項ただし書、特商令14条2項別表第5第1号イ・ロ）（岡口『要件事実マニュアル第4巻（第3版）』53頁）。

イ　クーリング・オフができない消耗品

(ｱ)　訪問販売または電話勧誘販売の場合

　クーリング・オフができないものとして、①動物・植物の加工品（一般の飲食に供されないものに限る）であって、人が摂取するもの（医薬品を除く）、②不織布および幅が13cm以上の織物、③コンドームおよび生理用品、④防虫剤、殺虫剤、防臭剤および脱臭剤（医薬品を除く）、⑤化粧品、毛髪用剤および石けん（医薬品を除く）、浴用剤、合成洗剤、洗浄剤、つや出し剤、ワックス、靴クリーム並びに歯ブラシ、⑥履物、⑦壁紙、⑧配置薬があげられている（特商26条4項1号、特商令6条の4別表第3）。

(ｲ)　特定継続的役務提供等契約の解除等に伴う関連商品販売の場合

　クーリング・オフができないものとして、①動物・植物の加工品（一般の飲食に供されないものに限る）であって、人が摂取するもの（医薬品を除く）、②化粧品、石けん（医薬品を除く）および浴用剤があげられている（特商48条2項ただし書、特商令14条2項別表第5第1号イ・ロ）。

ウ　クーリング・オフができなくなる「使用又は消費」の意味

　指定消耗品の使用・消費とは、単に商品の包装を開いた程度ではなく、顧客自らの行為により当該商品の価値が著しく減少し、回復が困難になったと認められる状態を指す。たとえば、化粧品や洗剤を開封して内容物の一部を現実に使用・消費した場合や、品質保持のために真空パックになっているものや缶詰など密封されていること自体に商品価値がある商品を開封した場合は、使用・消費に当たるが、健康食品の箱や化粧品のセロファンを開封した場合などは、直ちに使用・消費に該当するわけではない（特定商取引法施行通達第2章第5節一(7)(ｲ)）（齋藤ほか『特定商取引法ハンドブック第4版』99頁、圓山『詳解特定商取引法の理論と実務〔第2版〕』210頁(ｲ)）。

　販売員が、契約締結の過程で顧客に商品の使用・消費をさせた場合は、指定消耗品の使用・消費ではなく、クーリング・オフは可能である（特商26条4項1号括弧書・48条2項ただし書括弧書）（特定商取引法施行通達第2章第5節

第 2 節　特定商取引に関する法律（特定商取引法）

一(7)(イ)）（『平成21年特定商取引法解説』175頁・293頁、齋藤ほか『特定商取引法ハンドブック第 4 版』410頁、圓山『詳解特定商取引法の理論と実務〔第 2 版〕』211頁(ウ)）。

エ　クーリング・オフができなくなる範囲

　指定消耗品の「使用又は消費」によりクーリング・オフができなくなるのは、当該指定消耗品の通常販売されている商品の最小単位が基準となる（梶村ほか『全訂版割賦販売法』322頁、齋藤ほか『特定商取引法ハンドブック第 4 版』99頁・410頁、岡口『要件事実マニュアル第 3 巻（第 3 版）』334頁、岡口『要件事実マニュアル第 4 巻（第 3 版）』53頁）。最小単位の商品がいくつかセットで販売され、そのうちの一部を使用または消費してしまったときは、当該使用・消費に係る最小単位部分についてクーリング・オフができなくなるだけで、それ以外の部分についてはクーリング・オフを行うことができる（特定商取引法施行通達第 2 章第 5 節一(7)(ロ)）。

オ　法定書面への指定消耗品を使用・消費した場合にクーリング・オフができないことの記載

　クーリング・オフに関する事項は、法定書面（訪問販売：特商 4 条（申込書面）・5 条（契約書面）、電話勧誘販売：特商18条（申込書面）・19条（契約書面）、特定継続的役務提供等契約の関連商品販売：特商42条 2 項・3 項（契約書面））の必要的記載事項となっており（訪問販売：特商 4 条 5 号・5 条、電話勧誘販売：特商18条 5 号・19条、特定継続的役務提供等契約の関連商品販売：特商42条 2 項 5 号・3 項 5 号）、消耗品の場合は当該法定書面に「使用し又はその全部若しくは一部を消費したときは、クーリング・オフできない」旨記載する必要がある（訪問販売：特商規 6 条 4 項、電話勧誘販売：特商規20条 4 項、特定継続的役務提供等契約の関連商品販売：特商規34条 2 項）。当該法定書面に「クーリング・オフができない」旨の記載がない場合は、当該法定書面受領の日から 8 日間経過した後もクーリング・オフができることになる（『平成21年特定商取引法解説』173頁イ・292頁イ、齋藤ほか『特定商取引法ハンドブック第 4 版』

99頁・409頁・410頁、圓山『詳解特定商取引法の理論と実務〔第 2 版〕』124頁・213頁(オ)・567頁)。

(4) 総額3000円未満の現金取引のクーリング・オフ不適用

ア 総額3000円未満の現金取引のクーリング・オフ不適用

訪問販売または電話勧誘販売において取引された商品・指定権利の代金または役務の対価の総額が3000円未満の現金取引のときは、クーリング・オフができない（特商26条 4 項 3 号、特商令 7 条）（齋藤ほか『特定商取引法ハンドブック第 4 版』101頁、圓山『詳解特定商取引法の理論と実務〔第 2 版〕』214頁(6)）。

イ 履行の完了

現金取引となるためには、事業者の履行（商品の引渡し、権利の移転、役務の提供）の全部が契約締結時に完了している必要がある。また、事業者の代金・役務の受領も、契約締結時に完了している必要があり、クレジットカードやデビットカードによる決済は受領が完了しているとはいえない（デビットカード決済では直ちに行われるのは顧客の口座からの引き落としのみであり、販売業者の口座への入金は直ちにはなされない）（圓山『詳解特定商取引法の理論と実務〔第 2 版〕』214頁(ア)）。

ウ 法定書面へのクーリング・オフができない旨の不記載

総額が3000円未満の現金取引でクーリング・オフができないこととするときは、法定書面（訪問販売：特商 4 条・ 5 条、電話勧誘販売：特商18条・19条）にその旨の記載をしなければならない（訪問販売：特商規 6 条 5 項、電話勧誘販売：特商規20条 5 項）。その記載がない場合、クーリング・オフが可能となるわけではないとされている（特定商取引法施行通達第 2 章第 2 節七(1)(イ)②)）。

第 2 訪問販売

1 訪問販売の定義

(1) 訪問販売の定義（特商 2 条 1 項）

訪問販売の定義は、特定商取引法 2 条 1 項に規定されている。訪問販売の

基本的な要件は、以下のとおりである（齋藤ほか『特定商取引法ハンドブック第4版』120頁1、圓山『詳解特定商取引法の理論と実務〔第2版〕』32頁1）。

〔当　事　者〕　販売業者または役務提供事業者が購入者等（顧客または購入者もしくは役務の提供を受ける者（特商6条1項7号参照））に対し
〔契　約　場　所〕　営業所等以外の場所において
　　　　　　　　特定顧客（営業所以外の場所において呼び止めて営業所等に同行させた者等（特商2条1項2号））に対しては営業所等において
〔指定対象物〕　商品・指定権利・役務に関して
〔行　　　為〕　申込みを受け、または契約を締結して行う取引
〔適　用　除　外〕　特定商取引法26条の適用除外規定に該当しないこと

(2)　営業所等

「営業所等」とは、以下のものと定められている（特商規1条）（齋藤ほか『特定商取引法ハンドブック第4版』123頁(3)、圓山『詳解特定商取引法の理論と実務〔第2版〕』34頁(1)）。

ア　営業所
イ　代理店
ウ　露店・屋台店その他これらに類する店

たとえば、バスやトラックに物品を陳列し、消費者が自由に商品を選択できる状況において販売を行うものは、外見上何を販売しているかが明確であれば、「その他これに類する店」に該当する（特定商取引法施行通達第2章第1節一(2)）。業者が認めた消費者だけが入れるバスやテントは、誰でも自由に出入りできる店とはいえず、販売員が取り出す商品だけをもっぱら販売される状況では、商品を自由に手に取って選択できる店とはいえない（齋藤ほか『特定商取引法ハンドブック第4版』125頁、圓山『詳解特定商取引法の理論と実務〔第2版〕』35頁）。

エ　その他一定の期間にわたり、商品を陳列し、当該商品を販売する場所であって、店舗に類するもの

(ｱ)　要　件

このエの要件について、通達は、①最低2、3日以上の期間にわたって、②商品の陳列をし、消費者が自由に商品を選択できる状況の下で、③展示場等販売のための固定的施設を備えている場所で販売を行うものをいうとしている（特定商取引法施行通達第2章第1節一(3)）（齋藤ほか『特定商取引法ハンドブック第4版』127頁(a)、「消費者関係法執務資料（改訂版）」237頁20、圓山『詳解特定商取引法の理論と実務〔第2版〕』36頁(ｴ)）*18。

(ｲ)　消費者が自由意思で契約締結を断ることが客観的に見て困難な状況での販売

販売員が取り囲む等消費者が自由意思で契約締結を断ることが客観的に見て困難な状況の下で行われているときには、消費者が自由に商品を選択できる状況にあるとはいえず、上記(ｱ)②の要件を欠くことになる（特定商取引法施行通達第2章第1節一(3)）（齋藤ほか『特定商取引法ハンドブック第4版』127頁・128頁、圓山ほか「詳解特定商取引法の理論と実務〔第2版〕」36頁～38頁）*19。

(ｳ)　催眠商法（SF商法）

催眠商法（SF商法）は、その販売態様（最初に無料の商品や低廉な商品を来場者に供給し、その後雰囲気の高まったところで販売業者の売り込もうとする商

---

*18①　大阪地判平6・3・9判タ892号247頁は、料理旅館での3日間にわたる着物等の展示販売会における和装用品の販売が、営業所における販売であるとして訪問販売に当たらないとし、クーリング・オフの効力を否定した。

②　名古屋地判平16・11・19判時1917号117頁は、4日間にわたりホテルの会議室で商品を陳列して販売する展示会は「営業所等」に該当するとして、クーリング・オフを認めなかった。

*19　東京地判平20・3・28判タ1276号323頁は、ホテル等での和服等の展示会での売買について、形式的には店舗に類する場所において販売がされたものということができるが、購入者は、販売員に迎えに来てもらい、販売員が展示会場に同行し、食事の提供も受けた後に商品を選んで購入したものであり、購入者が自由に商品を選べる状態ではなかったとみるべきであるとして、店舗に類する場所に当たることを否定して、クーリング・オフを認めた。

品を展示して商品説明を行い、その商品を販売させる方法等)からみて、販売商品を最初から陳列し、来場者に自由に選択させる通常の展示販売とは著しく相違し、店舗に類する場所の要件に該当しないのが通例であるので、このような状態で販売を行う限りにおいては特定商取引法の適用を受ける(特定商取引法施行通達第2章第1節一(5))(齋藤ほか『特定商取引法ハンドブック第4版』128頁(b)、圓山『詳解特定商取引法の理論と実務〔第2版〕』38頁(オ))。

オ 自動販売機その他の設備であって、当該設備により売買契約または役務提供契約の締結が行われるものが設置されている場所

平成20年改正に伴い追加されたものである。指定商品制が廃止され、従来適用対象外であった自動販売機での商品等の購入、自動車道路入口での券売機の利用、コインロッカーの利用、郵便差出箱の利用などが特定商取引法の対象となりうるが、これらは、販売業者等による勧誘が行われることなく、購入者等の意思表示により手続が開始され、店舗販売に近い形態なので、これらの設備が設置されている場所を「営業所等」の範囲に含ませ、訪問販売の規制がかからないようにした(特定商取引法施行通達第2章第1節一(4))(圓山『詳解特定商取引法の理論と実務〔第2版〕』43頁(キ))。

(3) 特定の誘引方法による顧客(特定顧客)

以下のア〜ウの3類型の誘引方法による顧客(特定顧客)(特商2条1項2号)については、営業所における取引であっても、訪問販売に該当する(特商2条1項2号、特商令1条)(禁止行為としてのキャッチ・セールスおよびアポイントメント・セールスの要件は、より限定されている(特商6条4項、特商令3条の2))(齋藤ほか『特定商取引法ハンドブック第4版』129頁(4)、圓山『詳解特定商取引法の理論と実務〔第2版〕』44頁(2))。

ア 同行型販売(キャッチ・セールス)

営業所以外の場所において呼び止めて営業所等に同行させた者と、営業所等で契約をした場合をいう(特商2条1項2号)。

キャッチ・セールスは、最初に販売目的を告げたか否かは問わない(圓山

『詳解特定商取引法の理論と実務〔第2版〕』44頁)。

　店舗販売業者が店舗の前で行う呼び込みは、同行させる行為が欠けており、対象とならない（特定商取引法施行通達第2章第1節一(6)）。ただ、営業所前の路上であっても、当該営業所等が出入り自由な店舗ではなく外部から遮断された部屋である場合やビルの2階以上または地下の場所である場合などは、異なった場所に同行したと評価し、特定顧客に含めるべきである（齋藤ほか『特定商取引法ハンドブック第4版』130頁、圓山『詳解特定商取引法の理論と実務〔第2版〕』44頁)。

イ　販売目的隠匿型呼出販売（販売目的隠匿型アポイントメント・セールス）

　売買・役務提供契約締結の勧誘をする目的を告げずに営業所等への来訪を要請することである（特商令1条1号)。

　勧誘の方法としては、①電話、②郵便、③信書便、④電報、⑤ファクシミリ、⑥電磁的方法（電子メール等）、⑦ビラ・パンフレットの配布、⑧拡声器での呼びかけ、⑨住居訪問がある（特商令1条1号）。

　売買・役務提供契約締結の勧誘をする目的を告げずにとは、たとえば「あなたは選ばれたので〇×を取りに来てください」と告げる場合や、本来の販売目的たる商品等以外のものを告げて呼び出す場合が該当することになる（特定商取引法施行通達第2章第1節一(7)）。

　通達では、「勧誘の対象となる商品等について、自らがそれを扱う販売業者であることを告げたからといって、必ずしも当該商品について勧誘する意図は告げたと解されるわけではない。例えば、こうした場合であっても、『見るだけでいいから。』と告げるなど販売意図を否定しているときや、着物の着付け教室と同会場で着物の即売会が行われている場合において、実際には着物を購入しなければ講習自体も受けられないにもかかわらず、着物着付け教室のみの参加が可能であるように表示するなどしているときには、当該商品について勧誘する意図を告げたことにはならない」としている（特定商取引法施行通達第2章第1節一(7)）。

呼び出す場所は、「事業者の営業所」または「その他特定の場所」である（特商令1条1号）。

ウ 有利条件告知型呼出販売（有利条件告知型アポイントメント・セールス）

他の者に比して著しく有利な条件で売買・役務提供契約を締結できる旨告げて営業所等への来訪を要請することである（特商令1条2号）。

勧誘の方法としては、①電話、②郵便、③信書便、④電報、⑤ファクシミリ、⑥電磁的方法（電子メール等）、⑦住居訪問がある（特商令1条2号）。

たとえば、「あなたは特に選ばれたので非常に安く買える」等のセールストークを用いる場合はその真偽にかかわらず、この類型に該当する（特定商取引法施行通達第2章第1節一(7)）。

当該要請の日以前に当該販売または役務提供の事業に関して取引があった者に対して要請をする場合（特別割引セール等）は除かれる（特商令1条2号括弧書）。

2 訪問販売における書面の交付（法定書面交付義務）

(1) 法定書面交付義務等

ア 法定書面交付義務

販売業者または役務提供事業者は、訪問販売により契約の申込みを受けたときはその内容を記載した申込書面を交付する義務を（特商4条）、契約を締結したときは契約書面を交付する義務を（特商5条）、それぞれ負う。当該法定書面が交付されないときは、購入者等はいつでもクーリング・オフを行使できる（齋藤ほか『特定商取引法ハンドブック第4版』138頁1、圓山『詳解特定商取引法の理論と実務〔第2版〕』101頁）。

イ 申込みと同時に契約締結に至ったときの法定書面交付義務

申込みと同時に契約締結に至ったときは、申込書面ではなく、契約書面を直ちに交付する義務のみを負う（特商4条柱書ただし書）（齋藤ほか『特定商取引法ハンドブック第4版』139頁）。

ウ　営業所等で特定顧客以外の者から申込みを受けて後日営業所等以外の場所で契約を締結した場合

　営業所等で特定顧客以外の者から申込みを受け、後日営業所等以外の場所で契約を締結した場合、販売業者または役務提供事業者は、申込段階が訪問販売に該当しないことから、契約書面の交付義務を負わない（特商5条1項1号括弧書）（齋藤ほか『特定商取引法ハンドブック第4版』140頁）。

　(2)　訪問販売における法定書面の一覧性

　1枚の書面に法定事項のすべてを記載することが望ましい。商品等を複数契約し、その単価、数量、引渡時期等が多岐にわたって1枚に書ききれないような場合は、「別紙明細書による」「別紙鑑定書による」「別紙会員規約第○条による」等と、補充する書面の該当個所を明示して、その補充書面と明細書を一体的に交付する必要がある（特定商取引法施行通達第2章第2節三(2)(ハ)）（圓山『詳解特定商取引法の理論と実務〔第2版〕』103頁(3)）。

　(3)　訪問販売における法定書面の交付時期

　ア　訪問販売における申込書面の交付時期

　申込書面は、申込みを受けた時に直ちに交付しなければならない（特商4条柱書）。「直ちに」とは、購入者等がその契約の申込み行為をしたその場でということである（特定商取引法施行通達第2章第2節三(3)）（齋藤ほか『特定商取引法ハンドブック第4版』139頁、圓山『詳解特定商取引法の理論と実務〔第2版〕』104頁）。

　イ　訪問販売における契約書面の交付時期

　これに対し、契約書面は、申込み時に契約を締結した際に直ちに交付し、申込み後に事業者の承諾を要する場合には遅滞なく交付しなければならない（特商5条1項柱書）。「遅滞なく」とは、3日〜4日とされている（特定商取引法施行通達第2章第2節三(3)）（齋藤ほか『特定商取引法ハンドブック第4版』139頁・140頁、圓山『詳解特定商取引法の理論と実務〔第2版〕』104頁・105頁）[20]。

(4) 訪問販売における法定書面の記載事項

ア 訪問販売における法定書面の記載事項一覧

訪問販売における法定書面の記載事項について、記載事項と根拠条文をまとめると、［表5］のようになる（齋藤ほか『特定商取引法ハンドブック第4版』141頁［表3‐1］、圓山『詳解特定商取引法の理論と実務〔第2版〕』106頁〔表8〕）。

［表5］ 訪問販売における法定書面の記載事項一覧

記載事項	根拠条文	
	申込書面、契約書面（申込書面：特商4条、契約書面：特商5条1項（4条))	現金取引における契約書面（特商5条2項）
販売業者または役務提供事業者の氏名または名称、住所および電話番号並びに法人にあっては代表者の氏名	特商4条6号（5条1項）、特商規3条1号	特商5条2項、特商規4条1号
売買契約または役務提供契約の申込みまたは締結を担当した者の氏名	特商4条6号（5条1項）、特商規3条2号	特商5条2項、特商規4条2号
売買契約または役務提供契約の申込みまたは締結の日	特商4条6号（5条1項）、特商規3条3号	特商5条2項、特商規4条3号
商品名および商品の商標または製造者名	特商4条6号（5条1項）、特商規3条4号	特商5条2項、特商規4条4号

＊20 大阪地判平12・3・6消費者法ニュース45号69頁・国民生活2001年4月号55頁は、契約締結後約2カ月してダイヤの保証書・鑑定書を交付したことについて、遅滞なく契約書面を交付したに当たらないとした。

商品に型式があるときはその型式	特商4条6号（5条1項）、特商規3条5号	特商5条2項、特商規4条5号
商品の数量	特商4条6号（5条1項）、特商規3条6号	特商5条2項、特商規4条6号
商品もしくは権利または役務の種類	特商4条1号（5条1項）	特商5条2項（4条1号）
商品もしくは権利の販売価格または役務の対価 商品もしくは権利の代金または役務の対価の支払時期および方法	特商4条2号（5条1項） 特商4条3号（5条1項）	特商5条2項（4条2号）
商品の引渡時期もしくは権利の移転時期または役務の提供時期	特商4条4号（5条1項）	
クーリング・オフに関する事項	特商4条5号（5条1項）、特商規6条	特商5条2項（4条5号）、特商規6条
商品に隠れた瑕疵がある場合の販売業者の責任についての定めがあるときは、その内容	特商4条6号（5条1項）、特商規3条7号	特商5条2項、特商規4条7号
契約の解除に関する定めがあるときは、その内容	特商4条6号（5条1項）、特商規3条8号	特商5条2項、特商規4条8号
特約があるときは、その内容	特商4条6号（5条1項）、特商規3条9号	特商5条2項、特商規4条9号

イ　販売業者・役務提供事業者の氏名・名称等〜加盟店と取次店

販売業者・役務提供事業者の氏名・名称等（申込書面・契約書面：特商4条6号（5条1項）、特商規3条1号、現金取引における契約書面：特商5条2項、

特商規4条1号)については、クレジット契約における「加盟店」と違う「取次店」が訪問販売をした場合、当該取次店が、実際の勧誘を実行する者で、顧客の直接の相手方であり、特定商取引法の行為規制を直接に受ける事業者といえる。他方、取次店に販売を委託している加盟店が、販売責任等を負うことになる。そのため、このような場合は、「販売業者・役務提供事業者」には、加盟店、取次店の双方が該当し、クレジット契約書面の記載欄に、双方を併記しなければ、販売業者等を記載したことにはならないと解すべきである(圓山『詳解特定商取引法の理論と実務〔第2版〕』119頁(エ))。

ウ 商品名および商品の商標または製造者名

商品名および商品の商標または製造者名(申込書面・契約書面:特商4条6号(5条1項)、特商規3条4号、現金取引における契約書面:特商5条2項、特商規4条4号)については、たとえば、学習教材の訪問販売で、家庭教師派遣の話も加えた場合、契約書の商品名欄に「サポートシステム」と記載されても、これが学習教材を指すのか家庭教師派遣を指すのか明確でないので、「学習教材『サポートシステム』」と記載しないと契約内容を開示したことにはならない。また、エステティックサロンのキャッチセールスで「美顔コース」と記載されサービス契約と思ったところ美顔化粧品の売買契約であったということもあり、この場合は「化粧品セット『美顔コース』」と記載すべきである(圓山『詳解特定商取引法の理論と実務〔第2版〕』109頁(2))。

「商品名」と「商標」が同一である場合は、「商標又は製造者名」を併せて記載する必要はない(特定商取引法施行通達第2章第2節三(2)(ハ))(圓山『詳解特定商取引法の理論と実務〔第2版〕』109頁)。

エ 商品の型式

商品の型式(申込書面・契約書面:特商4条6号(5条1項)、特商規3条5号、現金取引における契約書面:特商5条2項、特商規4条5号)とは、型式・型番などをいう(圓山『詳解特定商取引法の理論と実務〔第2版〕』109頁)。

「化粧品一式」との記載では特定されたとはいえず、「乳液○○○200mℓ」

「ジェル○○150g」等と種類ごとに一覧表示する必要がある（圓山『詳解特定商取引法の理論と実務〔第 2 版〕』112頁①）。

オ　商品の数量

　商品の数量（申込書面・契約書面：特商 4 条 6 号（5 条 1 項）、特商規 3 条 6 号、現金取引における契約書面：特商 5 条 2 項、特商規 4 条 6 号）については、「一式」「1 セット」等と記載しただけでは、客観的に判断できる数量を記載したことにはならない。数種類の商品・役務・権利をセット販売した場合は、その品目ごとに数量を具体的に記載する必要がある（東京地判平 5・8・30判タ844号252頁）（齋藤ほか『特定商取引法ハンドブック第 4 版』144頁オ）。

カ　商品もしくは権利または役務の種類

　商品もしくは権利または役務の種類（申込書面・契約書面：特商 4 条 1 号（5 条 1 項）、現金取引における契約書面：特商 5 条 2 項（4 条 1 号））については、役務の種類において、「増改築工事一式」等との記載は許されず、工事個所を示す平面図と見積図を添付しなければ特定をしたとはいえないであろう（齋藤ほか『特定商取引法ハンドブック第 4 版』144頁、圓山『詳解特定商取引法の理論と実務〔第 2 版〕』108頁・112頁⑤）。

キ　商品もしくは権利の販売価格または役務の対価

　商品もしくは権利の販売価格または役務の対価（申込書面・契約書面：特商 4 条 2 号（5 条 1 項）、現金取引における契約書面：特商 5 条 2 項（4 条 2 号））については、数種の商品・権利・役務を組み合わせてセット販売するときは、それぞれの代金等の内訳および合計を記載する必要がある（齋藤ほか『特定商取引法ハンドブック第 4 版』145頁、圓山『詳解特定商取引法の理論と実務〔第 2 版〕』113頁(ｱ)）。

　継続的サービス提供、レンタル・リース契約、継続的売買等の継続的契約の場合は、料金単価に加えて契約期間の料金総額を記載する必要があると思われる（圓山『詳解特定商取引法の理論と実務〔第 2 版〕』114頁）。

ク　商品もしくは権利の代金または役務の対価の支払いの時期および方法

　商品もしくは権利の代金または役務の対価の支払いの時期および方法（申込書面・契約書面：特商4条3号（5条1項））における「支払方法」とは、持参・集金・振込、現金・クレジット等の別を記載することであり、分割して代金等を受領する契約の場合は、各回ごとの受領金額、受領回数が含まれる（特定商取引法施行通達第2章第2節三(2)(ロ)）。クレジットの場合、信販会社名も必要である（齋藤ほか『特定商取引法ハンドブック第4版』145頁）。

　訪問販売でクレジット等を利用して、割賦販売法が適用になる場合（個別信用購入あっせんにあたる場合）は、支払総額、割賦金額、支払時期、回数等も併せて記載する必要がある（割販35条の3の8第2号・3号参照）（圓山『詳解特定商取引法の理論と実務〔第2版〕』116頁）。

ケ　商品の引渡時期もしくは権利の移転時期または役務の提供時期

　商品の引渡時期もしくは権利の移転時期または役務の提供時期（申込書面・契約書面：特商4条4号（5条1項））については、「商品の引渡時期」や「役務の提供時期」が複数回にわたる契約の場合、その回数や時期が明確になるように、具体的に記載しなければならない。たとえば、エステティックや英会話教室などの継続的役務取引においては、予約制か固定制か、利用時間ないし有効期間なども明らかにしなければならない（齋藤ほか『特定商取引法ハンドブック第4版』147頁イ、圓山『詳解特定商取引法の理論と実務〔第2版〕』116頁(3)）。工事の請負契約では、着工日と完工日を記載する必要があると考えられる（圓山『詳解特定商取引法の理論と実務〔第2版〕』116頁・117頁）。

　クレジット申込書の標準書式には「商品の引渡時期」等の記入欄が設けられていないものが多いため、訪問販売業者がクレジット申込書のみを交付した場合、商品の引渡時期等の記載事項が欠落するおそれがある（齋藤ほか『特定商取引法ハンドブック第4版』147頁、圓山『詳解特定商取引法の理論と実務〔第2版〕』117頁）。

コ　クーリング・オフの要件および効果

クーリング・オフの要件および効果（申込書面・契約書面：特商4条5号（5条1項）、特商規6条、現金取引における契約書面：特商5条2項（4条5号）、特商規6条）については、以下の(ア)〜(ウ)の事項を記載しなければならない。

(ア)　クーリング・オフの要件および効果についての記載

書面受領日から8日間は書面により売買契約もしくは役務提供契約の申込みの撤回またはその売買契約もしくは役務提供契約の解除ができること（特商9条1項）、その効力は書面を発した日に発生すること（特商9条2項）、申込みの撤回等に伴う損害賠償または違約金を請求することができないこと（特商9条3項）、商品等の引渡しがされているときは当該商品の返還等に関する費用は販売業者の負担とすること（特商9条4項）、すでに役務提供契約に基づく役務の提供または権利の行使による施設利用等がされても役務の対価・権利の行使により得られた利益等に相当する金銭の支払請求をすることができないこと（特商9条5項）、商品等の既払金は速やかに返還すること（特商9条6項）、工作物の原状が変更されたときは原状回復の措置を無償ですること（特商9条7項）などを、赤枠・赤字・8ポイント以上の活字で記載しなければならない（特商規5条2項・3項・6条6項）（齋藤ほか『特定商取引法ハンドブック第4版』148頁ア、圓山『詳解特定商取引法の理論と実務〔第2版〕』122頁(1)）。

(イ)　不実告知または威迫困惑行為によりクーリング・オフが行われなかった場合の記載

不実告知または威迫困惑行為によりクーリング・オフが行われなかった場合（特商9条1項ただし書括弧書）は、あらためて法定書面を交付して8日間を経過するまではクーリング・オフが可能である旨も記載しなければならない（特商規6条1項別表一ロ）。

(ｳ)　クーリング・オフの適用除外についての記載

　クーリング・オフが適用除外となる、①自動車（二輪を除く）販売・自動車貸与（＝自動車リース）（特商26条3項1号、特商令6条の2）、②指定消耗品の使用・消費（特商26条4項1号、特商令6条の4別表第3）、③代金・対価総額3000円未満の現金取引（特商26条4項3号、特商令7条）等についての記載（特商規6条2項〜5項）もしなければならない。

　サ　商品に隠れた瑕疵がある場合の販売業者の責任についての定めがあるときは、その内容

　商品に隠れた瑕疵がある場合の販売業者の責任についての定め（特約）があるときは、その内容（申込書面・契約書面：特商4条6号（5条1項）、特商規3条7号、現金取引における契約書面：特商5条2項、特商規4条7号）について、記載しなければならない。この特約は、販売業者が瑕疵担保責任を負わない旨定められていないことが必要である（特商規5条1項表一）。販売業者がこれに違反して瑕疵担保責任を負わない旨の特約を定めたとしても、消費者契約法8条（事業者の損害賠償の責任を免除する条項の無効）により無効となると解される（齋藤ほか『特定商取引法ハンドブック第4版』149頁）。

　シ　契約の解除に関する定めがあるときは、その内容

　契約の解除に関する定めがあるときは、その内容（申込書面・契約書面：特商4条6号（5条1項）、特商規3条8号、現金取引における契約書面：特商5条2項、特商規4条8号）について、記載しなければならない。

　これについては、購入者または役務受領者からの解除ができない旨が定められていないことが必要であり、また、販売業者または役務提供事業者の責めに帰すべき事由により契約が解除された場合における販売業者または役務提供事業者の義務に関し、民法に規定するものより購入者または役務受領者に不利な内容が定められていないことが必要である（特商規5条1項表二）。

　ス　特約があるときは、その内容

　特約があるときは、その内容（申込書面・契約書面：特商4条6号（5条1

項)、特商規3条9号、現金取引における契約書面：特商5条2項、特商規4条9号）について、記載しなければならない。

　これについては、法令に違反する特約が定められていないことが必要である（特商規5条1項表三）。

(5) 訪問販売における法定書面不交付・不備書面とその効果

ア　法定書面不交付によるクーリング・オフの行使期間制限に関する起算日の不開始

　法定書面が交付されない場合、クーリング・オフの行使期間制限に関する始期の起算日（特商9条1項ただし書）が開始しないことから、申込者等はいつでもクーリング・オフを行使することができる（齋藤ほか『特定商取引法ハンドブック第4版』151頁・157頁）。

　この場合の法定書面交付の主張立証責任は、販売業者または役務提供事業者側にある（齋藤ほか『特定商取引法ハンドブック第4版』151頁・157頁(イ)）（第1・1(2)ウ(ア)（113頁）参照）。

イ　不備書面とその効果

　交付された書面に法定書面の記載事項の一部が欠落している場合（不備書面）や虚偽の記載がある場合（虚偽書面）についても、原則として書面不交付と同様に、クーリング・オフの権利行使の期間制限の始期が開始しないものと扱われる（齋藤ほか『特定商取引法ハンドブック第4版』157頁）（第1・1(2)ウ(ウ)（114頁）参照）。

3　訪問販売における過量販売契約の解除等（特商9条の2）

(1) 訪問販売における過量販売契約の解除等の規定の新設

　平成20年改正法で、訪問販売における過量販売契約の解除等に関する規定が設けられた（特商9条の2）。

　訪問販売により個別クレジット契約を締結し、当該個別クレジット契約（個別信用購入あっせん関係受領契約（割販35条の3第1項参照））の解除等

およびそれと同時またはその後に販売契約等の解除等をしたときは、割賦販売法の規定（割販35条の3の12）により、購入者等、販売業者等および個別信用購入あっせん業者の三者間の清算がなされることになる（それらの手続等およびその他の過量販売契約の解除等については、第1章第1節第5（36頁）参照）。

(2) 過量販売契約の解除等の要件

ア 訪問販売により

訪問販売によることが要件となる（『平成21年特定商取引法解説』89頁、齋藤ほか『特定商取引法ハンドブック第4版』203頁）。この訪問販売には、キャッチ・セールス（営業所等以外の場所で呼び止めて営業所等に同行させること（同行型販売）（特商2条1項2号））およびアポイントメント・セールス（商品販売等の勧誘であることを告げずに営業所等への来訪を要請すること（目的隠避型呼出販売）および他の者に比して著しく有利な条件で購入できる旨告げて営業所等への来訪を要請すること（有利条件型呼出販売）（特商2条1項2号、特商令1条））を含む（齋藤ほか『特定商取引法ハンドブック第4版』203頁）。

イ 通常必要とされる分量を著しく超える

(ｱ) 販売業者等の側の主観的事情および与信業者（個別クレジット業者）の過量販売であることの認識

過量販売契約の解除等において、販売業者等の側の主観的事情が問題となる場合がある（下記(ｳ)(ｴ)）が、すべての場合（特商9条の2第1項1号・2号）（下記(ｲ)～(ｴ)）において、与信業者（個別クレジット業者）側が過量販売に当たることを知っていたことあるいは知らなかったことに過失があることは要件とならない（日弁連『改正特商法・割販法の解説』102頁・103頁、後藤ほか『割賦販売法』303頁）。

(ｲ) 一度で過量と判断される場合

一度で過量と判断される場合（特商9条の2第1項1号）は、過量の要件に当てはまればすべて解除等できる（日弁連『改正特商法・割販法の解説』104

頁)。

　ここでは、過量という客観的要件のみで解除等ができることになる（後藤ほか『割賦販売法』299頁・300頁・301頁）。

　(ウ)　過去の販売契約等の累積から過量販売となる場合

　過去の販売契約等の累積から過量販売となる場合（特商9条の2第1項2号前段）は、販売業者等が当該契約により過量となることを知りながら行った販売契約等・与信契約（個別クレジット契約）（個別信用購入あっせん関係受領契約（割販35条の3の3第1項参照））が解除等の対象となる（日弁連『改正特商法・割販法の解説』104頁、齋藤ほか『特定商取引法ハンドブック第4版』204頁）[21]。

　(エ)　過去の販売契約等の累積からすでに過量となっている場合

　過去の販売契約等の累積からすでに過量となっている場合（特商9条の2第1項2号後段）は、販売業者等がそのことを知りながら行われた販売契約等・与信契約（個別クレジット契約）（個別信用購入あっせん関係受領契約（割販35条の3の3第1項参照））が解除等の対象となる（日弁連『改正特商法・割販法の解説』104頁、齋藤ほか『特定商取引法ハンドブック第4版』204頁）。

　ウ　販売契約の締結を必要とする特別の事情

　購入者等に、その契約を結ぶ特別の事情があった場合は、取消しができないとされているが（特商9条の2第1項柱書ただし書）、この特別の事情があったことは業者が立証する必要がある（『平成21年特定商取引法解説』90頁、齋藤ほか『特定商取引法ハンドブック第4版』204頁・716頁・717頁、中崎『詳解改正割賦販売法』24頁(Ⅳ)、日弁連『改正特商法・割販法の解説』105頁）。

　エ　1年以内の行使

　過量販売契約の解除等については、売買契約・役務提供契約締結の時から

---

[21]　解除の対象となる契約は、契約締結時から1年以内のものである（特商9条の2第2項）が、過量性を判断する対象となる過去の契約は1年間に限られない（後藤ほか『割賦販売法』305頁、齋藤ほか『特定商取引法ハンドブック第4版』204頁・205頁・720頁）。

1年以内に行使しなければならない（特商9条の2第2項）。この1年の期間は、除斥期間である（『平成21年特定商取引法解説』90頁2、中崎『詳説改正割賦販売法』25頁・425頁、齋藤ほか『特定商取引法ハンドブック第4版』720頁）。

(3) 過量販売契約の解除等の効果

過量販売契約の解除等の効果は、クーリング・オフの発信主義の規定（特商9条2項）は準用されていないので（特商9条の2第3項参照）、民法の原則に戻り（民97条）、解除等の意思表示が到達したときに生ずることになる（中崎『詳説改正割賦販売法』25頁(5)）。

(4) 売買契約の解除等が行われたときの処理

売買契約の解除等が行われたときは、以下の①～⑤のように処理される。

① 販売業者等は、契約解除等に伴う損害賠償・違約金の請求をすることができない（特商9条の2第3項（9条3項の準用））。

② 契約解除等に伴う商品返還等の費用は、販売業者等の負担となる（特商9条の2第3項（9条4項の準用））。

③ 販売業者等は、商品使用等による利益相当額を、購入者等に対し、請求することができない（特商9条の2第3項（9条5項の準用））。

④ 販売業者等は、契約の解除等があったときは、購入者等に対し、受け取った金銭を返還しなければならない（特商9条の2第3項（9条6項の準用））。

⑤ 役務受領者等は、役務提供契約等の解除等があった場合において、役務提供等に伴う土地・建物その他の工作物の現状が変更されたときは、役務提供事業者等に対し、その原状回復に必要な措置を無償で講ずることを請求することができる（特商9条の2第3項（9条7項の準用））。

(5) 過量販売契約の解除等の規定の強行法規性

購入者等と販売業者等の間において、過量販売契約の解除等の規定（特商9条の2第1項・2項・3項（9条3項～7項））に反する特約であって購入者等に不利なものは、無効とされる（特商9条の2第3項（9条8項の準用））。

4 訪問販売における不実告知・重要事項故意不告知による販売契約等の取消し（特商9条の3）

(1) 不実告知・重要事項故意不告知による販売契約等の取消しの制度

　訪問販売においては、不実告知・重要事項故意不告知があった場合に、購入者等の契約の申込みや承諾の意思表示を取り消すことができる（特商9条の3）（平成16年改正法により新設された（『平成21年特定商取引法解説』91頁、「消費者関係法執務資料（改訂版）」227頁2））。

　また、平成20年改正法により、訪問販売業者等が、与信契約（クレジット契約）（個別信用購入あっせん関係受領契約（割販35条の3の3第1項参照））の勧誘を行う際に、支払総額・支払回数等のクレジット契約内容の不実告知や、商品の品質・性能等の販売契約に関する重要事項等についての故意による不告知など不適正な勧誘を行い、購入者等に誤認が生じた場合には、販売契約等を取り消し（特商9条の3）、与信契約（クレジット契約）の取消しもできるとされた（割販35条の3の13（訪問販売・電話勧誘販売）・35条の3の14（特定連鎖販売個人契約）・35条の3の15（特定継続的役務提供等契約）・35条の3の16（業務提供誘引販売個人契約））。不実告知・重要事項故意不告知による販売契約等および与信契約等の取消しの制度については、第1章第1節第6（42頁）を参照されたい。

(2) 不実告知・重要事項故意不告知による販売契約等の取消しの要件
ア　販売契約等の取消しの要件

　訪問販売における不実告知・重要事項故意不告知による販売契約等の取消しの要件は、以下の①～③のとおりである（特商9条の3第1項）（齋藤ほか『特定商取引法ハンドブック第4版』206頁(2)）。

① 訪問販売に係る売買契約または役務提供契約の締結について勧誘するに際し、

②a　販売業者または役務提供事業者が特定商取引法6条1項（特商規6条の2）に定める禁止行為に違反して不実のことを告げ、申込者等が

告げられた内容が事実であると誤認し、

または、

　b　販売業者または役務提供事業者が特定商取引法6条2項（特商6条1項1号〜5号、特商規6条の2）に定める故意に事実を告げない行為をし、申込者等が当該事実が存在しないものと誤信し、

③　上記②の勧誘行為と申込者等の誤認との間に因果関係があること

イ　各要件の内容

(ｱ)　「不実のことを告げる行為」

「不実のことを告げる行為」とは、事実と異なることを相手方に伝える行為であり、客観的に事実と相違する事項を告げる行為があればそれに該当し、販売業者等のその事項が虚偽であることの認識や顧客を誤認させようとする故意は必要ではない（特定商取引法等施行通達第2章第2節四(1)(ﾛ)）（齋藤ほか『特定商取引法ハンドブック第4版』207頁）。

(ｲ)　「故意に事実を告げない行為」

「故意に事実を告げない行為」における「故意」とは、通達上、販売業者等において、告げない事実が購入者等にとって不利益となるものであることを知っていることおよび当該事実を購入者等が認識していないことを知っていることをいうとされている（特定商取引法等施行通達第2章第2節九(1)(ﾎ)(四(2)))[22]。

(ｳ)　不実告知・重要事項故意不告知の対象

　　a　不実告知・重要事項故意不告知の対象となる事実

不実告知・重要事項故意不告知の対象となる事実は、特定商取引法6条1項各号に定められている。そのうちの6号・7号に定められている「販売契

---

[22]　齋藤ほか『特定商取引法ハンドブック第4版』181頁は、不告知の対象事項を1号から5号までの事項に限定していることに照らしても、商品の品質や効果や契約条件について不利益となるべき事実が存在することの認識があれば足り、消費者が不利益となるべき事実を認識していない（誤認している）ことに関する認識（故意）まで存在することは必要でないと解すべきであるとする。

約等の締結を必要とする事情に関する事項」（6号）および「販売契約等に関する事項であって、購入者等の判断に影響を及ぼすこととなる重要なもの」（7号）は、不実告知のみの対象となる事実である（特商9条の3第1項各号）。

通達は、特定商取引法6条1項各号に該当することとして、以下のことをあげる（［表6］参照）（特定商取引法等施行通達第2章第2節四(1)(イ)～(ト)）。

[表6]　不実告知・重要事項故意不告知の対象となる事実（特商6条1項各号）

不実告知・重要事実故意不告知の対象となる事項	具体的な事例
「商品の種類及びその性能若しくは品質又は権利若しくは役務の種類及びこれらの内容その他これらに類するものとして主務省令で定める事項」（特商6条1項1号）（特商規6条の2）　①商品の効能、②商品の商標または製造者名、③商品の販売数量、④商品の必要数量、⑤役務または権利に係る役務の効果	「食事制限をしなくとも1カ月服用し続ければ5キロ痩せる」と健康食品を販売するなどセールストークに用いられるように効能が実際には認められないのに効能があると告げること等不実告知に該当
「商品若しくは権利の代金又は役務の対価」（特商6条1項2号）	①「今だけ特別キャンペーン価格」と言いながら実際にはそれが通常価格であるような場合、②「よそでは高くつくが、うちなら低価格でできる」と言いながら、実際にはそういった価格差は存在しない場合
「当該売買契約若しくは当該役務提供契約の申込みの撤回又は当該	①クーリング・オフの期間が特商5条書面等受領の日から8日間認められているのに、4

売買契約若しくは当該役務提供契約の解除に関する事項」(特商6条1項5号)	日間と告げること、②クーリング・オフを申し出た顧客に対して「個人的な都合によるクーリング・オフは認められません」「違約金を支払ってもらう。これは法律で決まっている」「申し込んだ以上すでに資材の手配をしているので撤回はできない」「ミシンの梱包を開いているので解除できない」「名前をコンピューターに登録してしまったので解除できない」と告げることが不実告知に該当
「顧客が当該売買契約又は当該役務提供契約の締結を必要とする事情に関する事項」(特商6条1項6号)	①（住宅リフォームの勧誘において）「床下が腐っていてこのままでは家が倒れてしまう。床下換気扇の設置が必要」「屋根が一部壊れている。このままにしておくと雨漏りをする」、②（給湯器の販売勧誘において）「不具合が発生していて、このまま使用し続けると発火して火事になるかもしれない」、③（消火器の販売勧誘において）「法律上1年おきに詰め替えの義務がある」、④（ステンレス鍋の販売勧誘において）「アルミ鍋は有害である」、⑤（ガス漏れ警報器の販売勧誘において）「経済産業省が設置するように決めた」等と告げる行為が不実告知に該当
「前各号に掲げるもののほか、当該売買契約又は当該役務提供契約に関する事項であって、顧客又は購入者若しくは役務の提供を受ける者の判断に影響を及ぼすこととなる重要なもの」(特商6条1項7号)	①販売したマンションの管理会社と契約をしている業者であるかのように告げること、②「ご近所はみんなやっている」と告げて排水管の清掃等の勧誘を行うこと

第2章　消費者保護法

　　　b　「契約の締結を必要とする事情」と「購入者等の判断に影響を及ぼす重要事項」

　契約の締結を必要とする事情に関する事項とは、契約の動機にかかわるものであるが、契約の給付それ自体や給付の目的物（商品、権利または役務）それ自体を必要とする事情は広く含まれるが、契約の給付それ自体や目的物とは直接つながらない契約締結の必要性や契約の給付の目的物や契約対象の有益性・有利性についての事情は「契約の締結を必要とする事情」ではなく「購入者等の判断に影響を及ぼす重要事項」の問題となると考えられる（齋藤ほか『特定商取引法ハンドブック第4版』726頁）。

　したがって、「シロアリにやられているから消毒が必要だ」として薬剤散布の契約を勧誘することや、「法律上設置が義務づけられた」として消火器を販売する場合や、「水道水が汚染されているので対策が必要」として浄水器を販売するように、積極的に契約の目的物を購入者等が利用したり使用することが必要であると告げる場合は「契約の締結を必要とする事情」ということができる（齋藤ほか『特定商取引法ハンドブック第4版』726頁）。

　　(エ)　因果関係

　購入者等が意思表示を取り消すことができるのは、「販売業者等の違反行為」と「購入者等が誤認したこと」および「購入者等が誤認したこと」と「購入者等が意思表示」をしたことの間の双方に因果関係が認められる必要があるが、販売業者等の違反行為の事実があれば、この2つの因果関係は、通常、事実上推定されると解される（特定商取引法等施行通達第2章第2節九(1)(ロ)）（齋藤ほか『特定商取引法ハンドブック第4版』208頁）。

　(3)　取消しの効果、取消し後の処理

　販売契約等が特定商取引法9条の3により取り消された場合には、以下の①〜③のように処理される。

　　①　代金の支払いがなされていたり商品等の引渡しがなされている場合には、それらは不当利得となり、販売業者等は購入者等からの既払金の返

152

還義務を負い（民703条）、購入者等は、受領した商品等の返還義務を負うことになる（民703条）（齋藤ほか『特定商取引法ハンドブック第4版』209頁）。

　なお、販売業者または役務提供事業者が、禁止行為違反であることを知りながら勧誘し、顧客に代金等を支払わせた場合は、これらの業者は「悪意の受益者」に該当し、契約が特定商取引法9条の3により取り消されたときは、顧客から受領した代金等に受領のときからの利息を付して返還する義務がある（民704条）（齋藤ほか『特定商取引法ハンドブック第4版』209頁）。

② この売買契約等の申込み等の意思表示の取消しの効果は、善意の第三者に対抗することができない（特商9条の3第2項）。

③ この取消権は、追認をすることができるときから6カ月の消滅時効、契約締結時から5年の除斥期間にかかる（特商9条の3第4項）（齋藤ほか『特定商取引法ハンドブック第4版』209頁）。

5 訪問販売における契約の解除等に伴う損害賠償等の額の制限（特商10条）

(1) 損害賠償等の額の制限の内容

ア　契約が解除された場合

訪問販売により締結された契約が解除されたときは、損害賠償額の予定または違約金の定めがある場合においても、以下の額とこれに対する法定利率による遅延損害金を加算した額を超えて請求することはできない（特商10条1項）（齋藤ほか『特定商取引法ハンドブック第4版』200頁ア、圓山『詳解特定商取引法の理論と実務〔第2版〕』275頁2）。

　(ア)　商品・権利が返還された場合

その商品等の通常の使用料の額、または商品の販売価格から返還時の評価額を控除した額、のいずれか高い額（特商10条1項1号）（齋藤ほか『特定商取引法ハンドブック第4版』200頁）

通常の使用料とは、業界の平均的な賃貸料の額が基準とされる（齋藤ほか『特定商取引法ハンドブック第4版』200頁）。

　(ｲ)　商品・権利が返還されない場合

　その商品等の販売価格に相当する額（特商10条1項2号）（齋藤ほか『特定商取引法ハンドブック第4版』200頁）

　分割払いの場合、支払総額がこれに当たる（齋藤ほか『特定商取引法ハンドブック第4版』200頁）。

　(ｳ)　役務提供開始後に解除された場合

　提供された役務の対価に相当する額（特商10条1項3号）（齋藤ほか『特定商取引法ハンドブック第4版』200頁）

　(ｴ)　商品引渡しもしくは権利移転または役務提供の前に解除された場合

　契約締結のために通常要する費用の額（特商10条1項4号）。書面作成費、印紙税等がこれに当たる（齋藤ほか『特定商取引法ハンドブック第4版』200頁）。

　イ　契約が解除されない場合

　顧客が代金支払義務を遅滞して、契約が解除されない場合でも、業者は、顧客に対し、残代金等とこれに対する法定利率（年6％）による遅延損害金を加算した金額を超えて請求することはできない（特商10条2項）（齋藤ほか『特定商取引法ハンドブック第4版』200頁イ、圓山『詳解特定商取引法の理論と実務〔第2版〕』278頁3）。

　(2)　適用範囲

　ア　契約が解除されたとき

　契約が解除されたときとは、購入者等の債務不履行による場合のほか、委任・請負・寄託など継続的契約における将来に向かって契約を終了させる解約権の行使も含まれ、契約上の約定解除権を行使する場合を含む（齋藤ほか『特定商取引法ハンドブック第4版』201頁）。

イ 合意解除の場合

特定商取引法10条1項は法定・約定解約等についての規定であり、合意により契約の解除がなされた場合は、本項は適用されないとされている（特定商取引法等施行通達第2章第2節一〇(5)）（齋藤ほか『特定商取引法ハンドブック第4版』201頁イ）。

(3) 損害賠償等の額の制限規定の趣旨

上記特定商取引法10条の損害賠償等の額の制限は、原則として自由に定められる民法の原則（民420条（賠償額の予定））を修正したものであるから、これに反して、購入者等に不利な特約を定めても無効と解される（齋藤ほか『特定商取引法ハンドブック第4版』200頁）。

6 訪問販売における適用除外（特商26条）

訪問販売に関する規定が適用されないものについては、特定商取引法26条に規定されている。

(1) 訪問販売に関する規定が全面的に適用されないもの（特商26条1項）

訪問販売に関する規定が全面的に適用されない販売または役務の提供として、主なものとして、顧客が営業のためにまたは営業として締結するもの（第1・2(1)（125頁）参照）がある。

(2) クーリング・オフの規定のみ適用除外とするもの（特商26条3項・4項、特商令6条の2）

クーリング・オフの規定のみ適用除外とするものとして、以下の①〜③がある。

① 自動車（二輪を除く）販売、自動車貸与（＝自動車リース）（第1・2(2)（125頁）参照）（齋藤ほか『特定商取引ハンドブック第4版』96頁(ｱ)）

② 指定消耗品の使用・消費（第1・2(3)（127頁）参照）（齋藤ほか『特定商取引ハンドブック第4版』98頁(ｳ)）

③ 総額3000円未満の現金取引（第1・2(4)（130頁）参照）（齋藤ほか『特

定商取引ハンドブック第4版』101頁(オ))

第3 通信販売

1 通信販売における返品等

(1) 通信販売の広告と通信販売における返品等

平成20年改正法では、購入者等は、販売業者が通信販売の広告において、返品を受け付けないなどの返品特約に関する記載を行った場合を除き、商品の引渡し等を受けた日から8日を経過するまでは、返品送料等購入者等負担で、当該売買契約の解除等をすることができるとした（特商15条の2）。

(2) 返品期間の計算方法

この8日間は、商品等を受け取った日から起算される（特商15条の2第1項本文）（『平成21年特定商取引法解説』131頁、齋藤ほか『特定商取引法ハンドブック第4版』329頁）。

(3) 返品の対象

返品の対象となるのは、商品および指定権利である（特商15条の2）。提供した役務の返還は観念できないので、対象となっていない（『平成21年特定商取引法解説』131頁、齋藤ほか『特定商取引法ハンドブック第4版』328頁・329頁）。

(4) 返品特約の表示

返品特約の表示は、消費者にとって見やすい箇所において明瞭に判読できるように表示する方法その他消費者にとって容易に認識できるように表示しなければならない（特商規9条3号・16条の2）（特定商取引法等施行通達第2章第3節八(3)別添5「通信販売における返品特約の表示についてのガイドライン」）。

上記要件が満たされない場合（重要事項の表示に漏れがあるとき、消費者が返品特約を容易に認識できないとき）は、事業者は返品特約を適法に表示していないと評価され、消費者は契約解除をすることができる（圓山『詳解特定商取引法の理論と実務〔第2版〕』317頁）。

(5) 商品引渡し・指定権利移転がされている場合の引取り・返還費用

契約が解除されれば、商品の引渡し等や代金の支払いがすでになされている場合、原状回復として、商品の返還等や代金の返金が行われるが、その引取りまたは返還に要する費用は、購入者の負担とされている（特商15条の2第2項）（圓山『詳解特定商取引法の理論と実務〔第2版〕』317頁・318頁・346頁・347頁）。これは、民法485条（弁済費用の債務者負担）と同じ趣旨を確認的に規定したものと考えられる（圓山『詳解特定商取引法の理論と実務〔第2版〕』318頁）。

第4 電話勧誘販売

1 電話勧誘販売の定義（特商2条3項）

電話勧誘販売とは、①販売業者または役務提供事業者が、電話をかけまたは政令で定める方法で電話をかけさせ、②その電話によって行う売買契約または役務提供契約の締結についての勧誘（電話勧誘行為）により、③その相手方（電話勧誘顧客）から当該売買契約・役務提供契約の申込みを郵便等により受け、または電話勧誘顧客と当該売買契約・役務提供契約を郵便等により締結して行う、④商品・指定権利の販売または役務の提供である（特商2条3項）（齋藤ほか『特定商取引法ハンドブック第4版』223頁1、圓山『詳解特定商取引法の理論と実務〔第2版〕』352頁1）。

2 電話をかけまたは政令で定める方法で電話をかけさせること

(1) 電話をかけること

電話勧誘販売における「電話をかけ」とは、電話回線を通じて相手と通話できる状態にすることであり、「通話」には、人間の肉声に限らず、声を録音しておいたものを伝送したり、コンピュータ等で作成した人工音声や合成音声を用いる場合も含まれる（特定商取引法施行通達第2章第1節一(9)(イ)）（齋藤ほか『特定商取引法ハンドブック第4版』224頁、圓山『詳解特定商取引法の理

論と実務〔第 2 版〕』352頁）。

(2) 政令で定める方法により電話をかけさせること

政令で定める以下の①②の場合には、顧客から電話をかけた場合でも、電話勧誘販売に含めることにしている（特商令 2 条）（齋藤ほか『特定商取引法ハンドブック第 4 版』224頁ア、圓山『詳解特定商取引法の理論と実務〔第 2 版〕』354頁(2)・356頁(3)）。

① 電話、郵便、信書便、電報、ファクシミリ装置を用いて送信する方法もしくは電磁的方法により、またはビラもしくはパンフレットを配布して、当該売買契約または役務提供契約の締結について勧誘をするためのものであることを告げずに電話をかけることを要請すること（販売目的隠秘の場合）

② 電話、郵便、信書便、電報、ファクシミリ装置を用いて送信する方法または電磁的方法により、他の者に比して著しく有利な条件で当該売買契約または役務提供契約を締結することができる旨を告げ、電話をかけることを要請すること（当該要請の日前に当該販売または役務提供の事業に関して取引のあった者に対して要請する場合を除く）（有利条件販売告知の場合）

3 電話勧誘販売における書面の交付（法定書面交付義務）（特商18条・19条）

(1) 電話勧誘販売における申込書面の交付義務（特商18条）

ア 申込書面の交付義務

販売業者または役務提供事業者が「申込みの内容を記載した書面」（申込書面）を交付する義務を負うのは、電話勧誘行為により電話勧誘顧客から郵便等（特商 2 条 2 項、特商規 2 条）によって契約の申込みを受けた場合である（特商18条柱書本文）。ただ、その申込みを受けた際に契約締結をした場合には、この申込書面を交付する義務はなく（特商18条柱書ただし書）、この場合は、契約書面（特商19条）の交付義務を負う。

イ　事前に送付された書面と申込書面

　特定商取引法の要求する申込書面の交付は、契約の申込みを受けた場合に行うべきものであり、事前に送付されたダイレクトメール等の記載が、たとえ特定商取引法の要求する申込書面としての記載事項の要件を満たしていたとしても、これらの書面の送付が申込書面の交付と認められることはない（齋藤ほか『特定商取引法ハンドブック第4版』235頁・236頁）。

ウ　電話勧誘販売における申込書面の交付時期

　申込書面の交付時期は、訪問販売では申込受付後「直ちに」となっている（特商4条柱書本文）が、電話勧誘販売では「遅滞なく」とされている（特商18条柱書本文）。

　この場合の「遅滞なく」とは、郵便等で申込みを受け付けて、その場で申込書面を作成し、直ちに申込みの相手方に送付して到着するまでの期間と考えるべきであるから、通常2日～4日以内と解される（特定商取引法施行通達第2章第4節三(3)）（齋藤ほか『特定商取引法ハンドブック第4版』236頁、圓山『詳解特定商取引法の理論と実務〔第2版〕』366頁(2)）。

エ　電話勧誘販売における申込書面の記載事項

　(ｱ)　申込書面の記載事項

　申込書面の記載事項は、特定商取引法18条各号および特定商取引法施行規則17条に定められている。

　(ｲ)　申込書面の記載事項の記載方法

　申込書面の記載事項の記載に用いる文字および数字の大きさは、日本工業規格Z8305に規定する8ポイント以上の大きさでなければならず（特商規19条3項）、書面の内容を十分に読むべき旨を赤枠の中に赤字で記載しなければならない（特商規19条2項）。

(2)　電話勧誘販売における契約書面の交付義務（特商19条）

ア　契約書面の交付義務

　販売業者または役務提供事業者は、以下の①②のいずれかの場合に該当す

るときは、売買契約または役務提供契約の内容を明らかにした書面（契約書面）を、購入者または役務受領者に交付しなければならない（特商19条）（齋藤ほか『特定商取引法ハンドブック第4版』237頁・238頁）。

① 電話勧誘行為がなされ、その結果、電話勧誘顧客との間で、郵便等（特商2条2項、特商規2条）により契約締結をした場合（特商19条1項1号）

② 電話勧誘行為がなされ、その結果、電話勧誘顧客から郵便等（特商2条2項、特商規2条）により契約の申込みがなされ、その申込みを販売業者または役務提供事業者が承諾して契約を締結した場合（特商19条1項2号）

上記②には、業者の承諾の意思表示が郵便等以外の方法（たとえば、訪問して対面で契約締結をする方法など）によって、契約を締結する場合も含まれる（齋藤ほか『特定商取引法ハンドブック第4版』238頁）。

イ　電話勧誘販売における契約書面の交付時期

契約書面は、契約を締結したときから、「遅滞なく」交付しなければならない（特商19条1項柱書）。契約を締結した際に業者側の履行と代金の支払いが完了した場合に交付すべき契約書面は、「直ちに」交付しなければならない（特商19条2項）（齋藤ほか『特定商取引法ハンドブック第4版』238頁(イ)）。

ウ　電話勧誘販売における契約書面の記載事項

契約書面の記載事項は、特定商取引法19条1項柱書が同法18条各号の事項を準用しているので、申込書面とほぼ同様である。ただし、同法18条5号のクーリング・オフに関する事項については、契約書面の交付であるので、記載する必要はない（特商19条1項柱書括弧書）（齋藤ほか『特定商取引法ハンドブック第4版』239頁(ウ)）。

(3) 電話勧誘販売における法定書面不交付・不備書面とその効果

法定書面の交付（受領）が、クーリング・オフの始期とされていることから、法定書面の交付がない限り、原則としていつでもクーリング・オフが可

能である。また、記載に不備のある書面や内容の不完全な書面が交付されても、クーリング・オフ権行使の前提としての契約内容等の正確な告知がなされていないことになるし、業者の遵守すべき義務を果たしていないことになるので、やはり、クーリング・オフの始期は開始しないと解される（齋藤ほか『特定商取引法ハンドブック第4版』240頁(イ)・686頁(ア)・688頁(ウ)）。

4　電話勧誘販売における不実告知・重要事項故意不告知による販売契約等の取消し（特商24条の2）

(1)　不実告知・重要事項故意不告知による販売契約等の取消しの制度

電話勧誘販売において、申込者等は、以下の場合に、契約の申込みや承諾の意思表示を取り消すことができる（特商法24条の2）（平成16年改正法により新設された（「消費者関係法執務資料（改訂版）」227頁2））。

また、平成20年改正法により、販売業者等が、与信契約（クレジット契約）（個別信用購入あっせん関係受領契約（割販35条の3の3第1項参照））の勧誘を行う際に、支払総額・支払回数等のクレジット契約内容の不実告知や、商品の品質・性能等の販売契約に関する重要事項等についての故意による不告知など不適正な勧誘を行い、購入者等に誤認が生じた場合には、販売契約等を取消し（特商24条の2）、与信契約（クレジット契約）の取消しもできるとされた（割販35条の3の13（訪問販売・電話勧誘販売）・35条の3の14（特定連鎖販売個人契約）・35条の3の15（特定継続的役務提供等契約）・35条の3の16（業務提供誘引販売個人契約））。不実告知・重要事項故意不告知による販売契約等および与信契約等の取消しの制度については、第1章第1節第6（42頁）を参照されたい。

(2)　不実告知・重要事項故意不告知による販売契約等の取消しの要件

ア　販売契約等取消しの要件

電話勧誘販売における不実告知・重要事項故意不告知による販売契約等の取消しの要件は、以下の①～③のとおりである（特商24条の2第1項）（齋藤ほか『特定商取引法ハンドブック第4版』261頁(1)）。

161

① 電話勧誘販売に係る売買契約または役務提供契約の締結について勧誘するに際し、

② a 販売業者または役務提供事業者が特定商取引法21条1項各号（1号（特商規22条の2）～7号）に定める禁止行為に違反して不実のことを告げる行為をし、申込者等が、当該告げられた内容が事実であると誤認をし、

または、

b 販売業者または役務提供事業者が特定商取引法21条2項に違反して同条1項1号（特商規22条の2）～5号までに掲げる事項について故意に事実を告げない行為をし、申込者等が、当該事実が存在しないと誤認し、

③ それによって、申込者等が、当該売買契約もしくは当該役務提供契約の申込みまたはその承諾の意思表示をしたとき（因果関係）

イ 各要件の内容

(ア) 「不実のことを告げる行為」

「不実のことを告げる行為」とは、事実と異なることを相手方に伝える行為であり、客観的に事実と相違する事項を告げる行為があればそれに該当し、販売業者等のその事項が虚偽であることの認識や顧客を誤認させようとする故意は必要ではない（特定商取引法等施行通達第2章第4節九(3)（第2節四(1)(ロ)））。

(イ) 「故意に事実を告げない行為」

「故意に事実を告げない行為」における「故意」とは、通達上、販売業者等において、告げない事実が購入者等にとって不利益となるものであることを知っていることおよび当該事実を購入者等が認識していないことを知っていることをいうとされている（特定商取引法等施行通達第2章第4節九(5)（四(2)））[23]。

㈦　不実告知・重要事項故意不告知の対象
　　a　不実告知・重要事項故意不告知の対象となる事実

　不実告知・重要事項故意不告知の対象となる事実は、特定商取引法21条1項各号に定められている。そのうちの6号・7号に定められている「販売契約等の締結を必要とする事情に関する事項」（6号）および「販売契約等に関する事項であって、購入者等の判断に影響を及ぼすこととなる重要なもの」（7号）は、不実告知のみの対象となる事実である（特商24条の2第1項各号）。

　訪問販売における禁止行為である特定商取引法6条1項各号に該当することについて、第2・4(2)イ㈦a（149頁）を参照されたい。

　　b　「契約の締結を必要とする事情」と「購入者等の判断に影響を及ぼす重要事項」

　契約の締結を必要とする事情に関する事項とは、契約の動機にかかわるものであるが、契約の給付それ自体や給付の目的物（商品、権利または役務）それ自体を必要とする事情は広く含まれるが、契約の給付それ自体や目的物とは直接つながらない契約締結の必要性や契約の給付の目的物や契約対象の有益性・有利性についての事情は「契約の締結を必要とする事情」ではなく「購入者等の判断に影響を及ぼす重要事項」の問題となると考えられる（齋藤ほか『特定商取引法ハンドブック第4版』726頁）。

　したがって、「シロアリにやられているから消毒が必要だ」として薬剤散布の契約を勧誘することや、「法律上設置が義務づけられた」として消火器を販売する場合や、「水道水が汚染されているので対策が必要」として浄水器を販売するように、積極的に契約の目的物を購入者等が利用したり使用することが必要であると告げる場合は「契約の締結を必要とする事情」という

＊23　齋藤ほか『特定商取引法ハンドブック第4版』256頁は、事業者において特定商取引法21条1項1号から5号の事実を顧客が認識していないことを知っていることまでは必要ないと解すべきであるとする（第2・4(2)イ㈣＊22（149頁）参照）。

ことができる（齋藤ほか『特定商取引法ハンドブック第4版』726頁）。

　㈒　因果関係

　購入者等が意思表示を取り消すことができるのは、「販売業者等の違反行為」と「購入者等が誤認したこと」および「購入者等が誤認したこと」と「購入者等が意思表示」をしたことの間の双方に因果関係が認められる必要があるが、販売業者等の違反行為の事実があれば、この2つの因果関係は、通常、事実上推定されると解される（特定商取引法等施行通達第2章第4節九(2)（第2節九(1)㈡））（齋藤ほか『特定商取引法ハンドブック第4版』262頁）。

　⑶　**取消しの効果、取消し後の処理**

　販売契約等が特定商取引法24条の2により取り消された場合には、以下の①～③のように処理される。

　①　代金の支払いがなされていたり商品等の引渡しがなされている場合には、それらは不当利得となり、販売業者等は購入者等からの既払金の返還義務を負い（民703条）、購入者等は、受領した商品等の返還義務を負うことになる（民703条）（齋藤ほか『特定商取引法ハンドブック第4版』263頁）。

　　なお、販売業者または役務提供事業者が、禁止行為違反であることを知りながら勧誘し、顧客に代金等を支払わせた場合は、これらの業者は「悪意の受益者」に該当し、契約が特定商取引法24条の2により取り消されたときは、顧客から受領した代金等に受領のときからの利息を付して返還する義務がある（民704条）（齋藤ほか『特定商取引法ハンドブック第4版』263頁）。

　②　この売買契約等の申込み等の意思表示の取消しの効果は、善意の第三者に対抗することができない（特商24条の2第2項（9条の3第2項））。

　③　この取消権は、追認をすることができるときから6カ月の消滅時効、契約締結時から5年の除斥期間にかかる（特商24条の2第2項（9条の3第4項））（齋藤ほか『特定商取引法ハンドブック第4版』263頁(4)）。

5　電話勧誘販売における契約の解除等に伴う損害賠償等の額の制限（特商25条）

(1)　損害賠償等の額の制限の対象となるもの

ア　売買契約・役務提供契約が解除された場合（特商25条1項）

(ｱ)　売買契約・役務提供契約が解除された場合に損害賠償等の額の制限の対象となるもの

売買契約・役務提供契約が解除された場合に損害賠償等の額の制限の対象となるのは、以下の①②の特定商取引法19条1項各号の一つに該当する売買契約または役務提供契約をした場合である（特商25条1項柱書）（齋藤ほか『特定商取引法ハンドブック第4版』249頁・250頁）。

①　電話勧誘行為がなされ、その結果、電話勧誘顧客との間で、郵便等（特商2条2項、特商規2条）により契約締結をした場合（特商19条1項1号）

②　電話勧誘行為がなされ、その結果、電話勧誘顧客から郵便等（特商2条2項、特商規2条）により契約の申込みがなされ、その申込みを販売業者または役務提供事業者が承諾して契約を締結した場合（特商19条1項2号）

(ｲ)　「その売買契約又は役務提供契約が解除されたとき」に該当するもの

損害賠償等の額の制限の要件である「その売買契約又は役務提供契約が解除されたとき」（特商25条1項柱書）とは、契約上に解除権が留保されている場合である約定解除の場合だけではなく、民法540条から543条の規定に基づく法定解除の場合も含まれる。クーリング・オフによる解除の場合は、特定商取引法24条3項で、販売業者または役務提供事業者は、損害賠償または違約金の支払いを請求することができないので、同法25条の損害賠償等の額の制限の規定の適用はない（齋藤ほか『特定商取引法ハンドブック第4版』250頁）。

解除の理由となる債務不履行が購入者等の側にあり、かつ、解除がなされ

ていない場合は、特定商取引法25条2項が規定しているので、同条1項は、当事者に契約の性質上解除権がある場合、契約上解除権が留保されている場合、および購入者等に債務不履行があることを理由にして法定解除された場合を規定したものといえる（齋藤ほか『特定商取引法ハンドブック第4版』250頁）。

販売業者または役務提供事業者に債務不履行があって購入者等が法定解除（民541条〜543条）をした場合、業者側が購入者等に対して負担する損害賠償については、特定商取引法25条1項の制限はなく、同項より重い約定がある場合には業者側は購入者等に対しその約定どおりの賠償義務を負う（齋藤ほか『特定商取引法ハンドブック第4版』250頁）。

　　㈦　合意解除の取扱い

通達は、特定商取引法25条1項の「解除」は「約定解除」の場合を指し、「合意解除」の場合は含まないが、「合意解除」の場合は、同項に準じて取り扱うように指示している（特定商取引法施行通達第2章第4節㈠（第2節㈠(5)））（齋藤ほか『特定商取引法ハンドブック第4版』250頁）。

　イ　消費者に債務不履行があり契約が解除されていない場合（特商25条2項）

　　㈦　消費者に債務不履行があり契約が解除されていない場合に損害賠償等の額の制限の対象となるもの

消費者に債務不履行があり契約が解除されていない場合に損害賠償等の額の制限の対象となるのは、販売業者または役務提供事業者が、以下の①②の特定商取引法19条1項各号の一つに該当する売買契約または役務提供契約をした場合において、その売買契約についての代金または役務提供契約についての対価の全部または一部の支払義務の履行されない場合で、売買契約または役務提供契約が解除されていない場合である（特商25条2項）（齋藤ほか『特定商取引法ハンドブック第4版』250頁・251頁）。

　　①　電話勧誘行為がなされ、その結果、電話勧誘顧客との間で、郵便等（特商2条2項、特商規2条）により契約締結をした場合（特商19条1項1

166

② 電話勧誘行為がなされ、その結果、電話勧誘顧客から郵便等（特商2条2項、特商規2条）により契約の申込みがなされ、その申込みを販売業者または役務提供事業者が承諾して契約を締結した場合（特商19条1項2号）

(イ)　「その売買契約についての代金又は役務提供契約についての対価の全部又は一部の支払義務の履行されない場合」の意味

「その売買契約についての代金又は役務提供契約についての対価の全部又は一部の支払義務の履行されない場合」とは、購入者等の側に債務不履行責任がある場合である（齋藤ほか『特定商取引法ハンドブック第4版』251頁）。

(2) 損害賠償等の額の制限の内容

ア　購入者の側の債務不履行等により契約が解除された場合（特商25条1項）

購入者等の側の債務不履行等により契約が解除された場合には、契約上で損害賠償の予定（民420条1項・2項）または違約金の定め（民420条3項）がなされていたとしても、販売業者または役務提供事業者は、購入者等に対し、以下の①～④の賠償額およびこれに対する法定利率による遅延損害金の額を加算した金額を超える金銭の支払いを請求することはできない（特商25条1項）（齋藤ほか『特定商取引法ハンドブック第4版』251頁、圓山『詳解特定商取引法の理論と実務〔第2版〕』387頁〔表24〕）。

① 商品または権利が返還された場合（特商25条1項1号）

当該商品の通常の使用料の額または当該権利の行使により通常得られる利益に相当する額（当該商品または当該権利の販売価格に相当する額から当該商品または当該権利の返還された時における価額を控除した額が通常の使用料の額または当該権利の行使により通常得られる利益に相当する額を超えるときは、その額）

② 商品または権利が返還されない場合（特商25条1項2号）

当該商品または当該権利の販売価格に相当する額

③ 役務提供契約の解除が当該役務の提供の開始後である場合（特商25条1項3号）

提供された当該役務の対価に相当する額

④ 契約の解除が商品の引渡しもしくは権利の移転または役務の提供の開始前である場合（特商25条1項4号）

契約の締結および履行のために通常要する費用

イ 購入者等の側に債務不履行等があり契約が解除されていない場合（特商25条2項）

購入者等の側に債務不履行等があり契約が解除されていない場合には、契約上で損害賠償の予定（民420条1項・2項）または違約金の定め（民420条3項）がなされていたとしても、販売業者または役務提供事業者は、顧客に対し、商品や権利の販売価格または役務の対価に相当する額から、顧客がすでに支払った金額を控除した額に、法定利率による遅延損害金の額を加算した金額を超える額の金銭の支払いを顧客に請求することはできない（特商25条2項）（齋藤ほか『特定商取引法ハンドブック第4版』252頁イ、圓山『詳解特定商取引法の理論と実務〔第2版〕』387頁(2)）。

6 電話勧誘販売における適用除外（特商26条）

電話勧誘販売に関する規定が適用されないものについては、特定商取引法26条に規定されている。

(1) 電話勧誘販売に関する規定が全面的に適用されないもの（特商26条1項）

電話勧誘販売に関する規定が全面的に適用されない販売または役務の提供として、主なものとして、顧客が営業のためにまたは営業として締結するもの（第1・2(1)（125頁）参照）がある。

(2) クーリング・オフの規定のみ適用除外とするもの（特商26条3項・4項、特商令6条の2）

クーリング・オフの規定のみ適用除外とするものとして、以下の①〜③が

ある。

① 自動車（二輪を除く）販売、自動車貸与（＝自動車リース）（第1・2(2)（125頁）参照）（齋藤ほか『特定商取引ハンドブック第4版』96頁(ｱ)）

② 指定消耗品の使用・消費（第1・2(3)（127頁）参照）（齋藤ほか『特定商取引ハンドブック第4版』98頁(ｳ)）

③ 総額3000円未満の現金取引（第1・2(4)（130頁）参照）（齋藤ほか『特定商取引ハンドブック第4版』101頁(ｵ)）

第5　連鎖販売取引

1　連鎖販売取引の定義（特商33条1項）

連鎖販売取引の定義は、特定商取引法33条1項に規定されている（圓山『詳解特定商取引法の理論と実務〔第2版〕』421頁(1)）。

なお、特定負担についての2万円以下という基準が設けられていたが、平成12年法律第120号による改正特定商取引法（平成13年6月1日施行）により同基準は廃止され、何らかの金銭的負担があるものはすべて規制の対象となった（「消費者関係法執務資料（改訂版）」214頁2）。

2　連鎖販売取引における書面の交付（法定書面交付義務）（特商37条）

(1)　連鎖販売取引における法定書面交付義務

連鎖販売取引において、連鎖販売業を行う者は、店舗等によらないで行う個人である連鎖販売取引に伴う特定負担をしようとする者に対し、特定負担について契約をしようとする時に、契約締結時までに連鎖販売業の概要を記載した書面（概要書面）を交付する義務を負う（特商37条1項）。また、連鎖販売業を行う者は、連鎖販売契約を締結した場合において、その相手方が連鎖販売業に係る商品の販売等店舗等によらないで行う個人であるときは、遅滞なく、連鎖販売契約の内容を明らかにする書面（契約書面）を交付する義務を負う（特商37条2項）（齋藤ほか『特定商取引法ハンドブック第4版』501

頁)。

(2) 連鎖販売取引における契約書面の交付義務

ア 「遅滞なく」の意味

契約書面は、連鎖販売取引についての契約を締結した場合に、「遅滞なく」交付する必要がある(特商37条2項)が、「遅滞なく」とは、通常3日～4日以内をいうが、契約締結後できるだけ早い時期が望ましい(『平成21年特定商取引法解説』227頁)(齋藤ほか『特定商取引法ハンドブック第4版』504頁は遅くとも2、3日以内程度とする)。

イ 概要書面で契約書面の記載内容をすべて記載した書面を交付した場合

概要書面(特商37条1項)の段階で契約書面の記載内容をすべて記載した書面を交付しても、契約書面は別に交付しなければならない(特定商取引法施行通達第3章九(2))(『平成21年特定商取引法解説』227頁、齋藤ほか『特定商取引法ハンドブック第4版』504頁、圓山『詳解特定商取引法の理論と実務〔第2版〕』465頁)[*24]。

ウ クーリング・オフの起算点

契約書面の交付(特商37条2項)は、特定商取引法40条のクーリング・オフの起算点となる(特商40条1項前段)(齋藤ほか『特定商取引法ハンドブック第4版』504頁)。

エ 連鎖販売取引における法定書面の記載事項

(ア) 連鎖販売取引における概要書面の記載事項

概要書面(特商37条1項)の記載事項は、特定商取引法施行規則28条に定められている(齋藤ほか『特定商取引法ハンドブック第4版』502頁〔表7-12〕、圓山『詳解特定商取引法の理論と実務〔第2版〕』465頁(4)・467頁〔表37〕)。

[*24] 京都地判平19・1・26最高裁HPは、連鎖販売契約(無店舗個人との契約)における契約書面の契約者への交付(特商37条2項)について、契約締結前に契約内容を明らかにする書面が交付されたとしても、それにより、クーリング・オフ(特商40条1項)は制限されないというべきであるとした。

(ｲ)　連鎖販売取引における契約書面の記載事項

契約書面（特商37条2項）の記載事項については、特定商取引法37条2項、同法施行規則29条・30条に定められている（齋藤ほか『特定商取引法ハンドブック第4版』502頁［表7-12］、圓山『詳解特定商取引法の理論と実務〔第2版〕』465頁(4)・467頁〔表37〕）。

3　連鎖販売取引における中途解約権等（特商40条の2）

(1)　連鎖販売取引における中途解約権等

連鎖販売取引においては、クーリング・オフ期間経過後も、一定範囲で中途解約権等が認められる（特商40条の2）（平成16年改正法により新設された（「消費者関係法執務資料（改訂版）」228頁3））。

(2)　連鎖販売取引における解約権の概要

特定商取引法40条の2が規定する連鎖販売取引における解約には、連鎖販売契約自体についての中途解約（特商40条の2第1項・3項）と商品販売契約の解除（特商40条の2第2項・4項・5項）がある。連鎖販売契約自体についての中途解約は、継続的契約を将来に向かって解除する権利を認めたものであり（特商40条の2第1項）、商品販売契約の解除は、商品販売契約についての法定解除権を認めたもので、一般の解除と同様にその効果は遡及する（［表7］参照）（齋藤ほか『特定商取引法ハンドブック第4版』508頁［表7-14］・509頁）。

［表7］　連鎖販売契約における解除等の特定商取引法40条の2の構造

連鎖販売契約	中途解約権	特商40条の2第1項
	損害賠償の制限	特商40条の2第3項
商品販売契約	解除権	特商40条の2第2項
	損害賠償の制限	特商40条の2第4項
	統括者の連帯責任	特商40条の2第5項

強行法規制	特商40条の2第6項
割賦販売における損害賠償の制限規定の不適用	特商40条の2第7項

(3) 連鎖販売取引の中途解約

ア 連鎖販売取引の中途解約ができる者〜連鎖販売加入者

連鎖販売取引の中途解約ができるのは、連鎖販売加入者である（特商40条の2第1項）。連鎖販売加入者は、連鎖販売業に係る商品の販売もしくはそのあっせんまたは役務の提供もしくはそのあっせんを店舗等によらないで行う個人である（特商40条1項括弧書）（齋藤ほか『特定商取引法ハンドブック第4版』509頁、圓山『詳解特定商取引法の理論と実務〔第2版〕』495頁）。

イ 連鎖販売取引の中途解約に伴う損害賠償の制限（特商40条の2第3項）

連鎖販売取引の中途解約に伴う損害賠償は、損害賠償の予定または違約金の定めがあるときにおいても、契約の締結および履行のために通常要する費用の額および以下の(ア)(イ)のいずれかに該当する場合にあっては、以下に定める額を加算した額にこれに対する法定利率による遅延損害金の額を加算した金額を超える額の金銭の支払いを請求することはできない（特商40条の2第3項）（齋藤ほか『特定商取引法ハンドブック第4版』510頁5、圓山『詳解特定商取引法の理論と実務〔第2版〕』499頁3）。

(ア) 解除が商品引渡し後である場合（特商40条の2第3項1号）

① 引渡しがされた商品の販売価格に相当する額

この場合の商品は、当該連鎖販売契約に基づき販売されたものに限られる。そして、特定商取引法40条の2第2項により商品販売契約の解除がされた場合は含まれず、損害賠償額に加算されない（齋藤ほか『特定商取引法ハンドブック第4版』511頁）。

② 提供された特定利益その他の金品に相当する額

この場合の特定利益は、特定商取引法40条の2第2項により商品販売契約の解除がされた商品についてのものに限られる（齋藤ほか『特定商

取引法ハンドブック第 4 版』511頁)。

(ｲ) 解除が役務提供開始後である場合(特商40条の 2 第 3 項 2 号)

・ 提供された役務の対価に相当する額

(4) 連鎖販売取引の商品販売契約の解除

ア　商品販売契約の解除(特商40条の 2 第 2 項)

特定商取引法40条の 2 第 1 項によって連鎖販売取引が中途解約された場合において、以下の①②の要件があれば、商品販売契約も解除することができる(特商40条の 2 第 2 項)(齋藤ほか『特定商取引法ハンドブック第 4 版』509頁 4 、圓山『詳解特定商取引法の理論と実務〔第 2 版〕』496頁(1))。

① 解除権を行使する者が連鎖販売加入者(無店舗個人(特商40条 1 項括弧書))であって、連鎖販売契約(取引条件変更に係る連鎖販売契約を除く)を締結した日から 1 年を経過していない者であること

② 次の各場合に該当しないこと

　a 商品の引渡し(当該商品が施設を利用しまたは役務の提供を受ける権利である場合にあってはその「移転」)を受けた日から起算して90日を経過したとき(特商40条の 2 第 2 項 1 号)

　　この90日には、商品引渡し等を受けた日を含む。この引渡しは現実の引渡しであることが必要であり、占有改定や指図による移転を含まない(齋藤ほか『特定商取引法ハンドブック第 4 版』510頁)。

　b 商品を再販売したとき(特商40条の 2 第 2 項 2 号)

　c 商品を使用しまたはその全部もしくは一部を消費したとき(当該連鎖販売業に係る商品の販売を行った者が当該連鎖販売加入者に当該商品を使用させ、またはその全部若しくは一部を消費させた場合を除く)(特商40条の 2 第 2 項 3 号)

　　これは、商品の最小単位を基準として判断する(『平成21年特定商取引法解説』252頁、齋藤ほか『特定商取引法ハンドブック第 4 版』510頁)。

　d 連鎖販売加入者の責めに帰すべき事由により、商品の全部または一

部を滅失し、または毀損したとき（特商40条の2第2項4号、特商令10条の2）

イ　商品販売契約の解除に伴う損害賠償の制限（特商40条の2第4項）

商品販売契約の解除に伴う損害賠償は、損害賠償の予定または違約金の定めがあるときにおいても、以下の①②のいずれかに該当する場合に応じ、以下に定める額にこれに対する法定利率による遅延損害金の額を加算した金額を超える額の金銭の支払いを請求することはできない（特商40条の2第4項）（齋藤ほか『特定商取引法ハンドブック第4版』511頁6、圓山『詳解特定商取引法の理論と実務〔第2版〕』497頁(2)）。

①　商品が返還された場合または商品の引渡し前の解除の場合（特商40条の2第4項1号）

　当該商品の販売価格の10分の1に相当する額

②　商品が返還されない場合（特商40条の2第4項2号）

　当該商品の販売価格に相当する額

ウ　統括者の連帯責任（特商40条の2第5項）

商品販売契約が解除されたときは、当該商品に係る一連の連鎖販売業の統括者は、連帯して、その解除によって生ずる当該商品の販売を行った者の債務の弁済の責めに任ずる（特商40条の2第5項）。

(5)　連鎖販売取引の中途解約および商品販売契約の解除の強行法規制（特商40条の2第6項）

連鎖販売取引の中途解約および商品販売契約の解除の規定（特商40条の2第1項～5項）に反する特約で、連鎖販売加入者（無店舗個人（特商40条1項括弧書））に不利なものは、無効とされる（特商40条の2第6項）。

(6)　割賦販売における損害賠償の制限規定の不適用（特商40条の2第7項）

連鎖販売取引の中途解約に伴う損害賠償の制限（特商40条の2第3項）および商品販売契約の解除に伴う損害賠償の制限（特商40条の2第4項）の規

定は、連鎖販売業に係る商品または役務を割賦販売（割販2条1項）により販売しまたは提供したものについては適用しないとされている（特商40条の2第7項）。これは、割賦販売法の割賦販売に関する損害賠償の制限規定を優先する趣旨である。したがって、ローン提携販売（割販2条2項）、包括信用購入あっせん（割販2条3項）および個別信用購入あっせん（割販2条4項）の場合は、連鎖販売取引の中途解約に伴う損害賠償の制限（特商40条の2第3項）および商品販売契約の解除に伴う損害賠償の制限（特商40条の2第4項）の規定が適用されることになる（齋藤ほか『特定商取引法ハンドブック第4版』512頁9）。

4　連鎖販売における不実告知・重要事項故意不告知による販売契約等の取消し（特商40条の3）

(1)　不実告知・重要事項故意不告知による販売契約等の取消しの制度

連鎖販売取引においては、不実告知・重要事項故意不告知があった場合に、購入者等の契約の申込みや承諾の意思表示を取り消すことができる（特商40条の3）（平成16年改正法により新設された（『平成21年特定商取引法解説』256頁・257頁、「消費者関係法執務資料（改訂版）」227頁2））。

また、平成20年改正法により、訪問販売業者等が、与信契約（クレジット契約）（個別信用購入あっせん関係受領契約（割販35条の3の3第1項参照））の勧誘を行う際に、支払総額・支払回数等のクレジット契約内容の不実告知や、商品の品質・性能等の販売契約に関する重要事項等についての故意による不告知など不適正な勧誘を行い、購入者等に誤認が生じた場合には、販売契約等を取消し（特商40条の3）、与信契約（クレジット契約）の取消しもできるとされた（割販35条の3の13（訪問販売・電話勧誘販売）・35条の3の14（特定連鎖販売個人契約）・35条の3の15（特定継続的役務提供等契約）・35条の3の16（業務提供誘引販売個人契約））。不実告知・重要事項故意不告知による販売契約等および与信契約等の取消しの制度については、第1章第1節第6（42頁）を参照されたい。

(2) 不実告知・重要事項故意不告知による販売契約等の取消しの要件

以下の要件に当てはまるときは、連鎖販売契約における契約申込みまたはその承諾の意思表示を取り消すことができる（特商40条の3第1項）。

ア 取消権を行使できる者

取消権（特商40条の3第1項）を行使できる者は、連鎖販売加入者（無店舗個人（特商40条1項括弧書））である（特商40条の3第1項柱書）（『平成21年特定商取引法解説』257頁、齋藤ほか『特定商取引法ハンドブック第4版』513頁）。

イ 対象となる行為等

(ア) 統括者・勧誘者（統括者がその統括する一連の連鎖販売業に係る連鎖販売取引について勧誘を行わせる者（特商33条の2括弧書））の勧誘の場合

意思表示の取消しができるのは、統括者が統括する一連の連鎖販売業に係る連鎖販売契約の締結について勧誘するに際し、

① 特定商取引法34条1項の規定に違反し、同項各号（特商規24条の2）の禁止行為について不実のことを告げたことにより、連鎖販売加入者が当該告げられた内容が真実であると誤認し、

② 特定商取引法34条1項の規定に違反し、同項各号（特商規24条の2）の禁止行為について故意に事実を告げない行為をし、連鎖販売加入者が当該事実が存在しないと誤認し、

これらによって、当該連鎖販売契約の申込みまたはその承諾の意思表示をしたときである（齋藤ほか『特定商取引法ハンドブック第4版』513頁(1)、圓山『詳解特定商取引法の理論と実務〔第2版〕』508頁）。

(イ) 一般連鎖販売業者（統括者または勧誘者以外の者であって、連鎖販売業を行う者（特商33条の2括弧書））の勧誘の場合

意思表示の取消しができるのは、一般販売業者がその連鎖販売業に係る連鎖販売契約の締結について勧誘するに際し、特定商取引法34条2項の規定に違反し、同項各号（特商規24条の2）の禁止行為について不実のことを告げ

たことにより、連鎖販売加入者が当該告げられた内容が真実であると誤認し、これらによって、当該連鎖販売契約の申込みまたはその承諾の意思表示をしたときである（齋藤ほか『特定商取引法ハンドブック第4版』514(2)、圓山『詳解特定商取引法の理論と実務〔第2版〕』508頁）。

ウ 適用除外

連鎖販売契約の相手方が、当該連鎖販売契約締結の当時、当該統括者、当該勧誘者または一般連鎖販売業者が特定商取引法34条1項・2項に違反する行為をした事実を知らなかったときは、連鎖販売契約における契約申込み・承諾の意思表示の取消し（特商40条の3第1項柱書本文）ができないとされている（特商40条の3第1項柱書ただし書）。

この場合の、「知らなかったとき」とは、過失なく知らなかったとき、すなわち、善意かつ無過失のことであり、連鎖販売業を行う者（統括者、勧誘者または一般連鎖販売業者）が別の者の違法行為の事実を知らなかったことに過失があったときは、特定商取引法40条の3第1項柱書ただし書の適用除外は適用されず、同項柱書本文の規定により連鎖販売加入者は連鎖販売契約を取り消すことができることになる。そして、連鎖販売業を実質的に統括する立場にある統括者は、過失があると認められることが多いと考えられる（特定商取引法施行通達第3章三(3)）。

この善意無過失の立証責任は、連鎖販売加入者の連鎖販売契約の相手方（統括者、勧誘者または一般連鎖販売業者）（『平成21年特定商取引法解説』257頁）側にある（齋藤ほか『特定商取引法ハンドブック第4版』514頁、圓山『詳解特定商取引法の理論と実務〔第2版〕』510頁）。

エ 各要件の内容

(ｱ) 「不実のことを告げる行為」

「不実のことを告げる行為」とは、事実と異なることを相手方に伝える行為であり、客観的に事実と相違する事項を告げる行為があればそれに該当し、販売業者等のその事項が虚偽であることの認識や顧客を誤認させようと

する故意は必要ではない（特定商取引法等施行通達第3章三(1)(ロ)（第2章第2節四(1)(ロ)））。

　(イ)　「故意に事実を告げない行為」

「故意に事実を告げない行為」における「故意」とは、通達上、販売業者等において、告げない事実が購入者等にとって不利益となるものであることを知っていることおよび当該事実を購入者等が認識していないことを知っていることをいうとされている（特定商取引法等施行通達第3章三(1)(ニ)（第2章第2節四(2)））。

　(3)　取消権発生の効果

上記(2)アイの要件に当てはまれば、連鎖販売契約の申込みまたはその承諾の意思表示を取り消すことができる（特商40条の3第1項柱書本文）。

連鎖販売契約が取り消されると、その契約は当初から無効となり、その連鎖販売契約を前提としてなされた商品販売契約も無効となると解される。これは、連鎖販売契約がクーリング・オフされた場合と同様である（齋藤ほか『特定商取引法ハンドブック第4版』515頁3、圓山『詳解特定商取引法の理論と実務〔第2版〕』510頁(1)）。

　(4)　取消しの善意の第三者への不対抗（特商40条の3第2項（9条の3第2項））

連鎖販売契約の申込みまたはその承諾の意思表示の取消し（特商40条の3第1項）は、善意の第三者に対抗することができない（特商40条の3第2項（9条の3第2項））。

　(5)　連鎖販売契約の申込みまたはその承諾の意思表示の取消権の消滅時効等（特商40条の3第2項（9条の3第4項））

連鎖販売契約の申込みまたはその承諾の意思表示の取消権（特商40条の3第1項）は、追認することができる時から6カ月間行わないときは、時効により消滅する（特商40条の3第2項（9条の3第4項前段））。また、契約締結の時から5年間の除斥期間にかかる（特商40条の3第2項（9条の3第4項後

段））（齋藤ほか『特定商取引法ハンドブック第4版』514頁(4)（209頁エ））。

第6 特定継続的役務提供

1 特定継続的役務提供の定義（特商41条）

(1) 特定継続的役務（特商41条2項）

特定継続的役務とは、国民の日常生活に係る取引において、有償で継続的に提供される役務であって、以下の①②のいずれにも該当するものとして、政令で定めるものをいう（特商41条2項、特商令12条別表第4第1欄）。

① 役務の提供を受ける者の身体の美化または知識もしくは技能の向上その他のその者の心身または身上に関する目的を実現させることをもって誘引が行われるもの

② 役務の性質上、上記①の目的が実現するかどうかが確実でないもの

(2) 特定継続的役務提供（特商41条1項）

特定継続的役務提供とは、以下のア～ウの場合をいう（特商41条1項）。なお、「特定継続的役務提供契約」または「特定権利販売契約」を総称して「特定継続的役務提供等契約」という（特商42条1項）。

ア 特定継続的役務提供契約（特商41条1項1号）

特定継続的役務提供契約とは、役務提供事業者が、特定継続的役務（特商41条2項、特商令12条別表第4第1欄）を、それぞれの特定継続的役務ごとに政令で定める期間を超える期間（特商令11条1項別表第4第1欄・第2欄）にわたり提供することを約し、相手方がこれに応じて5万円（特商令11条2項）を超える金銭を支払うことを約束する契約である。

イ 特定権利販売契約（特商41条1項2号）

特定権利販売契約とは、販売業者が、政令で定める期間を超える期間（特商令11条1項別表第4第1欄・第2欄）にわたり提供される特定継続的役務（特商41条2項、特商令12条別表第4第1欄）の提供を受ける権利を5万円（特商令11条2項）を超える金銭を受け取って販売する契約である。

ウ 政令指定の特定継続的役務提供（特商41条2項）

(ア) 政令指定の特定継続的役務提供一覧

政令指定の特定継続的役務をまとめると、［表8］のようになる（特商41条2項、特商令12条別表第4第1欄）（『平成21年特定商取引法解説』263頁(4)、齋藤ほか『特定商取引法ハンドブック第4版』364頁［表6-1］、圓山『詳解特定商取引法の理論と実務〔第2版〕』521頁〔表41〕参照）。

［表8］ 政令指定の特定継続的役務提供一覧

特定継続的役務（特商41条2項、特商令12条別表第4第1欄）	指定期間（特商41条1項、特商令11条1項別表第4第2欄）	対象最低金額（特商41条1項、特商令11条2項）
エステティック 人の皮膚を清潔にしもしくは美化し、体型を整え、または体重を減ずるための施術を行うこと	1カ月超	5万円超
語学教育 語学の教授（①小学校、中学校、高等学校、大学、専修学校、各種学校等の入学試験準備、②小学校、中学校、高等学校等の学校教育の補習のための学力の教授に該当するものを除く）		
家庭教師等 中学校、高等学校、大学、専修学校、各種学校等の入学試験に備えるためまたは小学校、中学校、高等学校の学校教育の補習のための学力の教授（役務提供事業者が役務提供のために用意する場所以外の場所において提供される		

第2節　特定商取引に関する法律（特定商取引法）

ものに限る）	2カ月超
学習塾	
中学校、高等学校、大学、専修学校、各種学校等の入学試験に備えるためまたは小学校、中学校、高等学校の学校教育の補習のための学力の教授（役務提供事業者が役務提供のために用意する場所において提供されるものに限る）	
パソコン教室	
電子計算機またはワードプロセッサーの操作に関する知識または技術の教授	
結婚相手紹介サービス	
結婚を希望する者への異性の紹介	

（注）　有効期間の定めのないものは特段の事情のない限り常に政令で定める期間を超えるものとして扱う（特定商取引法等施行通達第4章一(1)）（『平成21年特定商取引法解説』262頁、齋藤ほか『特定商取引法ハンドブック第4版』374頁）

(イ)　語学教育

　特定商取引法施行令12条別表第4第1欄に定める語学教育には、場所の定義がないので、業者が用意した教室で行うものに限らず、電話・ファックス・インターネット等の通信手段を利用した語学指導も含まれる（齋藤ほか『特定商取引法ハンドブック第4版』367頁・368頁、圓山『詳解特定商取引法の理論と実務〔第2版〕』523頁）。

　特定商取引法施行令12条別表第4第1欄に定める語学教育は、主として外国語の指導を行うものが想定されるが、語学は外国語に限定されないから、日本語会話の指導も含まれる（『平成21年特定商取引法解説』263頁、齋藤ほか

181

『特定商取引法ハンドブック第 4 版』368頁、圓山『詳解特定商取引法の理論と実務〔第 2 版〕』523頁)。

　(ウ)　家庭教師等

　特定商取引法施行令12条別表第 4 第 1 欄に定める家庭教師等は、指導者が生徒の家庭を訪問して指導する場合に限らず、郵便・電話・ファックス・インターネット等の通信手段を利用して学習指導や添削指導を行う形態も含まれる。たとえば、学習教材の販売に附帯して電話指導やファックス添削を行うものも含まれる(『平成21年特定商取引法解説』264頁)。これには、 1 対 1 の個別指導に限らず、グループ指導も含まれる(齋藤ほか『特定商取引法ハンドブック第 4 版』368頁、圓山『詳解特定商取引法の理論と実務〔第 2 版〕』523頁)。

　幼児を対象とした小学校や幼稚園の入学試験準備のために行う指導や、大学生に対して行う就職セミナーは、特定商取引法施行令12条別表第 4 第 1 欄に定める家庭教師等には含まれない。また、資格取得や一般教養を目的とした通信教育も、指導目的が異なるので、特定商取引法施行令12条別表第 4 第 1 欄に定める家庭教師等には含まれない(齋藤ほか『特定商取引法ハンドブック第 4 版』368頁)。

　(エ)　学習塾

　特定商取引法施行令12条別表第 4 第 1 欄に定める学習塾は、指導目的が入学試験や学校教育の補習に限定されるから、資格取得講座、就職セミナー、一般教養講座は含まれない(齋藤ほか『特定商取引法ハンドブック第 4 版』369頁)。

　また、特定商取引法施行令12条別表第 4 第 1 欄に定める学習塾は、学校の児童、生徒または学生を対象としているので、もっぱら浪人生だけを対象とした大学受験指導は対象外である。ただ、浪人生と高校生を一緒に対象とした学習指導は、特定商取引法施行令12条別表第 4 第 1 欄に定める学習塾に含まれる(特定商取引法施行通達第 4 章一(4)(二))(齋藤ほか『特定商取引法ハンドブ

ック第4版』369頁、圓山『詳解特定商取引法の理論と実務〔第2版〕』525頁)。

　(オ)　パソコン教室

　パソコン操作の知識や技術の指導に関する契約が、業務提供利益をもって誘引された場合は、特定継続的役務提供契約と業務提供誘引販売契約の両方の適用対象となる。したがって、この場合、クーリング・オフの期間は業務提供誘引販売契約により20日間となり(特商58条1項)、特定継続的役務提供契約により中途解約権が付与される(特商49条)(齋藤ほか『特定商取引法ハンドブック第4版』369頁・370頁、圓山『詳解特定商取引法の理論と実務〔第2版〕』525頁)。

　(カ)　政令指定期間(特商41条1項、特商令11条1項別表第4第2欄)

　役務提供の開始日の定めがなければ、いつでも役務提供を開始できるものと解されるので、契約締結日が起算日となる。チケット制(利用回数分のチケットを交換する方式)やポイント制(利用可能期間や回数を表示したカードを交付する方式)は、その有効期限が示されているものはそれが役務提供期間であり、有効期間の定めがなければ、いつでも利用できるものであるから、指定期間を超えるものと解される(特定商取引法施行通達第4章一(1))(齋藤ほか『特定商取引法ハンドブック第4版』374頁)。

　(キ)　対象最低金額(特商41条1項、特商令11条2項)

　対象最低金額である5万円超は、受講料・施術料などの狭義の役務の対価に限らず、入会金、ガイダンス料、施設利用料、関連商品購入代金などを含む契約総額で判断する(特定商取引法施行通達第4章一(2))(齋藤ほか『特定商取引法ハンドブック第4版』375頁)。

2　特定継続的役務提供における関連商品

(1)　関連商品

　特定継続的役務提供契約に伴って販売した「関連商品」の売買契約についても、役務提供契約書面の中に記載する義務を課し(特商42条2項1号)、クーリング・オフ(特商48条2項)および中途解約権(特商49条5項・6項)の

対象に加えている（齋藤ほか『特定商取引法ハンドブック第4版』376頁）。

(2) 政令指定関連商品（特商48条2項、特商令14条別表第5）

特定商取引法48条2項に規定されている政令指定関連商品は、特定商取引法施行令14条別表第5で定められている（齋藤ほか『特定商取引法ハンドブック第4版』377頁〔表6-2〕、圓山『詳解特定商取引法の理論と実務〔第2版〕』527頁〔表42〕）。

(3) 役務と商品の関連性

ア 役務と商品の関連性

関連商品とは、特定継続的役務の提供に際し、特定継続的役務提供受領者等が購入する必要がある商品である（特商42条2項1号・48条2項）。

関連商品としては、以下の①～③のようなものが考えられる（齋藤ほか『特定商取引法ハンドブック第4版』377頁(3)、圓山『詳解特定商取引法の理論と実務〔第2版〕』529頁(ｱ)）。

① 契約書面上、商品の購入が役務提供契約の条件として記載されている場合

② 役務提供に際し当該商品を使用する場合　たとえば、美顔施術に化粧品を使用する場合、学習指導に教材・ファックスを使用する場合など、当該商品がなければ予定された役務提供が受けられない場合、あるいは、当該商品を使用するかどうかによって役務提供の内容・方法に違いが生ずる場合などは、役務と商品の性質上関連性が認定できる（齋藤ほか『特定商取引法ハンドブック第4版』378頁）。

③ 勧誘内容によって関連性が認定できる場合　たとえば、痩身コースの施術を受けさせるとともに「痩せるためにはこの健康食品を継続的に飲む必要がある」とか「補正下着を利用すると痩せる効果がもっと出る」などと勧誘した場合や、語学・学習指導を受けさせるとともに「自分でもテープやCDを聞いたほうが学習効果が上がる」とか「通信添削は手紙よりファックスのほうが効果的だ」などと勧誘した場合も、関連

商品に該当するものと解される（齋藤ほか『特定商取引法ハンドブック第4版』378頁）。

イ　問題となるケース

(ア)　学習指導付き教材販売、エステ利用権付き化粧品販売

　勧誘の際には学習指導やエステ利用権を強調しながら契約をさせて、契約書面には教材や化粧品の販売だけを記載し、指導や施術は不存在とか無料サービスとし、短期契約と表示する例がある。この場合、指導や施術の内容が実質的にみて有償の役務提供として評価されるときは、有償の役務と商品販売が付帯した契約であると認められる。そして、役務提供は継続的なものと認められ、商品と役務の合計額が5万円を超えるときは、継続的役務提供契約と関連商品の販売に該当する（齋藤ほか『特定商取引法ハンドブック第4版』379頁・380頁）。

　そうすると、当該商品販売の契約書に、継続的役務の存在を記載しておらず（特商42条2項1号）、商品と役務の両方についてクーリング・オフおよび中途解約権が及ぶことを記載していないときは（特商42条2項5号）、法定記載事項を欠く不備書面であり、クーリング・オフの起算日が開始しないことになる（齋藤ほか『特定商取引法ハンドブック第4版』380頁）。

(イ)　別業者からの関連商品の購入

　関連商品は役務提供事業者が自ら販売した場合に限らず、別の業者からの購入であっても、役務提供事業者が販売の代理または媒介を行った場合であれば、関連商品に含まれる（特商48条2項）（齋藤ほか『特定商取引法ハンドブック第4版』380頁）。

　これに対し、購入する必要があるとされた商品でも、どの業者から購入するか顧客側が自由に選択して独自に購入した場合は、関連商品とはいえず、クーリング・オフや中途解約をすることができない（齋藤ほか『特定商取引法ハンドブック第4版』380頁）。

(ウ) 役務提供契約と商品購入契約の締結日が異なる場合

　役務提供契約と商品購入契約の締結日が異なっていても、役務提供に関連して購入する必要があるとして追加販売したときは、関連商品と判断される。したがって、役務提供契約の締結からしばらくして関連商品を販売したときは、業者は、その時点で関連商品の契約条件を記載した契約書面を交付する義務がある（齋藤ほか『特定商取引法ハンドブック第4版』380頁ウ）。

3　特定継続的役務提供における書面の交付（法定書面交付義務）（特商42条）

(1)　特定継続的役務提供における法定書面の交付義務

　役務提供事業者または販売業者は、契約を締結するまでに、契約の概要を記載した書面（概要書面）を交付しなければならない（特商42条1項）。契約をしたときには、その内容を記載した書面（契約書面）を遅滞なく交付しなければならない（特定継続的役務提供契約：特商42条2項、特定権利販売契約：特商42条3項）（齋藤ほか『特定商取引法ハンドブック第4版』383頁(1)）。

(2)　特定継続的役務提供における法定書面の交付時期

ア　特定継続的役務提供における概要書面の交付時期

　概要書面の交付時期は、契約を締結する時までであり（特商42条1項）、契約締結と同時を含まない（齋藤ほか『特定商取引法ハンドブック第4版』384頁ア）。

イ　特定継続的役務提供における契約書面の交付時期

　契約書面の交付時期は、契約を締結した時から遅滞なくである（特定継続的役務提供契約：特商42条2項、特定権利販売契約：特商42条3項）。ただ、対面での取引では直ちに契約書面を交付できるのであるから、この場合の「遅滞なく」は「直ちに」と解すべきである。通達も、「特段の事情のない限り、契約の締結を行ったその場で交付することが望ましい」とする（特定商取引法施行通達第4章二(2)(ロ)）（齋藤ほか『特定商取引法ハンドブック第4版』385頁、圓山『詳解特定商取引法の理論と実務〔第2版〕』540頁(ウ)）。

(3) 特定継続的役務提供における法定書面の記載事項

ア　特定継続的役務提供等における概要書面の記載事項

(ア)　特定継続的役務提供契約における概要書面の記載事項

特定継続的役務提供契約における概要書面の記載事項は、特定商取引法42条1項、特定商取引法施行規則32条1項1号に規定されている（齋藤ほか『特定商取引法ハンドブック第4版』385頁(ア)）。

(イ)　特定権利販売契約における概要書面の記載事項

特定権利販売契約における概要書面の記載事項は、特定商取引法42条1項、特定商取引法施行規則32条1項2号に規定されている（齋藤ほか『特定商取引法ハンドブック第4版』386頁(イ)）。

イ　特定継続的役務提供等における契約書面の記載事項

(ア)　特定継続的役務提供契約における契約書面の記載事項

特定継続的役務提供契約における契約書面の記載事項は、特定商取引法42条2項、特定商取引法施行規則33条・34条に規定されている（齋藤ほか『特定商取引法ハンドブック第4版』385頁(ア)）。

(イ)　特定権利販売契約における契約書面の記載事項

特定権利販売契約における契約書面の記載事項は、特定商取引法42条3項、特定商取引法施行規則35条・36条に規定されている（齋藤ほか『特定商取引法ハンドブック第4版』386頁(イ)）。

(4) 特定継続的役務提供における法定書面の記載方法等

ア　特定継続的役務提供における概要書面の記載方法等

特定継続的役務提供における概要書面には、書面の内容を十分に読むべき旨を赤枠の中に赤字で記載しなければならない（特商規32条2項）。その概要書面の文字および数字は、日本工業規格Z8305に規定する8ポイント以上の大きさでなければならない（特商規32条3項）。

イ　特定継続的役務提供における契約書面の記載方法等

特定継続的役務提供における契約書面には、書面の内容を十分に読むべき

旨を赤枠の中に赤字で記載しなければならない（特商規34条4項・36条4項）。その概要書面の文字および数字は、日本工業規格Z8305に規定する8ポイント以上の大きさでなければならない（特商規34条5項・36条5項）。また、クーリング・オフに関する記載事項は、赤枠の中に赤字で記載しなければならない（特商規34条3項・36条3項）。

(5) 特定継続的役務提供における法定書面交付の法的効果

特定継続的役務提供における法定書面不交付の場合、クーリング・オフをいつまでも行使できることになる（齋藤ほか『特定商取引法ハンドブック第4版』395頁(5)）。

4 特定継続的役務提供における中途解約権（特商49条）

(1) 特定継続的役務提供契約における中途解約権

ア 特定継続的役務提供契約における中途解約（特商49条1項）

役務提供事業者が特定継続的役務提供契約を締結した場合における特定継続的役務提供を受ける者は、クーリング・オフ期間経過後においては、将来に向かってその特定継続的役務提供契約の解除を行うことができる（特商49条1項）。

特定継続的役務提供契約が解除になった場合、未履行分の役務に対応する対価を役務提供事業者がすでに受領している場合、その対価相当額は不当利得となるので、消費者に返還する必要がある（齋藤ほか『特定商取引法ハンドブック第4版』417頁）。

イ 特定継続的役務提供契約の中途解約における損害賠償等の制限（特商49条2項）

役務提供事業者は、特定継続的役務提供契約が解除されたときは（特商49条1項）、損害賠償の予定または違約金の定めがあるときにおいても、以下の(ア)(イ)に掲げる場合に応じて定める額にこれに対する法定利率による遅延損害金の額を加算した金額を超える額の金銭の支払いを特定継続的役務の提供を受ける者に対して請求することができない（特商49条2項）。

第 2 節　特定商取引に関する法律（特定商取引法）

特定継続的役務提供契約の中途解約における損害賠償等の制限をまとめると［表 9］のようになる（圓山『詳解特定商取引法の理論と実務〔第 2 版〕』574頁〔表46〕、齋藤ほか『特定商取引法ハンドブック第 4 版』419頁〔表 6-9〕）。

［表 9］　特定継続的役務提供契約の中途解約における損害賠償等の制限額一覧

特定継続的役務 (特商41条 2 項、 特商令12条別表 第 4 第 1 欄)	役務提供前 契約締結・履行のために通常要する費用 (特商49条 2 項 2 号、特商令16条別表第 4 第 4 欄)	役務提供後（特商49条 2 項 1 号）	
		提供された特定継続的役務の対価に相当する額 (特商49条 2 項 1 号イ) ＋	解除によって通常生ずる損害の額 (特商49条 2 項 1 号ロ、特商令15条別表第 4 第 3 欄)
エステティックサロン	2 万円		2 万円または当該特定継続的役務提供契約に係る特定継続的役務の対価の総額から提供された特定継続的役務の対価に相当する額を控除した額（以下、「契約残額」という）の 1 割に相当する額のいずれか低い額
外国語会話教室	1 万 5 千円	提供された特定継続的役務の対価に相当する額 ＋	5 万円または契約残額の 2 割に相当する額のいずれか低い額
家庭教師派遣	2 万円		5 万円または当該特定継続的役務提供契約における 1 月分の役務の対価に相当する額のいずれか低い額
学習塾	1 万 1 千円		2 万円または当該特定継続的役務提供契約における 1 月分の役務の対価に相当する額のいずれか低い額
パソコン教室	1 万 5 千円		5 万円または契約残額の 2 割に相当する額のいずれか低い額
結婚相手紹介サ	3 万円		2 万円または契約残額の 2 割

189

| ービス | | | | に相当する額のいずれか低い額 |

　㋐　特定継続的役務提供契約の解除が特定継続的役務の提供開始後である場合

　特定継続的役務提供契約の解除が特定継続的役務の提供開始後である場合の損害賠償等の額は、①提供された特定継続的役務の対価に相当する額、②特定継続的役務提供契約の解除によって通常生ずる損害の額（特商令15条別表第4第1欄・第3欄）を合算した額に制限される（特商49条2項1号）（[表9]参照）。

　特定商取引法施行令15条別表第4第1欄・第3欄で定める、通常生ずる損害の額の計算の元となる金額としての「契約残金」や「1か月分の役務の対価」は、顧客が実際に契約を締結した際に約定（適用）された金額をもって計算する必要がある。たとえば、エステティックサロンで通常では1回の施術が1万円とされているのに、キャンペーン期間中として1回分5000円で契約した場合は、5000円の単価で計算し、英会話教室のレッスンで、通常は1レッスン当たり5000円の受講料が必要であるのに、パック制などで100回分をまとめて契約すると30万円に割引される場合は、1回当たりの単価は3000円（30万円÷100）で計算する必要がある（齋藤ほか『特定商取引法ハンドブック第4版』429頁）[25]。

　㋑　特定継続的役務提供契約の解除が特定継続的役務の提供開始前である場合

　特定継続的役務提供契約の解除が特定継続的役務の提供開始前である場合の損害賠償等の額は、契約の締結および履行のために通常要する費用に制限される（特商49条2項2号、特商令16条別表第4第1欄・第4欄）（[表9]参照）。

　特定商取引法施行令16条別表第4第1欄・第4欄に定める金額は、役務提供の類型ごとに商慣習や事業者の経営実態、顧客の負担能力等を考慮したう

えで契約締結費用および履行費用として通常必要とされる合理的な範囲の金額として規定されたものであるから、正当な理由もなく、入学金や入会金その他の名目の初期費用として、特定商取引法施行令16条別表第4第1欄・第4欄に定める金額を超える費用を徴収することはできない（齋藤ほか『特定商取引法ハンドブック第4版』420頁）。

ウ　特定継続的役務提供契約の中途解約における信販会社への抗弁の対抗・クレジット契約の解約手数料

特定継続的役務提供契約の中途解約は、特定商取引法により顧客に与えられた正当な権利の行使であり、顧客は中途解約により、特定商取引法49条2

＊25　外国語会話教室の受講契約解除に伴う受講料の清算についての約定と特定商取引法49条2項1号について、以下のような事例がある。

Aは、Bが経営する外国語会話教室における授業を受けるために、受講料を支払い、ポイントを登録して受講契約を締結した。受講者は、1ポイントにつき1回の授業を受けることができる。ポイント単価は、登録ポイント数が多くなるほど安くなっていた（料金規定）。

受講者が受講開始後に受講契約を解除した場合の受講料等の清算は、次の①〜③のとおりであった（清算規定）。

① Bは、受講者に対し、受講料等の受領金の総額から、受講者が解除までに使用したポイントの対価額、中途登録解除手数料等を控除した残額を返還する。

② 使用済ポイントの対価額は、使用したポイント数に本件料金規定に定める各登録ポイント数のうち使用したポイント数以下でそれに近い登録ポイント数のポイント単価を乗じた額とその消費税相当額を合算した額とする。ただし、その額が、使用したポイント数を超えそれに最も近い登録ポイント数の受講料の額を超える場合には、その受講料の額とする。

③ 中途登録解除手数料は、受領金の総額から使用済ポイントの対価額等を控除した残額の2割に相当する額とする。ただし、その額が5万円を超える場合には5万円とする。

以上の事案において、最高裁は以下のように判示した。

「本件料金規定は、契約締結時において、将来提供される各役務について一律の対価額を定めているのであるから、それとは別に、解除があった場合にのみ適用される高額の対価額を定める本件清算規定は、実質的には、損害賠償額の予定又は違約金の定めとして機能するもので、本件各規定〔特定商取引法49条〕の趣旨に反して受講者による自由な解除権の行使を制約するものといわざるを得ない。

そうすると、本件清算規定は、役務提供事業者が役務受領者に対して法〔特定商取引法〕49条2項1号に定める法定限度額を超える額の金銭の支払を求めるものとして無効というべきであり、本件解除の際の提供済役務対価相当額は、契約時単価によって算定された本件使用済ポイントの対価額と認めるのが相当である」（最判平19・4・3民集61巻3号967頁）。

項、特定商取引法施行令15条・16条別表第3・第4に定める額を超える債務を負担しないという抗弁事由は、クレジット契約が信用購入あっせんに当たれば、割賦購入法30条の4（包括信用購入あっせん）および35条の3の19（個別信用購入あっせん）により、基本的に信用購入あっせん業者である信販会社に対しても対抗できると解される（齋藤ほか『特定商取引法ハンドブック第4版』431頁・432頁）。

この場合、クレジット契約における割賦手数料は、実質的にみて割賦払期間に応じた利息の性質を有すると考えられ、提供済役務の対価＋法定違約金に相当する立替金額のほかに、契約締結日から中途解約申出日までの経過日数に応じた割賦手数料相当額をクレジット会社（信販会社）が取得することは認められるが、未経過期間の割賦手数料の請求は認められないと解される（齋藤ほか『特定商取引法ハンドブック第4版』432頁・433頁）。

(2) 特定権利販売契約における中途解約権

ア 特定権利販売契約における中途解約（特商49条3項）

販売業者が特定権利販売契約を締結した場合におけるその特定継続的役務の提供を受ける権利の購入者は、クーリング・オフ期間経過後においては、その特定権利販売契約の解除を行うことができる（特商49条3項）。

特定権利販売契約が解除になった場合、契約は初めに遡って効力が消滅し、当事者には原状回復義務が生じ（民545条1項）、販売業者はすでに受領している代金の返還義務を負い、特定継続的役務の提供を受ける権利の購入者は受領した権利を販売業者に返還する義務を負うことになる（齋藤ほか『特定商取引法ハンドブック第4版』418頁）。

イ 特定権利販売契約の中途解約における損害賠償等の制限（特商49条4項）

販売業者は、特定権利販売契約が中途解約されたときは（特商49条3項）、損害賠償額の予定または違約金の定めがあるときにおいても、以下の(ア)〜(ウ)に掲げる場合に応じて定める額にこれに対する法定利率による遅延損害金の額を加算した金額を超える額の金銭の支払いを特定継続的役務の提供を受け

る権利の購入者に対して請求することができない（特商49条4項）。

　㈲　権利が返還された場合（特商49条4項1号）
　権利が返還された場合の損害賠償等の額は、当該権利の行使により通常得られる利益に相当する額（当該権利の販売価格に相当する額から当該権利の返還されたときにおける価額を控除した額が当該権利の行使により通常得られる利益に相当する額を超えるときは、その額）に制限される（特商49条4項1号）。
　たとえば、60万円の対価で1年間は何回でも利用できる英会話スクールの会員権の場合、半年で中途解約したときは、半額の30万円が「当該権利の行使により通常得られる利益に相当する額」ということになる（齋藤ほか『特定商取引法ハンドブック第4版』436頁）。
　また、チケット制やポイント制の場合には、実際に行使した権利分（チケットやポイント分）の販売価格（単価×利用枚数または利用回数）をもって「当該権利の行使により通常得られる利益に相当する額」とすべきである（齋藤ほか『特定商取引法ハンドブック第4版』436頁）。
　特定商取引法49条4項1号括弧書の権利販売価格と残存価格の差額を損害賠償等の上限とするのは、当該権利についての合理的な市場価格が形成されていることが前提となり、市場価格が形成されていない権利の場合にはその権利の販売価額をもって残存価値と推定することになる。したがって、この場合、権利販売価額と残存価額の差額はゼロとなり、結局市場価格の形成されていない権利の販売の中途解約における損害賠償等の上限は「当該権利の行使により通常得られる利益に相当する額」ということになる（齋藤ほか『特定商取引法ハンドブック第4版』437頁）。

　㈱　権利が返還されない場合（特商49条4項2号）
　権利が返還されない場合の損害賠償等の額は、当該権利の販売価格に相当する額に制限される（特商49条4項2号）。

　㈲　契約の解除が当該権利の移転前である場合（特商49条4項3号）
　契約の解除が当該権利の移転前である場合の損害賠償等の額は、契約の締

結および履行のために通常要する費用の額に制限される（特商49条4項3号）。

この場合の「契約の締結及び履行のために通常要する費用の額」の具体的な額については、政令で定められていないが、特定継続的役務提供契約の中途解約が特定継続的役務提供前である場合の損害賠償等の制限についての規定である、特定商取引法施行令16条別表第4第1欄・第4欄に定める額が一応の目安となると思われる（上記(1)イ(イ)（190頁）参照）（齋藤ほか『特定商取引法ハンドブック第4版』434頁）。

「契約締結のための費用」には、契約書面の作成費用、印紙代など、「履行のための費用」には、権利を表彰する証票や証書の作成や交付のための費用、権利の登録事務費用などが考えられる（齋藤ほか『特定商取引法ハンドブック第4版』434頁）。

特定権利販売は、別な役務提供事業者から役務提供を受けられる権利の販売を行う場合になり、権利販売業者は、自ら役務提供のために物的・人的設備を準備する必要はなく、自ら役務提供を行う事業者の場合に比べ「契約の締結及び履行のために通常要する費用の額」は少なくて済むはずである。したがって、権利販売業者の場合の「契約の締結及び履行のために通常要する費用の額」は、特定継続的役務提供契約の中途解約が特定継続的役務提供前である場合の損害賠償等の制限についての規定である、特定商取引法施行令16条別表第4第1欄・第4欄に定める額よりさらに低い金額となると思われる（上記(1)イ(イ)（190頁）参照）（齋藤ほか『特定商取引法ハンドブック第4版』435頁）。

(3) 特定継続的役務提供等契約の関連商品販売契約における中途解約権

ア 関連商品販売契約における中途解約（特商49条5項）

特定継続的役務提供等契約（特定継続的役務提供契約または特定権利販売契約（特商42条1項））が特定商取引法49条1項・3項によって解除された場合

であって、役務提供事業者または販売業者が特定継続的役務受領者等に対し、関連商品の販売またはその代理もしくは媒介を行っている場合には、特定継続的役務提供受領者等は当該関連商品販売契約の解除を行うことができる（特商49条5項）。

イ　特定継続的役務提供等契約の関連商品販売契約の中途解約における損害賠償等の制限（特商49条6項）

関連商品の販売を行った者は、関連商品販売契約における中途解約がされたときは（特商49条5項）、損害賠償額の予定または違約金の定めがあるときにおいても、以下の(ｱ)〜(ｳ)に掲げる場合に応じ、以下に定める額にこれに対する法定利率による遅延損害金の額を加算した金額を超える額の金銭の支払いを、特定継続的役務提供受領者等に対して請求することができない（特商49条6項）。

(ｱ)　関連商品が返還された場合（特商49条6項1号）

関連商品が返還された場合の損害賠償等の額は、当該関連商品の通常の使用料に相当する額（当該関連商品の販売価格に相当する額から当該関連商品の返還されたときにおける価額を控除した額が通常の使用料に相当する額を超えるときは、その額）に制限される（特商49条6項1号）。

通常の使用料については、同種の商品が賃貸（レンタル）されている場合には、その賃料が目安となるが、そうでない場合は、減価償却期間や減価償却費用などを目安にして算定することになる。実際には、当該商品を扱う業界における平均的な使用料が、損害賠償等の上限の基準となる（消契9条1号参照）、齋藤ほか『特定商取引法ハンドブック第4版』439頁）。

関連商品の残存価値については、中古品としての市場価格が付くような商品であれば、それによることになるが、当該特定継続的役務提供でしか利用されない教材や機器などのように、市場性に乏しい関連商品の場合には、販売価格を役務提供期間で案分する等により、残存価格を算定すべきである（齋藤ほか『特定商取引法ハンドブック第4版』439頁・440頁）。

(ｲ) 関連商品が返還されない場合（特商49条6項2号）

関連商品が返還されない場合の損害賠償等の額は、当該関連商品の販売価格に相当する額に制限される（特商49条6項2号）。

(ｳ) 契約の解除が当該関連商品の引渡し前である場合（特商49条6項3号）

契約の解除が当該関連商品の引渡し前である場合の損害賠償等の額は、契約の締結および履行のために通常要する費用の額に制限される（特商49条6項3号）。

契約書の用紙の実費、印紙代、契約締結に必要かつ合理的な交通費や通信費等の合計額が上限となる（齋藤ほか『特定商取引法ハンドブック第4版』439頁）。

(4) 特定継続的役務提供における中途解約権の強行法規制（特商49条7項）

特定継続的役務提供における中途解約権の規定（特商49条1項〜6項）に反する特約で、特定継続的役務受領者等に不利なものは無効とされる（特商49条7項）。

5 特定継続的役務提供における不実告知・重要事項故意不告知による意思表示の取消し（特商49条の2）

(1) 不実告知・重要事項故意不告知による特定継続的役務提供等契約の取消しの制度

特定継続的役務提供においては、不実告知・重要事項故意不告知があった場合に、購入者等の契約の申込みや承諾の意思表示を取り消すことができる（特商49条の2）（平成16年改正法により新設された（『平成21年特定商取引法解説』302頁、「消費者関係法執務資料（改訂版）」227頁2））。

また、平成20年改正法により、役務提供事業者等が、与信契約（クレジット契約）（個別信用購入あっせん関係受領契約（割販35条の3の3第1項参照））の勧誘を行う際に、支払総額・支払回数等のクレジット契約内容の不実告知

や、商品の品質・性能等の販売契約に関する重要事項等についての故意による不告知など不適正な勧誘を行い、特定継続的役務提供受領者等に誤認が生じた場合には、特定継続的役務提供等契約等を取り消し（特商49条の2）、与信契約（クレジット契約）の取消しもできるとされた（割販35条の3の13（訪問販売・電話勧誘販売）・35条の3の14（特定連鎖販売個人契約）・35条の3の15（特定継続的役務提供等契約）・35条の3の16（業務提供誘引販売個人契約））。不実告知・重要事項故意不告知による特定継続的役務提供等契約等および与信契約等の取消しの制度については、第1章第1節第6（42頁）を参照されたい。

(2) **不実告知・重要事項故意不告知による特定継続的役務提供等契約の取消しの要件**

ア 特定継続的役務提供等契約の取消しの要件

特定継続的役務提供における不実告知・重要事項故意不告知による特定継続的役務提供等契約の取消しの要件は、以下の①〜③のとおりである（特商49条の2第1項）（齋藤ほか『特定商取引法ハンドブック第4版』442頁、圓山『詳解特定商取引法の理論と実務〔第2版〕』600頁1）。

① 特定継続的役務提供等契約の締結について勧誘するに際して、
② 役務提供事業者または販売業者が
　a 特定商取引法44条1項の規定に違反して同項各号（特商規37条の2各号）の事項につき不実のことを告げる行為をしたことにより、当該告げられた内容が事実であるとの誤認をし、
　または、
　b 特定商取引法44条2項の規定に違反して同条1項1号〜6号（特商規37条の2各号）の事項につき故意に事実を告げない行為をしたことにより、当該事実が存在しないとの誤認をし、
③ それによって当該特定継続的役務提供等契約の申込みまたはその承諾の意思表示をしたとき

197

イ 各要件の内容

(ア) 「不実のことを告げる行為」

「不実のことを告げる行為」とは、事実と異なることを相手方に伝える行為であり、客観的に事実と相違する事項を告げる行為があればそれに該当し、役務提供事業者等のその事項が虚偽であることの認識や顧客を誤認させようとする故意は必要ではない（特定商取引法等施行通達第4章二(3)（第2章第2節四(1)(ロ)））*26。

(イ) 「故意に事実を告げない行為」

「故意に事実を告げない行為」における「故意」とは、通達上、役務提供事業者等において、告げない事実が購入者等にとって不利益となるものであることを知っていることおよび当該事実を購入者等が認識していないことを知っていることをいうとされている（特定商取引法等施行通達第4章二(5)（第2章第2節四(2)））。

(ウ) 因果関係

購入者等が意思表示を取り消すことができるのは、「役務提供事業者等の違反行為」と「特定継続的役務提供受領者等が誤認したこと」および「特定継続的役務提供受領者等が誤認したこと」と「特定継続的役務提供受領者等が意思表示」をしたことの間の双方に因果関係が認められる必要があるが、役務提供事業者等の違反行為の事実があれば、この2つの因果関係は、通常、事実上推定されると解される（特定商取引法等施行通達第4章二(2)（第2章第2節九(1)(ロ)））（齋藤ほか『特定商取引法ハンドブック第4版』444頁）。

(3) 取消しの効果

特定商取引法49条の2によって特定継続的役務提供受領者等が特定継続的役務提供等契約（特定継続的役務提供契約または特定権利販売契約（特商42条1

---

*26 特定商取引法等施行通達第4章五(1)(ノ)では、予約制のエステティックサロン等で、実際には予約が殺到しており、希望に応ずることは不可能な状況にあるにもかかわらず、「いつでも希望の時間に必ず（役務提供の）予約が取れます」との説明を行うこと等が、特定商取引法44条1項1号に関する不実の告知に該当しうるとする。

項))の申込みまたはその承諾の意思表示の取消しをすると、当該意思表示は初めに遡って無効となる（民121条）（齋藤ほか『特定商取引法ハンドブック第4版』444頁、圓山『詳解特定商取引法の理論と実務〔第2版〕』600頁）。

したがって、すでに代金が支払われていたり、権利が移転されている場合は、不当利得となるので、業者は代金の返還義務があり、特定継続的役務提供受領者等も移転した権利の返還義務がある（民703条）。業者が悪意の場合は、特定継続的役務提供受領者等から受領した代金に受領の時からの利息を付して返還する義務がある（民704条）（齋藤ほか『特定商取引法ハンドブック第4版』444頁、圓山『詳解特定商取引法の理論と実務〔第2版〕』600頁・601頁）。

取消時点ですでに受領している役務が、市場性や客観的価値を持つ場合、合理的で適正な価値相当分については不当利得として返還すべきであるという考えがある（齋藤ほか『特定商取引法ハンドブック第4版』444頁・728頁エ）。

(4) 取消しの善意の第三者への不対抗（特商49条の2第2項（9条の3第2項））

特定継続的役務提供等契約の申込みまたはその承諾の意思表示の取消し（特商49条の2第1項）は、善意の第三者に対抗することができない（特商49条の2第2項（9条の3第2項））。

(5) 取消権の消滅時効等（特商49条の2第2項（9条の3第4項））

特定継続的役務提供等契約（特定継続的役務提供契約または特定権利販売契約（特商42条1項））の申込みまたはその承諾の意思表示の取消権（特商49条の2第1項）は、追認することができる時から6カ月間行わないときは、時効により消滅する（特商49条の2第2項（9条の3第4項前段））。契約締結の時から5年間の除斥期間にかかる（特商49条の2第2項（9条4項後段））（齋藤ほか『特定商取引法ハンドブック第4版』444頁(4)）。

(6) 中途解約に伴う関連商品の解除権の規定の準用（特商49条の2第3項（49条5項～7項））

ア 関連商品販売契約の解除

特定継続的役務提供等契約（特定継続的役務提供契約または特定権利販売契約（特商42条1項））の申込みまたはその承諾の意思表示を取り消した場合（特商49条の2第1項）は、関連商品販売契約を解除することができる（特商49条の2第3項（49条5項））（齋藤ほか『特定商取引法ハンドブック第4版』445頁）。

イ 損害賠償等の額の制限

関連商品の販売を行った者は、関連商品販売契約が解約されたときは（特商49条の2第3項（49条5項））、損害賠償額の予定または違約金の定めがあるときにおいても、以下の(ア)～(ウ)に掲げる場合に応じ、以下に定める額にこれに対する法定利率による遅延損害金の額を加算した金額を超える額の金銭の支払いを、特定継続的役務提供受領者等に対して請求することができない（特商49条の2第3項（49条6項））（上記4(3)イ（195頁）参照）（齋藤ほか『特定商取引法ハンドブック第4版』445頁(2)）。

(ア) 関連商品が返還された場合

関連商品が返還された場合の損害賠償等の額は、当該関連商品の通常の使用料に相当する額（当該関連商品の販売価格に相当する額から当該関連商品の返還されたときにおける価額を控除した額が通常の使用料に相当する額を超えるときは、その額）に制限される（特商49条の2第3項（49条6項1号））。

(イ) 関連商品が返還されない場合

関連商品が返還されない場合の損害賠償等の額は、当該関連商品の販売価格に相当する額に制限される（特商49条の2第3項（49条6項2号））。

(ウ) 契約の解除が当該関連商品の引渡し前である場合

契約の解除が当該関連商品の引渡し前である場合の損害賠償等の額は、契約締結および履行のために通常要する費用の額に制限される（特商49条の2

第 3 項（49条 6 項 3 号））。

(7) 強行規定性

これらの規定は強行規定であり、これに反した特約で特定継続的役務提供受領者等に不利なものは無効とされる（特商49条の 2 第 3 項（49条 7 項））。

6　特定継続的役務提供における適用除外（特商50条）

特定継続的役務提供に関する規定が適用されないものについては、特定商取引法50条に規定されている。その主なものとして、顧客が営業のためにまたは営業として締結するもの（第 1・2(1)（125頁）参照）がある。

第 7　業務提供誘引販売取引

1　業務提供誘引販売取引の定義（特商51条）

(1)　業務提供誘引販売取引の定義

業務提供誘引販売取引とは、物品の販売（そのあっせんを含む）または有償で行う役務の提供（そのあっせんを含む）の事業であって、その販売目的物である物品（商品）またはその提供される役務を利用する業務（その商品の販売もしくはそのあっせんまたはその役務の提供もしくはそのあっせんを行う者が自ら提供を行い、またはあっせんを行うものに限る）に従事することにより得られる利益（業務提供利益）を収受しうることをもって相手方を誘引し、その者と特定負担（その商品の購入もしくはその役務の対価の支払いまたは取引料の提供）を伴う、その商品の販売もしくはそのあっせんまたはその役務の提供もしくはそのあっせんに係る取引（その取引条件の変更を含む）をするものをいう（特商51条 1 項）（「消費者関係法執務資料（改訂版）」211頁 1、圓山『詳解特定商取引法の理論と実務〔第 2 版〕』615頁(1)）。

顧客が営業所等に出向いて契約した場合も、上記定義に当てはまれば、業務提供誘引販売取引となる（齋藤ほか『特定商取引法ハンドブック第 4 版』559頁）。

購入する商品等には指定商品制はとられていない（齋藤ほか『特定商取引

法ハンドブック第 4 版』559頁)。

(2) 特定負担
ア 特定負担とは
特定負担とは、業務提供誘引販売取引において、顧客が行う、商品の購入もしくはその役務の対価の支払いまたは取引料の提供のことである(特商51条1項)が、パソコン・ワープロ内職における教材の購入および研修費の支払い、モニター商法における着物・布団・浄水器等の購入、チラシ配りや宛名書きにおける広告チラシ等の材料費の支払いなどは、いずれもこれに該当する(齋藤ほか『特定商取引法ハンドブック第 4 版』577頁)。

イ 取引料とは
取引料とは、取引料、登録料、保証料その他いかなる名義をもってするかを問わず、取引をするに際し、または取引条件を変更するに際し提供される金品をいう(特商51条 2 項)。

(3) 特定負担を伴う取引
業務提供誘引販売取引は、特定負担を伴う取引とされている(特商51条1項)が、これは、業務提供利益を収受することにおいて特定負担を伴うことが事実上求められていれば足り、特定負担が法律上・契約上の条件ないし義務であることまでは必要ない。たとえば、着物展示会のアルバイト募集や紹介販売員の募集で応募した者に対し、入会時点では商品購入を義務づけてはいないが、その後現実に業務を行う段階に至って、「自分で着物を着用した方が効果的である」とか「他の者は皆着用している」などと事実上購入を要求する場合も、特定負担を伴う取引に当たる(齋藤ほか『特定商取引法ハンドブック第 4 版』578頁)。

(4) 「商品の販売若しくはそのあっせん又は役務の提供若しくはそのあっせんに係る取引(その取引条件の変更を含む。)」(特商51条 1 項)
顧客が業者に対し、業務による利益を収受するためにもっぱら入会金等の支払いをするだけで、商品購入や役務提供等の取引が伴わない場合は、業者

が顧客に対して物品の販売等および役務の提供等を行わないことになるので、業務提供誘引販売取引には該当しない。たとえば、ある仕事を提供する条件として、加入金を支払うことを要求するが、その仕事に必要な物品販売や役務提供等の契約は全く伴わない場合は、単なる業務委託契約、請負契約、雇用契約等の問題として処理することになる（齋藤ほか『特定商取引法ハンドブック第4版』579頁）。

　ただ、取引料や加盟金等の名目であっても、実質的にみると、業務に用いる原材料を供給する対価が含まれていたり、業務のやり方やノウハウの指導などの役務提供の対価が含まれている場合が多く、その場合は、業者が顧客に対して物品の販売等および役務の提供等を行っているとして（特商51条1項）、業務提供誘引販売取引に該当すると判断することができる（齋藤ほか『特定商取引法ハンドブック第4版』579頁）。

(5) 消費者保護規定の適用の要件

　特定商取引法は、消費者保護規定の適用の要件を、「業務提供誘引販売業に関して提供され又はあっせんされる業務を事業所等（事務所その他これに類する施設）によらないで行う個人」としている（特商52条（禁止行為）・55条（業務提供誘引販売取引における書面の交付）・58条（業務提供誘引販売契約の解除（クーリング・オフ））・58条の2（58条1項括弧書参照）（業務提供誘引販売契約の申込みまたはその承諾の意思表示の取消し）・58条の3（58条1項括弧書参照）（業務提供誘引販売契約の解除等に伴う損害賠償等の額の制限）等）（齋藤ほか『特定商取引法ハンドブック第4版』579頁1）。

2　業務提供誘引販売取引における書面の交付（法定書面交付義務）（特商55条）

(1) 業務提供誘引販売取引における法定書面交付義務

　業務提供誘引販売業者は、契約者が提供される業務を事業所等によらないで行う個人である場合には、契約を締結するまでに契約締結前に取引の概要を記載した概要書面を（特商55条1項）、契約を締結したときは遅滞なく契約

内容を記載した契約書面を（特商55条2項）、それぞれ交付する義務を負う。

(2) 業務提供誘引販売取引における概要書面交付義務（特商55条1項）

ア 業務提供誘引販売取引における概要書面交付義務

業務提供誘引販売業を行う者は、その業務提供誘引取引に伴う特定負担をしようとする者（その業務提供誘引販売業に関して提供等される業務を事業所等によらないで行う個人に限る）とその特定負担についての契約を締結しようとするときは、その契約を締結するときまでに、その業務提供誘引販売業の概要について記載した書面（概要書面）をその者に交付しなければならない（特商55条1項）。

イ 「特定負担についての契約を締結しようとするとき」

業務提供誘引販売取引の契約とは別個に特定負担をさせる契約の締結のみを行わせる場合もあり、このような場合も、概要書面の交付義務があることになる（齋藤ほか『特定商取引法ハンドブック第4版』600頁・601頁）。

顧客があっせんを受けた販売業者と商品の売買契約を締結したり、役務提供事業者と役務提供契約をする場合には、その販売業者や役務提供事業者との間の契約は業務提供誘引販売取引の契約ではないが、商品の売買代金や役務の対価は業務提供業者との間の業務提供誘引販売取引に関する特定負担となるので、これらの商品の売買契約や役務提供契約の締結が「特定負担についての契約」に該当することになる。このような場合に、販売業者や役務提供事業者が概要書面の交付義務を負うことを明らかにするために、特定商取引法55条1項が「特定負担をしようとする者とその特定負担についての契約を締結しようとするときは」と規定したのである（齋藤ほか『特定商取引法ハンドブック第4版』601頁）。

ウ 業務提供誘引販売取引における概要書面の記載事項

業務提供誘引販売取引における概要書面の記載事項は、特定商取引法施行規則43条に定められている（齋藤ほか『特定商取引法ハンドブック第4版』599頁〔表8-3〕、圓山『詳解特定商取引法の理論と実務〔第2版〕』651頁〔表53〕）。

(3) 業務提供誘引販売取引における契約書面交付義務（特商55条2項）
ア　業務提供誘引販売取引における契約書面交付義務

業務提供誘引販売業を行う者は、その業務提供誘引販売業に係る業務提供誘引販売取引についての契約（業務提供誘引販売契約）を締結した場合において、その業務提供誘引販売契約の相手方がその業務提供誘引販売業に関して提供等される業務を事業所等によらないで行う個人であるときは、遅滞なく、その業務提供誘引販売契約の内容を明らかにする書面（契約書面）を、その者に交付しなければならない（特商55条2項）。

先に概要書面が交付されていても、業務提供誘引販売取引の契約を締結した際に、契約書面をあらためて交付する必要がある（圓山『詳解特定商取引法の理論と実務〔第2版〕』649頁）。

イ　「業務提供誘引販売取引についての契約を締結した場合」

契約書面を交付するのは、概要書面の場合と違い、「業務提供誘引販売取引についての契約を締結した場合」（特商55条2項）であり、単に「特定負担」のみをさせる契約の場合は含まない（齋藤ほか『特定商取引法ハンドブック第4版』604頁）。

ウ　「遅滞なく」

契約書面は、「遅滞なく」交付するとされている（特商55条2項）。「遅滞なく」とは、契約締結後通常3、4日以内をいうが、できるだけ早い時期が望ましい（『平成21年特定商取引法解説』327頁、圓山「詳解特定商取引法の理論と実務〔第2版〕」650頁）[27]。

エ　業務提供誘引販売取引における契約書面の記載事項
　(ア)　業務提供誘引販売取引における契約書面の記載事項

業務提供誘引販売取引における契約書面の記載事項は、特定商取引法55条2項各号、特定商取引法施行規則44条・45条に定められている（齋藤ほか

---

[27]　齋藤ほか『特定商取引法ハンドブック第4版』604頁は、契約締結後1、2日の間という。

『特定商取引法ハンドブック第4版』599頁〔表8‐3〕、圓山『詳解特定商取引法の理論と実務〔第2版〕』651頁〔表53〕)。

　(イ)　「商品若しくは提供される役務を利用する業務の提供又はあっせんについての条件に関する事項」(特商55条2項2号)
　　　a 「1週間、1月間その他の一定の期間内に提供し、又はあっせんする業務の回数若しくは時間その他の提供し、又はあっせんする業務の量」

　「商品若しくは提供される役務を利用する業務の提供又はあっせんについての条件に関する事項」(特商55条2項2号)として、「1週間、1月間その他の一定の期間内に提供し、又はあっせんする業務の回数若しくは時間その他の提供し、又はあっせんする業務の量」を記載する(特商規45条2項事項1内容ロ)。

　業務提供誘引販売業者による業務の提供やあっせんが契約の相手方に対する義務となっていない場合には、「一定の期間内に提供等する業務の回数もしくは時間その他の提供等する業務の量」(特商規45条2項事項1内容ロ)は、「0」と明記するか、「定まった期間内に提供若しくはあっせんする業務はない」と表示しなければならない(齋藤ほか『特定商取引法ハンドブック第4版』605頁、『平成21年特定商取引法解説』330頁)。

　業務の提供やあっせんが業務提供誘引販売業者の義務ではなく、実際には仕事の提供やあっせんを保証しておらず、単なる業者の努力目標や過去の実績値を契約書面に記載すること(たとえば、1カ月に○件あるいは金額で……円分の仕事はあります等)は、契約書面の記載事項についての不備書面あるいは虚偽書面となり、刑事罰の制裁があるし(特商71条)、また、そのような書面を示して契約を勧誘した場合は、特定商取引法52条1項の禁止行為である不実の告知に該当することになる(齋藤ほか『特定商取引法ハンドブック第4版』605頁)。

　また、「一定の期間内に提供等する業務の回数もしくは時間その他の提供

等する業務の量」(特商規45条2項事項1内容ロ)を「0」と表示せず、具体的内容を記載した場合、その記載内容に従った業務の提供やあっせんが、業務提供誘引販売業者の法律上の義務となる(齋藤ほか『特定商取引法ハンドブック第4版』606頁)。

  b 「業務提供利益の全部又は一部が支払われないこととなる場合が
   あるときは、その条件」

「商品若しくは提供される役務を利用する業務の提供又はあっせんについての条件に関する事項」(特商55条2項2号)として、「業務提供利益の全部又は一部が支払われないこととなる場合があるときは、その条件」を記載する(特商規45条2項事項1内容ホ)。

具体的には、報酬を得るには、業務に従事するだけでなく、業務によってある仕事を完成させる必要がある場合には、仕事の完成が必要である旨を明示する必要がある。また、仕事の遂行や仕事の完成において、報酬の支払いを受けるのに必要な基準や水準をクリアする必要がある場合には、その基準や水準の内容が容易に判断できるように具体的かつ客観的に表示する必要がある。「仕事の内容が当社の定める基準に照らし、相当と認められない場合には、報酬の全部又は一部を受け取ることはできません」などという表示は認められない(齋藤ほか『特定商取引法ハンドブック第4版』606頁)。

また、仕事の完成に期限があり、その期限までに仕事を完成させないと報酬がもらえなかったり、減額される場合には、そのような期限がある旨、および期限に遅れた場合には報酬がもらえなかったり、どのように減額されるのかを具体的に記載する必要がある(齋藤ほか『特定商取引法ハンドブック第4版』606頁・607頁)。

オ 業務提供誘引販売取引における契約書面の記載方法

契約書面には、書面の内容を十分に読むべき旨を赤枠の中に赤字で記載しなければならない(特商規45条3項)。法定書面の文字および数字には、日本工業規格Z8305に規定する8ポイント以上の大きさを用いなければならない

(特商規45条4項)。法定書面のクーリング・オフに関する記載事項は、赤枠内に赤字で記載しなければならない（特商規45条5項)。

カ　概要書面と契約書面の一括交付

経済産業省の通達は、勧誘の際に交付した概要書面に特定商取引法55条2項所定の事項の記載がなされていたとしても、その概要書面の交付をもって契約書面の交付とはみなされないとする（特定商取引法施行通達第5章九(2)(イ))。したがって、概要書面と契約書面を同時に交付することは、いずれかの書面について交付時期違反となる（齋藤ほか『特定商取引法ハンドブック第4版』602頁)。

3　業務提供誘引販売取引における不実告知・重要事項故意不告知による意思表示の取消し（特商58条の2）

(1)　不実告知・重要事項故意不告知による業務提供誘引販売契約の意思表示取消しの制度

業務提供誘引販売取引においては、不実告知・重要事項故意不告知があった場合に、購入者等の契約の申込みや承諾の意思表示を取り消すことができる（特商58条の2）（平成16年改正法により新設された（『平成21年特定商取引法解説』340頁、「消費者関係法執務資料（改訂版)」227頁2))。

また、平成20年改正法により、業務提供誘引販売業者が、与信契約（クレジット契約)（個別信用購入あっせん関係受領契約（割販35条の3第1項参照))の勧誘を行う際に、支払総額・支払回数等のクレジット契約内容の不実告知や、商品の品質・性能等の販売契約に関する重要事項等についての故意による不告知など不適正な勧誘を行い、特定継続的役務提供受領者等に誤認が生じた場合には、業務提供誘引販売契約を取り消し（特商58条の2)、与信契約（クレジット契約）の取消しもできるとされた（割販35条の3の13（訪問販売・電話勧誘販売)・35条の3の14（特定連鎖販売個人契約)・35条の3の15（特定継続的役務提供等契約)・35条の3の16（業務提供誘引販売個人契約))。不実告知・重要事項故意不告知による業務提供誘引販売契約および与信契約

第2節　特定商取引に関する法律（特定商取引法）

等の取消しの制度については、第1章第1節第6（42頁）を参照されたい。

(2) 業務提供誘引販売契約の意思表示取消しの要件（特商58条の2第1項）

ア　業務提供誘引販売契約取消しの要件

業務提供誘引販売取引における不実告知・重要事項故意不告知による業務提供誘因販売契約の取消しの要件は、以下の①～③のとおりである（特商58条の2第1項）（圓山『詳解特定商取引法の理論と実務〔第2版〕』671頁(1)、齋藤ほか『特定商取引法ハンドブック第4版』616頁(1)）。

① 業務提供誘引販売契約の締結について勧誘するに際し、
② 業務提供誘引販売業を行う者が
　a 特定商取引法52条1項の規定に違反して同項各号（特商規39条の3各号）の事項につき不実のことを告げる行為をしたことにより、当該告げられた内容が事実であるとの誤認をし、
　または、
　b 特定商取引法52条1項の規定に違反して同項各号（特商規39条の3各号）の事項につき故意に事実を告げない行為をしたことにより、当該事実が存在しないとの誤認をし、
③ それによって当該業務提供誘引販売契約の申込みまたはその承諾の意思表示をしたとき

イ　各要件の内容

(ア)「不実のことを告げる行為」

「不実のことを告げる行為」とは、事実と異なることを相手方に伝える行為であり、客観的に事実と相違する事項を告げる行為があればそれに該当し、業務提供誘引販売事業者のその事項が虚偽であることの認識や顧客を誤認させようとする故意は必要ではない（特定商取引法等施行通達第5章三(2)（第2章第2節四(1)(ロ)））。

(ｲ)　「故意に事実を告げない行為」

　「故意に事実を告げない行為」における「故意」とは、通達上、業務提供誘引販売事業者において、告げない事実が購入者等にとって不利益となるものであることを知っていることおよび当該事実を購入者等が認識していないことを知っていることをいうとされている（特定商取引法等施行通達第5章三(4)（第2章第2節四(2)））。

　(ｳ)　因果関係

　購入者等が意思表示を取り消すことができるのは、「業務提供誘引販売事業者の違反行為」と「当該契約の相手方が誤認したこと」および「当該契約の相手方が誤認したこと」と「当該契約の相手方が意思表示」をしたことの間の双方に因果関係が認められる必要があるが、業務提供誘引販売事業者の違反行為の事実があれば、この2つの因果関係は、通常、事実上推定されると解される（特定商取引法等施行通達第5章三(1)（第2章第2節九(1)(ﾛ)））（齋藤ほか『特定商取引法ハンドブック第4版』619頁(5)）。

　(3)　取消しの効果

　特定商取引法58条の2第1項の規定によって業務提供誘引販売契約の申込みやその承諾の意思表示が取り消されると、意思表示は遡って無効となる（民121条）。したがって、すでに代金が支払われていたり、商品や権利が引き渡されている場合には、不当利得となるので、販売業者や役務提供事業者は代金の返還義務があり、業務提供誘引販売契約の相手方（顧客）も受領した商品や権利が現存している場合には、原則としてそれを返還する必要がある（民703条）。販売業者や役務提供事業者が、禁止行為違反であることを知りながら勧誘し、顧客に代金を支払わせた場合、これらの業者は悪意の受益者に該当し、契約が特定商取引法によって取り消された場合には、顧客から受領した代金に受領したときから利息を付して返還する義務がある（民704条）（齋藤ほか『特定商取引法ハンドブック第4版』619頁）。

(4) 取消効の第三者への不対抗

特定商取引法58条の2による業務提供誘引販売契約の申込みまたはその承諾の意思表示取消効は、善意の第三者には対抗できない（特商58条の2第2項（9条の3第2項））。

(5) 取消権の消滅時効等

特定商取引法58条の2による業務提供誘引販売契約の申込みまたはその承諾の意思表示取消権は、追認できるときから6カ月間行わないときは時効によって消滅し、契約締結の時から5年間の除斥期間にかかる（特商58条の2第2項（9条の3第4項））（齋藤ほか『特定商取引法ハンドブック第4版』620頁）。

4 業務提供誘引販売契約の解除等に伴う損害賠償等の額の制限（特商58条の3）

(1) 顧客側の債務不履行で契約が解除された場合（特商58条の3第1項）

業務提供誘引販売業を行う者は、その業務提供誘引販売業に係る業務提供誘引販売契約の締結をした場合において、その業務提供誘引販売契約が解除されたときは、損害賠償の予定または違約金の定めがあるときにおいても、以下の①～④に掲げる場合に応じて定める額にこれに対する法定利率による遅延損害金の額を加算した金額を超える額の金銭の支払いをその相手方（顧客）に対して請求することができない（特商58条の3第1項）（齋藤ほか『特定商取引法ハンドブック第4版』623頁(1)、圓山『詳解特定商取引法の理論と実務〔第2版〕』676頁2）。

① 商品または権利が返還された場合　当該商品の通常の使用料の額または当該権利の行使により通常得られる利益に相当する額（当該商品または当該権利の販売価格に相当する額から当該商品または当該権利の返還された時における価額を控除した額が通常の使用料の額または権利の行使により通常得られる利益に相当する額を超えるときは、その額）

② 商品または権利が返還されない場合　当該商品または当該権利の販

売価格に相当する額
③ 業務提供誘引販売契約の解除が役務の提供の開始後である場合　提供された当該役務の対価に相当する額
④ 業務提供誘引販売契約の解除が商品の引渡しもしくは権利の移転または役務の提供の開始前である場合　契約の締結および履行のために通常要する費用の額

(2) 顧客側の債務不履行があったが契約が解除されていない場合（特商58条の3第2項）

業務提供誘引販売業を行う者は、その業務提供誘引販売業に係る業務提供誘引販売契約の締結をした場合において、その業務提供誘引販売契約に係る商品の代金または役務の対価の全部または一部の支払いの義務が履行されない場合（業務提供誘引販売契約が解除された場合を除く）には、損害賠償額の予定または違約金の定めがあるときにおいても、当該商品の販売価格または当該役務の対価に相当する額からすでに支払われた当該商品の代金または当該役務の対価の額を控除した額にこれに対する法定利率による遅延損害金の額を加算した金額を超える額の金銭の支払いを相手方（顧客）に対して請求することができない（特商58条の3第2項）（齋藤ほか『特定商取引法ハンドブック第4版』623頁(2)、圓山『詳解特定商取引法の理論と実務〔第2版〕』677頁3）。

(3) 業務提供誘引販売契約の解除等に伴う損害賠償等の額の制限規定（特商58条の3）の適用範囲

特定商取引法58条の3の制限は、顧客側に債務不履行があった場合における損害賠償等の額の上限を定めたものである。業務提供誘引販売業者側に債務不履行があった場合には、顧客は特定商取引法58条の3の制限とは関係なく、民法に基づき算定された額の損害賠償等の請求ができる（齋藤ほか『特定商取引法ハンドブック第4版』622頁）。

第8 ネガティブ・オプション

1 ネガティブ・オプションとは

　ネガティブ・オプションとは、事業者が、商品購入の申込みを受けていない顧客に対し、売買契約の申込みをし、かつ商品を送付することである（特商59条1項）（齋藤ほか『特定商取引法ハンドブック第4版』636頁、圓山『詳解特定商取引法の理論と実務〔第2版〕』678頁）。

　業者が、代金引換郵便を利用して一方的に商品を送り付ける場合、顧客側が、内容物を理解しないまま郵便局員に代金を支払ったり、他の家族が注文したものだと誤解して代金を支払ったとしても、それは、当該商品を購入することを承諾したものとは解されない（齋藤ほか『特定商取引法ハンドブック第4版』638頁）。

2 送付された商品の保管義務

　商品購入の申込みを受けていない顧客に対して送付された商品については、契約に基づいて保管するものではないので、当該顧客は、善良なる管理者の注意義務（民400条）は負わず、自己の財産と同一の注意をもって保管する義務（民659条）を負うにすぎない（齋藤ほか『特定商取引法ハンドブック第4版』638頁、圓山『詳解特定商取引法の理論と実務〔第2版〕』683頁(エ)）。

3 商品を送付した業者の商品返還請求権の喪失

　ネガティブ・オプションにより商品を送付した場合、①送付を受けた者が商品を受領した日から14日を経過するまでに、または、②送付を受けた者が商品の引取りを請求したときは当該請求日から7日を経過する日までに、それぞれ送付を受けた者が商品の購入を承諾せず、商品を送付した業者が商品を引き取らないときは、当該業者はその商品の返還請求権を失う（特商59条1項）。

　これは、その商品の送付を受けた者のために商行為となる売買契約の申込みについては、適用されない（特商59条2項）。

業者が商品の返還請求権を失った結果、上記期間経過後に送付を受けた者が商品を処分しあるいは使用・消費しても、当該業者は、損害賠償請求も代金請求もできない（齋藤ほか『特定商取引法ハンドブック第 4 版』640頁）。

業者が送付した商品の代金を請求しようとするときは、送付を受けた者が、上記の期間内に商品を使用・消費したという事実を主張立証する必要がある（齋藤ほか『特定商取引法ハンドブック第 4 版』640頁）。

第3節　金融商品の販売等に関する法律（金融商品販売法）

第1　金融商品販売法

　金融商品の販売等に関する法律（以下、「金融商品販売法」という）は、金融商品販売業またはその代理もしくは媒介の業者が、金融商品の販売等をした際に、顧客に対する所定の説明義務違反があった場合における、金融販売業者等の損害賠償責任の確保等についての定めをした法律である（金販1条・2条）。

　また、対象となる金融商品の販売は、金融商品販売法2条1項に規定されている。

第2　金融商品販売法5条に基づく損害賠償請求

1　金融商品販売法5条に基づく損害賠償請求権（金販5条）

　金融商品販売業者等（金販2条2項・3項）は、業として金融商品の販売等をする前に、顧客に対し、①金融商品販売法3条1項に定める重要事項の説明をしなかったとき、または、②金融商品の販売に係る事項について、不確実な事項について断定的判断を提供し、または確実であると誤認されることを告げたとき（金販4条）（平成18年法律第66号による改正金融商品販売法（以下、「平成18年改正法」という。平成19年9月30日施行）により追加された）は、これによって生じた当該顧客の損害を賠償しなければならない（金販5条）。

215

2　無過失責任

　金融商品販売法5条に基づく損害賠償責任は、無過失責任であり、顧客が同条に基づき金融商品販売業者等に対し損害賠償を請求する際、金融商品販売業者等の過失を主張立証する必要はない（金販5条参照）（「消費者関係法執務資料（改訂版）」104頁2、岡口『要件事実マニュアル第4巻（第3版）』34頁(1)）。

3　金融商品販売業者等の従業員の勧誘における金融商品販売業者等に対する直接の責任追及

　実際に金融商品の購入を勧誘するのは、金融商品販売業者等の従業員などであり、金融商品販売業者等自身が損害賠償責任を負うためには、不法行為に基づく請求の場合には、民法715条の使用者責任等の要件を満たす必要がある。そして、この場合、同条1項ただし書によって、使用者が被用者の選任および事業の監督について相当の注意をしたとき等の免責事由が認められている。これに対して、金融商品販売法では、金融商品の販売の勧誘を実際に行ったのが金融商品販売業者等の従業員であった場合、金融商品販売業者等が直接顧客に対し損害賠償責任を負うこととされ、金融商品販売業者等に民法715条1項ただし書の規定のような免責は認められない（金販5条）（「消費者関係法執務資料（改訂版）」104頁3、「消費者契約法執務資料」67頁、岡口『要件事実マニュアル第4巻（第3版）』34頁(2)）。

4　因果関係と損害額の推定

(1)　説明義務違反・断定的判断の提供等と損害発生との間の因果関係の推定

　金融商品販売法5条に基づく損害賠償請求においては、説明義務違反または断定的判断の提供等と損害発生との間の因果関係は推定される（「消費者関係法執務資料（改訂版）」105頁、「消費者契約法執務資料」68頁、岡口『要件事実マニュアル第4巻（第3版）』40頁）。

(2) 損害額の元本欠損額との推定

金融商品販売法5条に基づく損害賠償請求においては、金融商品の販売による損害は、元本欠損額と推定される（金販6条）（「消費者関係法執務資料（改訂版）」105頁、岡口『要件事実マニュアル第4巻（第3版）』40頁）。

(3) 元本欠損額

金融商品販売法5条に基づく損害賠償請求において金融商品の販売による損害と推定される元本欠損額とは、以下の金額をいう（「消費者関係法執務資料（改訂版）」105頁・106頁注3）。

> 元本欠損額＝顧客の支払った金銭および支払うべき金銭の合計額
> 　　　　　－〔顧客が取得した金銭等および取得すべき金銭等の合計額＋顧客等が取得した金銭以外の物・権利であって当該顧客等が売却その他の処分をしたものの処分価額の合計額〕

(4) 元本欠損額を超える損害の請求

顧客は、元本欠損額を超える損害を請求することもできるが、その場合、当該損害の発生および説明義務違反または断定的判断の提供等との因果関係を立証しなければならない（「消費者関係法執務資料（改訂版）」105頁）。

5 説明の時期

金融商品販売法3条1項に定める重要事項の説明は、「金融商品の販売等に係る金融商品の販売が行われるまでの間に」しなければならない（金販3条1項）（「消費者関係法執務資料（改訂版）」94頁）。

6 断定的判断の提供等の対象

金融商品販売法4条・5条の断定的判断の提供等の対象となるのは、不確実な事項全般であるので、利益が生じることについての断定的判断に限定されているわけではなく、また確実であると誤信させるおそれのあることを告げる行為の場合も利益が生じることが確実であると誤信させることに限定されているわけではないと解されている（上柳敏郎ほか『新・金融商品取引法ハ

ンドブック』(日本評論社) 219頁、「消費者関係法執務資料 (改訂版)」103頁第5)。

第4節　電子消費者契約及び電子承諾通知に関する民法の特例に関する法律（電子消費者契約等特例法）

第1　電子消費者契約に関する民法の特例（電子消費者特例3条）

1　電子消費者契約に関する民法の特例

　電子消費者契約（消費者と事業者との間で電磁的方法により電子計算機の映像面を介して締結される契約であって、事業者またはその委託を受けた者が当該映像面に表示する手続に従って消費者がその使用する電子計算機を用いて送信することによってその申込みまたはその承諾の意思表示するもの（電子消費者特例2条1項）。インターネット上のウェブ画面を通じての契約に限らず、電子メールの交換による契約やコンビニエンスストアのキオスク端末等の専用端末を用いて専用線を解して締結される契約も含まれる（平成13年12月25日付け経済産業省商務情報政策局情報経済課「電子消費者契約及び電子承諾通知に関する民法の特例に関する法律逐条解説」[2] 2(2)））において、その電子消費者契約の要素に錯誤があって、消費者に以下の①②のいずれかの錯誤があった場合、民法95条ただし書が適用されず、消費者に重大な過失があっても、錯誤を理由とする無効を主張することができる（電子消費者特例3条本文）（齋藤ほか『特定商取引法ハンドブック第4版』347頁、岡口『要件事実マニュアル第4巻（第3版）』61頁1）。

① 消費者がその使用する電子計算機（コンピュータ）を用いて送信した時に、当該事業者との間で、当該契約の申込みまたはその承諾の意思表示を行う意思がなかったとき

② 消費者がその使用する電子計算機（コンピュータ）を用いて送信した

時に、当該契約の申込みまたはその承諾の意思表示と異なる内容の意思表示を行う意思があったとき

2 電子消費者契約において表意者に重過失があるときの特例

売買契約に基づく代金支払請求に対し、当該申込みまたは承諾の意思表示を行う意思がなかったまたは別個の意思表示を行う意思があったとの錯誤無効の抗弁が主張され、これに対し表意者の重過失の再抗弁が主張されたとき、再々抗弁として電子消費者契約において表意者に重過失があるときの特例（電子消費者特例3条本文）の適用が主張される（岡口『要件事実マニュアル第4巻（第3版）』62頁2）。

3 事業者が商品確認申込みの確認措置をとったことまたは消費者がこのような確認措置を要しない旨の意思表示をしたこと

電子消費者契約において、消費者がインターネットのウェブ上で申込みまたは承諾の意思表示に際し、事業者が、電磁的方法によりその画面を介して、その消費者の申込みまたは承諾の意思表示を行う意思の有無について確認を求める措置を講じたことまたはその消費者から当該事業者に対して当該措置を講ずる必要がない旨の意思の表明があったこと（電子消費者特例3条ただし書）を、事業者から再々々抗弁として主張できる（齋藤ほか『特定商取引法ハンドブック第4版』347頁、岡口『要件事実マニュアル第4巻（第3版）』62頁イ）。

第2 電子承諾通知に関する民法の特例（電子消費者特例4条）

隔地者間の契約における電子承諾通知（契約の申込みに対する承諾の通知であって、電磁的方法のうち契約の申込みに対する承諾をしようとする者が使用する電子計算機等（電子計算機、ファクシミリ装置、テレックス又は電話機をいう）

第4節　電子消費者契約及び電子承諾通知に関する民法の特例に関する法律（電子消費者契約等特例法）

と当該契約の申込みをした者が使用する電子計算機等とを接続する電話通信回線を通じて送信する方法により行うもの（電子消費者特例2条4項））については、意思表示の効力に関する民法の発信主義の規定（民526条1項・527条）の適用が排除され（電子消費者特例4条）、到達主義に戻り（民97条1項）、電子承諾通知が相手方のサーバーに到達したときに契約が成立することになる（齋藤ほか『特定商取引法ハンドブック第4版』347頁ウ）[*28]。

[*28] 平成23年6月27日付け経済産業省商務情報政策局情報経済課「電子商取引及び情報財取引等に関する準則」Ⅰ-1-1-2(2)では、「到達」の意義を以下のように述べる。
　「この到達の時期について民法には明文の規定はないが、意思表示の到達とは、相手方が意思表示を了知し得べき客観的状態を生じたことを意味すると解されている。すなわち、意思表示が相手方にとって了知可能な状態におかれたこと、換言すれば意思表示が相手方のいわゆる支配圏内におかれたことをいうと解される（最高裁昭和36年4月20日第一小法廷判決・民集15巻4号774頁、最高裁昭和43年12月17日第三小法廷判決・民集22巻13号2998頁）。
　電子承諾通知の到達時期については、相手方が通知に係る情報を記録した電磁的記録にアクセス可能となった時点をもって到達したものと解される。例えば、電子メールにより通知が送信された場合は、通知に係る情報が受信者（申込者）の使用に係る又は使用したメールサーバー中のメールボックスに読み取り可能な状態で記録された時点であると解される。具体的には、次のとおり整理されると考えられる。
　①相手方が通知を受領するために使用する情報通信機器をメールアドレス等により指定していた場合や、指定してはいないがその種類の取引に関する通知の受領先として相手方が通常使用していると信じることが合理的である情報通信機器が存在する場合には、承諾通知がその情報通信機器に記録されたとき、②①以外の場合には、あて先とした情報通信機器に記録されただけでは足りず、相手方がその情報通信機器から情報を引き出して（内容を了知する必要はない。）初めて到達の効果が生じるものと解される」。

第3章　消費者信用関係紛争解決のための手続

第1節　相談窓口

公的機関等において、多重債務を負っているために、債務の支払いが困難となった債務者に対して、相談窓口を設けているところがある。

第1　地方自治体の相談窓口

地方自治体においては、サラ金・クレジット関係の債務等に伴う多重債務等の債務整理に関する相談窓口を設けている。

［表10］　地方自治体の多重債務者相談窓口

都道府県	多重債務者相談窓口	電話番号
北海道	北海道立消費生活センター	(050) 7505-0999
青森県	青森県消費生活センター青森相談室	(017) 722-3343
	青森県消費生活センター弘前相談室	(0172) 36-4500
	青森県消費生活センター八戸相談室	(0178) 27-3381
	青森県消費生活センターむつ相談室	(0175) 22-7051
岩手県	県民生活センター	(019) 624-2209
	県南広域振興局消費生活相談室	(0197) 22-2813
	県南広域振興局消費生活相談室北上相談室	(0197) 65-2731
	県南広域振興局消費生活相談室遠野相談室	(0198) 62-9930
	県南広域振興局消費生活相談室一関相談室	(0191) 26-1411
	県南広域振興局消費生活相談室千厩相談室	(0191) 52-4901
	沿岸広域振興局大船渡地域振興センター消費生活相談室	(0192) 27-9911
	沿岸広域振興局宮古地域振興センター消費生活相談室	(0193) 64-2211
	県北地域振興局消費生活相談室	(0194) 53-4981
	宮城県消費生活センター	(022) 261-5161
	大河原地方振興事務所県民サービスセンター	(0224) 52-5700

第1節 相談窓口

宮城県	北部地方振興事務所県民サービスセンター	(0229) 22-5700
	北部地方振興事務所栗原地域事務所県民サービスセンター	(0228) 23-5700
	東部地方振興事務所県民サービスセンター	(0225) 93-5700
	東部地方振興事務所登米地域事務所県民サービスセンター	(0220) 22-5700
	気仙沼地方振興事務所県民サービスセンター	(0226) 22-7000
秋田県	秋田県生活センター	(018) 836-7806
山形県	山形県消費生活センター	(023) 624-0999
	山形県庄内消費者センター	(0235) 66-5451
福島県	福島県消費生活センター	(024) 521-0999
茨城県	茨城県消費生活センター	(029) 225-6445
栃木県	栃木県消費生活センター	(028) 625-2227
群馬県	群馬県消費生活センター	(027) 223-3001（平日）
		(027) 226-2266（土日）
埼玉県	県民相談コールセンター	(048) 728-9601
千葉県	環境生活部県民生活課	(043) 223-2795
	千葉県消費者センター	(047) 434-0999
東京都	東京都消費生活総合センター	(03) 3235-1155
神奈川県	かながわ中央消費生活センター	(045) 312-1881
新潟県	新潟県消費生活センター	(025) 285-4196
富山県	富山県消費生活センター	(076) 433-3252
	富山県消費生活センター高岡支所	(0766) 25-2777
石川県	消費生活支援センター	(076) 267-6110
福井県	福井県消費生活センター	(0776) 22-1102
	福井県嶺南消費生活センター	(0770) 52-7830
山梨県	山梨県県民生活センター	(055) 223-1366
		(055) 235-8455
	山梨県県民生活センター地方相談室	(0554) 45-5038
		(0554) 45-7843
長野県	長野県長野消費生活センター	(026) 223-6777
	長野県松本消費生活センター	(0263) 35-1556
	長野県松本消費生活センター岡谷支所	(0266) 23-8260
	長野県飯田消費生活センター	(0265) 24-8058
	長野県上田消費生活センター	(0268) 27-8517

第3章　消費者信用関係紛争解決のための手続

岐阜県	岐阜県県民生活相談センター		(058) 277-1003
	西濃振興局振興課		(0584) 73-1111
	中濃振興局振興課		(0574) 25-3111
	中濃振興局中濃事務所振興課		(0575) 33-4011
	東濃振興局振興課		(0572) 23-1111
	東濃振興局恵那事務所振興課		(0573) 26-1111
	飛騨振興局振興課		(0577) 33-1111
静岡県	東部県民生活センター		(055) 952-2299
	中部県民生活センター		(054) 202-6006
	西部県民生活センター		(053) 452-2299
愛知県	中央県民生活プラザ		(052) 962-5100
	尾張県民生活プラザ		(0586) 71-5900
	海部県民生活プラザ		(0567) 24-2500
	知多県民生活プラザ		(0569) 23-3900
	西三河県民生活プラザ		(0564) 27-0800
	豊田加茂県民生活プラザ		(0565) 34-6151
	新城設楽県民生活プラザ		(0536) 23-8700
	東三河県民生活プラザ		(0532) 52-7337
三重県	三重県消費生活センター		(059) 228-2212
滋賀県	滋賀県消費生活センター		(0749) 23-0999
京都府	京都府消費生活安全センター		(075) 671-0044
	京都府山城広域振興局商工労働観光室		(0774) 21-2426
	京都府南丹広域振興局商工労働観光室		(0771) 23-4438
	京都府中丹広域振興局商工労働観光室		(0773) 62-2506
	京都府丹後広域振興局商工労働観光室		(0772) 62-4304
大阪府	商工労働部貸金業対策課		(06) 6210-9512
兵庫県	【注】お住いの市町により、窓口が異なります。		
	神戸市	兵庫県民総合相談センター（さわやか県民相談）	(078) 360-8511
		県庁広聴課（さわやか県民相談）	(078) 371-3733
		生活科学総合センター（消費生活相談）	(078) 303-0999
		神戸県民局（消費者金融相談）	(078) 362-3324
	尼崎市、西宮市、芦屋市	阪神南県民局（さわやか県民相談）	(06) 6481-7641(代)
		生活科学総合センター（消費生活相談）	(078) 303-0999

224

第1節　相談窓口

		阪神南県民局（消費者金融相談）	(06) 4868-5075
	伊丹市、宝塚市、川西市、三田市、猪名川町	阪神北県民局（さわやか県民相談）	(0797) 83-3101（代）
		生活科学総合センター（消費生活相談）	(078) 303-0999
		阪神北県民局（消費者金融相談）	(0797) 83-3155
	明石市、加古川市、高砂市、稲美町、播磨町	東播磨県民局（さわやか県民相談）	(079) 421-1101（代）
		東播磨生活科学センター（消費生活相談）	(079) 424-0999
		東播磨県民局（消費者金融相談）	(079) 421-9610
	西脇市、三木市、小野市、加西市、加東市、多可町	北播磨県民局（さわやか県民相談）	(0795) 42-5111（代）
		東播磨生活科学センター（消費生活相談）	(079) 424-0999
		北播磨県民局（消費者金融相談）	(0795) 42-9415
	姫路市、神河町、市川町、福崎町	中播磨県民局（さわやか県民相談）	(079) 281-3001（代）
		姫路生活科学センター（消費生活相談）	(079) 296-0999
		中播磨県民局（消費者金融相談）	079-281-9260
	相生市、たつの市、赤穂市、宍粟市、太子町、上郡町、佐用町	西播磨県民局（さわやか県民相談）	(0791) 58-2100（代）
		西播磨生活科学センター（消費生活相談）	(0791) 75-0999
		西播磨県民局（消費者金融相談）	(0791) 58-2144
	豊岡市、養父市、朝来市、香美町、新温泉町	但馬県民局（さわやか県民相談）	(0796) 23-1001（代）
		但馬生活科学センター（消費生活相談）	(0796) 23-0999
		但馬県民局（消費者金融相談）	(0796) 26-3685
	丹波市、篠山市	丹波県民局（さわやか県民相談）	(0795) 72-0500（代）
		丹波生活科学センター（消費生活相談）	(0795) 72-0999
		丹波県民局（消費者金融相談）	(0795) 73-3784
	洲本市、南あわじ市、淡路市	淡路県民局（さわやか県民相談）	(0799) 22-3541（代）
		淡路生活科学センター（消費生活相談）	(0799) 85-0999
		淡路県民局（消費者金融相談）	(0799) 26-2085
奈良県	奈良県消費生活センター		(0742) 26-0931
和歌山県	県民相談室		(073) 441-2356
	和歌山県消費生活センター		(073) 433-1551
	和歌山県消費生活センター紀南支所		(0739) 24-0999
鳥取県	鳥取県生活環境部消費生活センター西部消費生活相談室		(0859) 34-2648
			(0859) 34-2668
	鳥取県生活環境部消費生活センター東部消費生活相談室		(0857) 26-7605
			(0857) 26-7604

225

第3章 消費者信用関係紛争解決のための手続

	鳥取県生活環境部消費生活センター中部消費生活相談室	(0858) 22-3000
島根県	島根県消費者センター	(0852) 32-5916
	島根県消費者センター石見分室	(0856) 23-3657
岡山県	生活環境部県民生活課消費生活対策班	(086) 226-7346
広島県	県民生活部総務管理局消費生活室	(082) 223-8811
山口県	環境生活部消費生活センター	(083) 924-0999
徳島県	徳島県消費者情報センター	(088) 623-0611
香川県	香川県消費生活センター多重債務・ヤミ金融専用電話	(087) 834-0008
	香川県東讃県民センター	(0879) 42-1200
	香川県小豆県民センター	(0879) 62-2269
	香川県中讃県民センター	(0877) 62-9600
	香川県西讃県民センター	(0875) 25-5135
愛媛県	愛媛県消費生活センター	(089) 925-3700
高知県	高知県立消費生活センター	(088) 824-0999
福岡県	福岡県消費生活センター	(092) 632-0999
佐賀県	くらしの安全安心課消費生活担当（佐賀県消費生活センター）	(0952) 24-0999
長崎県	県民生活部消費生活センター	(095) 823-2781
熊本県	熊本県消費生活センター	(096) 383-0999
大分県	大分県消費生活・男女共同参画プラザ（アイネス）	(097) 534-0999
宮崎県	宮崎県消費生活センター	(0985) 25-0999
	都城地方消費生活センター	(0986) 24-0999
	延岡地方消費生活センター	(0982) 31-0999
鹿児島県	鹿児島県消費生活センター	(099) 224-0999
	鹿児島県大島消費生活相談所	(0997) 52-0999
沖縄県	文化環境部県民生活課消費生活班	(098) 866-2187
	沖縄県県民生活センター	(098) 866-9214
	沖縄県県民生活センター宮古分室	(0980) 72-0119
	沖縄県県民生活センター八重山分室	(0980) 82-1289

※金融庁ホームページより（平成24年9月15日確認）

第2 公益財団法人クレジットカウンセリング協会の相談窓口

公益財団法人日本クレジットカウンセリング協会では、クレジットまたは消費者ローンにより、多重債務を負い、その返済が困難となった者またはその可能性がある者に対して、専任のカウンセラーが無料で相談に応じています。

[表11] 公益財団法人クレジットカウンセリング協会の相談窓口

〔多重債務ほっとライン〕 ご相談受付時間：毎週月曜〜金曜（12月28日〜1月4日、祝日等を除く）		
相談窓口	所在地	電話番号
東京センター	〒160-0022 東京都新宿区新宿1丁目15番9号さわだビル4階	03-3226-0121
福岡センター	〒810-0041 福岡市中央区大名2丁目12番15号赤坂セブンビル2階	092-739-8104
名古屋センター	〒460-0002 名古屋市中区丸の内3丁目19番1号ライオンビル7階	052-957-1211
仙台センター	〒980-0803 仙台市青葉区国分町1丁目7番18号白蜂広瀬通ビル6階	022-217-4014
広島センター	〒730-0017 広島市中区鉄砲町5番16号広島サンケイビル2階	082-551-8001
新潟センター	〒950-0087 新潟県新潟市中央区東大通2丁目5番8号東大通野村ビル4階	025-248-3311
静岡センター	〒420-0852 静岡県静岡市葵区紺屋町4丁目8番ガーデンスクエア第3ビル3階	054-275-5511
熊本相談室	カウンセリング（面接相談）の会場は予約の際にお知らせします。	0570-090304（ナビダイヤル）
浜松相談室	^	054-275-5511
福島相談室	^	0570-001315（ナビダイヤル）

第3章　消費者信用関係紛争解決のための手続

第2節　民事保全手続

第1　概　説

　多重債務者が、破産することを避けるために、弁護士等に依頼して債務整理をすることがある。この場合に、多数の債権者が債務整理の弁済計画に従った返済に応じているのに、一部の債権者が債務者の給料等の財産について仮差押えをすることがあると、債務者は破産手続をせざるを得なくなる場合がある。

第2　給料仮差押え

　特に、債務者の給料の仮差押えをすることは、債務者の勤務先における信用を失い、場合によっては退職を余儀なくされる可能性もある。そのため、給料に対する仮差押えについては、債権者が判決等に基づいて本執行で満足を得るまでの間に、債務者が退職してしまうような場合にのみ保全の必要性が認められると考えられる（大宮簡決平13・8・7判タ1084号312頁）。そして、債務者の給料により定期的収入があり、それが維持されれば、それと他の財産により、債務者が自己の生活を維持しながら、債権者に対する弁済計画に従った弁済が十分に可能であり、その弁済計画を履行することにより、債務者の経済的更生を図ることができると考えられる場合には、一部の債権者による抜け駆け的給料の仮差押えについては、保全の必要性がないと考えられる（西宮簡決平11・11・30判時1716号115頁）。

第3節　民事調停手続

第1　民事調停の申立て

　民事調停は、民事に関する紛争について、当事者間の互譲によって、条理にかない実情に即した解決を図ることを目的としたものである（民調1条）。

　話合い等をせずにいきなり訴訟を提起すると、相手方の感情を害し、当該当事者間の信頼関係が壊されてしまうことになりかねない。そこで、相手方と、今後とも良好な関係を保ちたいと考えている場合は、まず、当事者間での話合いをし、それでもだめなら裁判所を通しての話合いである調停の申立てをすることが相当であると思われる。

　調停の申立てをする際には、契約書等の相手方から交付された書面等の、申立ての趣旨および紛争の要点を明らかにする証拠書類がある場合は、その原本または写しを申立書に添付すべきである（民調規2条）。

【書式1】　調停申立書

調停事項の価額　　　　　　　　円	受　付　印
ちょう用印紙額　　　　　　　　円	
予納郵便切手額　　　　　　　　円	
調　停　申　立　書 　　　　　　簡易裁判所　御中	
平成　　年　　月　　日	
申立人の住所・氏名・電話番号等（氏名の末尾に押印すること） 　〒	

229

相手方の住所・氏名・電話番号等
　〒

申　立　て　の　趣　旨
1　相手方　は，申立人　に対し，

第3節　民事調停手続

紛争の要点

1

なお、サラ金・クレジット関係の債務者としては、多数の債務により支払不能に陥るおそれがあり、それを防ぎ、経済的再生を図ろうとする場合には、特定調停の申立てをすることができる。

【書式2】 特定調停申立書

	符号 _____
	特 定 調 停 申 立 書 平成　年　月　日
	○○簡易裁判所　御中 特定調停手続により調停を行うことを求めます。
申立人	住　所　〒　— （送達場所）□同上　　□次のとおり フリガナ 氏　名　　　　　　　　　　　　　　　印 　（契約時の氏名）□同上　　□ 　（契約時の住所）□同上　　□ 生年月日　昭・平　　年　　月　　日生 電話番号　　—　　—　（FAX番号　—　—　）
相手方	住　所（法人の場合は本店）　〒　— 氏名（法人の場合は会社名・代表者名） （支店・営業所の名称・所在地）〒　—

	（電話番号　　－　　－　FAX番号　　－　　－）
申立ての趣旨	債務額を確定したうえ債務支払方法を協定したい。
紛争の要点	1　債務の種類 　　□　借受金債務　　□保証債務（借受人　　　　　　　　） 　　□　立替金　　　　□その他（　　　　　　　　　　　　） 2　契約の状況等 　(1)　契約日　　　　　　　　　　年　　　月　　　日 　(2)　借受金額等　　　　　　　金　　　　　　　円 　(3)　現在の債務額（残元金）金　　　　　　　円 　　　（契約番号　　　　　　　　　　　　　　　　　） 　　□　別紙のとおり

貼用印紙欄		受付印欄
	調停事項の価額　100,000円 手　数　料　　　　500円	
	貼用印紙　　　500円 予納郵便切手　　　円	

（一般個人用）

第3章 消費者信用関係紛争解決のための手続

【書式3】 特定調停申立書（記載例）

	申立書は，相手方ごとに，それぞれ2部ずつ作成し提出してください。

符号

特定調停申立書
平成 ○○年 ○○月 ○○日

東京簡易裁判所　御中

特定調停手続により調停を行うことを求めます。

→ 裁判所への申立書提出日を記入します。

| 申立人 | 住　所　〒○○○-○○○○
　　　　東京都墨田区○○1丁目○○番○○号　○○マンション201号室
（送達場所）☑同上　□次のとおり
フリガナ　　スミダ　　タロウ
氏　名　　墨　田　太　郎　㊞
（契約時の氏名）□同上　☑ 千代田太郎
（契約時の住所）□同上　☑ 横浜市○○区○○2丁目○番○号
生年月日　　昭・平　　○○年　○○月　○○日生
電話番号　　△△-△△△△-△△△△（FAX番号　-　-　　）|

この欄には，申し立てる方（債務者）の住所・氏名・生年月日・連絡先電話番号等を記入します。
提出する際には，印鑑（スタンプ式は不可）を捺印してください。
「（送達場所）」とは，裁判所からの郵便物を受け取る場所を指します。
「（契約時の氏名）」，「（契約時の住所）」欄には，相手方と契約を締結した時と氏名，住所が変わっている場合には，この記載例のように記入してください。

| 相手方 | 住　所（法人の場合は本店）〒○○○-○○○○
　　　　東京都千代田区○○2丁目○○番○○号
氏　名（法人の場合は会社名・代表者名）
　　　　株式会社○○○○
　　　　代表者代表取締役　○　○　○　○
（支店・営業所の名称・所在地）〒　-
　　　（電話番号　-　-　　FAX番号　-　-　）|

この欄には，相手とする方（債権者）の住所・氏名を記入します。
相手方が法人の場合は，法務局で相手方の現在事項全部証明書又は代表者事項証明書等を取得し，その内容により，この記載例のように記入してください。

| 申立ての趣旨 | 債務額を確定したうえ債務支払方法を協定したい。 |

| 紛争の要点 | 1　債務の種類
　☑ 借受金債務　　　□ 保証債務（借受人　　　）
　☑ 立替金　　　　　□ その他（　　　　　　　）
2　契約の状況等
　(1) 契約日　　　　　平成　○○年　○○月　○○日
　(2) 借受金額等　　　金　　　　○○○,○○○　円
　(3) 現在の債務額（残元金）金　○○○,○○○　円
　（契約番号　　　○○○-○○○○-○○○○-○○○○）
　□ 別紙のとおり |

「債務の種類」欄は，該当する箇所にレ印を付してください。
「契約の状況等」欄は，契約書，取引明細書等で確認し記入してください。

| 貼用印紙欄 | 調停事項の価額　　100,000 円
手　数　料　　　　　　500 円
貼用印紙　　500 円
予納郵便切手　　　　円 | 受付印欄 |

← これ以降の欄への記入は必要ありません。

（一般個人用）

※　東京簡裁ホームページより

【書式4】 特定債務者の資料等（一般個人用）

特定債務者の資料等（一般個人用）

1　申立人
　　（ふりがな）
　　氏　　　名　＿＿＿＿＿＿＿＿＿＿＿＿＿＿＿＿＿＿＿＿
2　申立人の生活状況
　(1)　職業（業種・担当等）＿＿＿＿＿＿＿＿＿＿＿＿＿＿＿＿＿
　　　勤務先名称：＿＿＿＿＿＿＿＿＿＿＿＿＿＿＿＿＿＿＿＿＿
　　　勤続期間：＿＿＿＿年＿＿＿＿月
　(2)　月収（手取り）：＿＿＿＿＿＿＿＿円　　給料日：毎月＿＿＿＿日
　(3)　その他：＿＿＿＿＿＿＿＿＿＿＿＿＿＿＿＿＿＿＿＿＿＿
3　申立人の資産・負債（該当する□に「レ」を記入すること。以下同じ。）
　(1)　資産：□土地　□建物　□マンション　□自動車　□その他（　　　　　）
　(2)　その他の財産の状況：□預貯金（　　　　　円）□株式　□生命保険等
　　　　　　　　　　　　（返戻金有）　□その他（　　　　　　　　）
　(3)　負債：紛争の要点2及び関係権利者一覧表のとおり
4　家族の状況（申立人と生計を同一とする者を記入すること。）

氏　　名	続　柄	職　　業	月収（手取）	同居・別居
			円	□同　□別
			円	□同　□別
			円	□同　□別
			円	□同　□別
			円	□同　□別

5　その他返済額等について参考となる事項

6　返済についての希望
　　毎月＿＿＿＿＿＿＿万円くらいなら返済可能

【書式5】 特定債務者の資料等（一般個人用）（記載例）

特定債務者の資料等（一般個人用）

1　申立人
　　（ふりがな）　　　すみ　だ　　たろう
　　氏　　名　　墨　田　太　郎　　　　　　　　→ 申立人の氏名を記入します。

2　申立人の生活状況
　(1)　職業（業種・担当等）　　会社員（○○○販売・営業）
　　　勤務先名称：　○○○○株式会社　　　　　　→ 申立人の職業，勤務先，収入等について記入します。
　　　勤務期間：　9　年　3　月
　(2)　月収（手取り）　370,000　円　　給料日：毎月　25　日
　(3)　その他：　ボーナス年2回（7月，12月）　年額で130万円程度

3　申立人の資産・負債（該当する□に「レ」を記入すること。以下同じ。）　　→ 申立人の資産状況を記入します。
　(1)　資産：□土地　□建物　□マンション　☑自動車　□その他（　　　）
　(2)　その他の財産の状況：☑預貯金（約20万円）　□株式　□生命保険等（返戻金有）
　　　　　　　　　　　　□その他（　　　　　　　）
　(3)　負債：紛争の要点2及び関係権利者一覧表のとおり

4　家族の状況（申立人と生計を同一とする者を記入すること。）

氏　名	続柄	職　業	月収（手取）	同居・別居
○○○○	妻	パート	80,000円	☑同　□別
○○○○	長男	小学1年	0円	☑同　□別
○○○○	実母	無職	0円	□同　☑別
			円	□同　□別
			円	□同　□別

→ 申立人と生計を同じくする者を全員記入します。

5　その他返済額等について参考となる事項
　　○○○○（実母）は，○○県○○市に居住し，申立人と別居しているが，昨年末から健康が優れないため自宅で療養している。現在は仕事に就くことができず収入がないので，申立人が毎月5万円ずつを仕送りしている。

→ 債務の返済資金に関係する事項について記入します。

6　返済についての希望
　　毎月　　4　　万円くらいなら返済可能

→ 相手方が複数ある場合は，相手方全員に対する支払い総額を記入します。

※　東京簡裁ホームページより

【書式6】 関係権利者一覧表

申立人 _____

関 係 権 利 者 一 覧 表

※ 該当する□に「レ」を記入すること。

番号	債権者氏名又は名称 / 住　　所	債務の内容等 （当初借入日・当初借入金額・現在残高等） 年月日 ／ 金　額 ／ 残　高	担保権の内容等
1	＿＿＿＿＿＿＿＿＿＿ 申立書記載のとおり	・・ ／ 円 ／ 円	□ （根）抵当権付 □ （連帯）保証人付 （氏名　　　　　）
2	＿＿＿＿＿＿＿＿＿＿	・・ ／ 円 ／ 円	□ （根）抵当権付 □ （連帯）保証人付 （氏名　　　　　）
3	＿＿＿＿＿＿＿＿＿＿	・・ ／ 円 ／ 円	□ （根）抵当権付 □ （連帯）保証人付 （氏名　　　　　）
4	＿＿＿＿＿＿＿＿＿＿	・・ ／ 円 ／ 円	□ （根）抵当権付 □ （連帯）保証人付 （氏名　　　　　）
5	＿＿＿＿＿＿＿＿＿＿	・・ ／ 円 ／ 円	□ （根）抵当権付 □ （連帯）保証人付 （氏名　　　　　）
6	＿＿＿＿＿＿＿＿＿＿	・・ ／ 円 ／ 円	□ （根）抵当権付 □ （連帯）保証人付 （氏名　　　　　）
7	＿＿＿＿＿＿＿＿＿＿	・・ ／ 円 ／ 円	□ （根）抵当権付 □ （連帯）保証人付 （氏名　　　　　）

8		・・	円	円	□ (根) 抵当権付 □ (連帯) 保証人付 (氏名　　　　)
9		・・	円	円	□ (根) 抵当権付 □ (連帯) 保証人付 (氏名　　　　)
10		・・	円	円	□ (根) 抵当権付 □ (連帯) 保証人付 (氏名　　　　)
11		・・	円	円	□ (根) 抵当権付 □ (連帯) 保証人付 (氏名　　　　)
12		・・	円	円	□ (根) 抵当権付 □ (連帯) 保証人付 (氏名　　　　)

※　「関係権利者」とは，特定債務者に対して財産上の請求権を有する者及び特定債務者の財産の上に担保権を有する者をいう（特定調停法2条4項）。
　関係権利者の一覧表には，関係権利者の氏名又は名称及び住所並びにその有する債権又は担保権の発生原因及び内容を記載しなければならない（特定調停手続規則2条2項）。

第3節　民事調停手続

【書式7】 関係権利者一覧表（記載例）

申立人　墨田太郎

関　係　権　利　者　一　覧　表

＞ 申し立てる方の氏名（法人の場合は商号）を記入します。

※　該当する□に「レ」を記入すること。

番号	債権者氏名又は名称 住　所	債務の内容等 (当初借入日・当初借入金額・現在残高等)			担保権の内容等
		年月日	金　額	残　高	
1	株式会社○○銀行 申立書記載のとおり	平 ○・○○・○	円 ○○○万	円 ○○○,○○○	☑（根）抵当権付 □（連帯）保証人付 （氏名　　　　）
2	○○○○株式会社 〃	平 ○・○○・○	円 ○○○,○○○	円 ○○○,○○○	□（根）抵当権付 ☑（連帯）保証人付 （氏名　　　　）
3	株式会社○○クレジット 〃	平 ○・○○・○	円 ○○○,○○○	円 ○○○,○○○	□（根）抵当権付 □（連帯）保証人付 （氏名　　　　）
4	○○○○信販株式会社 〃	平 ○・○○・○	円 ○○○,○○○	円 ○○○,○○○	□（根）抵当権付 □（連帯）保証人付 （氏名　　　　）
5	○○○○ ○○市○○○1-2-3	平 ○・○○・○	円 ○○○,○○○	円 ○○○,○○○	□（根）抵当権付 □（連帯）保証人付 （氏名　　　　）
6		． ．	円	円	□（根）抵当権付 □（連帯）保証人付 （氏名　　　　）
7			円	円	□（根）抵当権付 □（連帯）保証人付 （氏名　　　　）
8			円	円	□（根）抵当権付 □（連帯）保証人付 （氏名　　　　）
9			円	円	□（根）抵当権付 □（連帯）保証人付 （氏名　　　　）
10			円	円	□（根）抵当権付 □（連帯）保証人付 （氏名　　　　）
11			円	円	□（根）抵当権付 □（連帯）保証人付 （氏名　　　　）
12			円	円	□（根）抵当権付 □（連帯）保証人付 （氏名　　　　）

＞ この関係権利者一覧表には，特定調停の相手方とするかしないかにかかわらず，すべての債権者を記入します。

＞ 記入するに当たっては，契約書や支払明細書などで確認し記入してください。

＞ 「担保権の内容等」欄には，借入等をするに当たって，不動産等を担保として提供した場合や保証人を付けた場合に記入してください。

※　「関係権利者」とは，特定債務者に対して財産上の請求権を有する者及び特定債務者の財産の上に担保権を有する者をいう。（特定調停法2条4項）
　関係権利者の一覧表には，関係権利者の氏名又は名称及び住所並びにその有する債権又は担保権の発生原因及び内容を記載しなければならない。（特定調停手続規則2条2項）

※　東京簡裁ホームページより

第2　民事調停の管轄（申立裁判所）

　民事調停事件は、基本的には、相手方の住所、居所、営業所もしくは事務所の所在地を管轄する簡易裁判所に申し立てることになる（民調3条前段）。当事者間で合意すれば、当事者が合意で定めた地方裁判所または簡易裁判所に申し立てることができる（民調3条後段）。

第3　調停調書の効力

　調停が成立した場合、その調停調書は、裁判上の和解と同一の効力を有し（民調16条）、確定判決と同一の効力を有することになり（民訴267条）、債務者の財産に対する強制執行をすることができる文書である債務名義となる（民執22条7号）。

第4　調停不成立の場合の訴訟の提起

　調停申立人が調停不成立の通知を受けた日から2週間以内に調停の目的となった請求について訴えを提起したときは、調停申立て時にその訴えの提起があったものとにみなされる（民調19条）。そして、調停申立て時に納付した手数料額は、訴え提起の段階では納めたものとみなされ（民訴費5条1項）、訴え提起の際に納付すべき手数料額から控除することができる。この場合、訴え提起時に、当該調停の内容、納めた手数料額および不成立の通知を受けた日について証明書を添付する必要がある。

第4節　訴訟手続

I　訴訟手続一般

第1　訴訟手続の種類・選択

1　訴訟手続

裁判所における訴訟手続には、通常訴訟と少額訴訟（民訴6編）がある。その他に、債権者の一方的主張に基づき、相手方である債務者の主張を聞かずに（民訴386条1項）、裁判所書記官が支払督促を発令する特別訴訟（略式訴訟）である督促手続がある（民訴7編）。

消費者信用関係の紛争について、調停等の話合い手続を経ずに、いきなり訴訟手続をすることもできる。

2　督促手続の選択

督促手続は、債権者の一方的主張に基づき、相手方である債務者の主張を聞かずに（民訴386条1項）、簡易・迅速に、強制執行をすることができる文書（債務名義）となる仮執行宣言付支払督促を得させる手続である。したがって、相手方と話合いをし、場合によっては和解等も考えているような場合は、その目的を達することができない。また、たとえば、相手方が債権者の請求の内容を争うような場合は、当該裁判所書記官が発した支払督促に対し督促異議を申し立てることになると思われ（民訴390条・393条）、そうなると督促手続は訴訟手続に移行することになり（民訴395条）、督促手続を利用した意味が失われてしまう。

したがって、たとえば、相手方である債務者が、債権者側の請求自体を争わず、ただ債務者側の怠慢、履行意思の欠如または資金不足等により履行しないような場合に、督促手続を利用し、仮執行宣言付支払督促を得て、それを基に債務者に支払いを促したり、あるいは、債務者側に財産があり、それ

を差し押さえて強制的に支払いを受けることを考えているような場合には、督促手続を選択する意味があると思われる。

3 通常訴訟手続の選択

消費者信用関係の紛争については、その債権者の請求に争いがあり、その点について、ある程度の裁判所の判断がないと話合いもできないようなものについては、民事調停等の話合いの手続や督促手続をとることなく、通常訴訟手続をするのが相当であると思われる。

4 少額訴訟手続の選択

訴訟手続には、少額訴訟手続がある。これは、証拠は即時に取り調べることができるものに限定され（民訴371条）、原則として1回の期日で審理を完了することを予定しており（民訴370条）、訴訟物の価額も60万円以下と定められているので（民訴368条1項）、紛争の態様が複雑でなく、基本となる契約書・領収書等の証拠もすぐにそろえることができる、60万円以下の金銭の支払いを求める消費者信用関係の紛争は、少額訴訟で行うこともできる。

少額訴訟を行う場合、原則として1回の期日で審理を完了することを予定しているので、申立てをする原告は、申立て段階で、訴状において主張すべきことをすべて主張し、証拠もそろえておく必要がある。

少額訴訟判決に不服がある場合の不服申立ては、異議申立てができるのみであり（民訴378条）、異議申立てがあれば同一の簡易裁判所でさらに少額異議審として審理をすることができるだけで、その異議審の判決に対しては控訴ができないとされ（特別上告はできる）（民訴380条）、通常の訴訟での判決に対する不服申立てである控訴・上告ができず、他の裁判所での再審理はできないことになっている。したがって、少額訴訟を選択する場合には、その点も考慮すべきである。

なお、少額訴訟は、同一の簡易裁判所において同一年に10回を超えて求めることができないとされており（民訴368条1項ただし書、民訴規223条）、信販会社等が顧客を被告として立替金請求等の訴えを提起することは、事実上

難しいと思われる。

【書式8】 訴　状
定型訴状──表紙

訴　状

【事　件　名】
　□貸金　□売買代金　□請負代金　□敷金返還　□賃料　□賃金
　□解雇予告手当　□損害賠償（物損）　□入会預託金返還　□マンション管理費　□損害賠償（原状回復費用〔建物〕）　□
　請　求　事　件

□少額訴訟による審理及び裁判を求めます。本年，私がこの裁判所において少額訴訟による審理及び裁判を求めるのは　　回目です。

　　平成　　年　　月　　日

　　　　原　告　　　　　　　　　　　　　　　　　印

　○○簡易裁判所御中

	訴　額	円
	手数料	円

収入印紙

印　紙	円	
予納郵券	円	印

受　付　印

定型訴状――当事者の表示

当　事　者　の　表　示

原　告

住　所　〒

氏　名

TEL　　　－　　　　　　FAX　　　－
　　　　－　　　　　　　　　　－

原告に対する書類の送達は，次の場所に宛てて行ってください。
　□上記住所等
　□勤務先　住　所　〒
　　　　　　名　称
　　　　　　　TEL　　　－　　　－
　□その他の場所（原告との関係　　　　　　　　　　）
　　　住　所　〒
　　　TEL　　　－　　　－

原告に対する書類の送達は，次の人に宛てて行ってください（送達受取人）。
　氏　名

被　告

住　所　〒

氏　名

TEL　　　－　　　　　　FAX　　　－
　　　　－　　　　　　　　　　－

　（勤務先）□次のとおり　　　　　□不明

```
     住 所 〒
     名 称
     TEL      －      －
```

定型訴状──請求の趣旨・原因（契約に基づく民事一般）

（契約に基づく民事一般）

請 求 の 趣 旨
被告は，原告に対して，（連帯して，）次の金員を支払え □1　請求額　金　　　　　円 □2　上記の金額に対する□平成　　年　　月　　日□訴状送達の日の翌日から支払済みまで年　　％の割合による遅延損害金 　　　　　　　　　　　　　　　（□約定利率□法定利率）

	紛 争 の 要 点	
1	契 約 の 日	平成　　年　　月　　日
2	契 約 の 内 容	
3	支払済みの額	金　　　　　円
4	残　　　　額	金　　　　　円
5	最終支払期限	平成　　年　　月　　日
6	添 付 書 類	

定型訴状──請求の趣旨・原因（その他民事一般）

（その他民事一般）

請　求　の　趣　旨
被告は，原告に対して，（連帯して，）次の金員を支払え □1　請求額　金　　　　　円 □2　上記の金額に対する□平成　　年　　月　　日□訴状送達の日の翌日から支払済みまで年　　％の割合による遅延損害金 　　　　　　　　　　　　　　　　　　　　（□約定利率□法定利率）

紛　争　の　要　点
添付書類

第2　訴訟事件の管轄 ──訴訟事件の申立裁判所

1　事物管轄──訴えを提起する第一審裁判所

(1)　通常訴訟の事物管轄～通常訴訟の第一審裁判所

通常事件の事物管轄は，訴訟物の価額が140万円を超えない事件は簡易裁

判所に（裁判所法33条1項1号）、それ以外の事件は地方裁判所に（裁判所法24条1項）、それぞれ管轄権があり、それぞれの裁判所に申立てをすることになる。

(2) 少額訴訟の事物管轄——少額訴訟の審理裁判所

少額訴訟は、簡易裁判所の事物管轄に属し（民訴368条1項）、簡易裁判所に申立てをすることになる。

(3) 訴訟物の価額（訴額）の算定

ア 訴訟物の価額（訴額）の算定

訴訟物の価額（訴額）は、訴えをもって主張する利益によって算定する（民訴8条1項）。

イ 数個の請求を併合する場合の訴訟物の価額（訴額）

(ア) 原 則

一つの訴えで数個の請求を併合する場合、その価額を合算したものを、訴訟物の価額（訴額）とする（民訴9条1項本文）。

(イ) 例 外

a 主張する利益が共通する場合

主張する利益が各請求について共通であるときは、その価額を、訴訟物の価額（訴額）に合算しない（民訴9条1項ただし書）。

たとえば、主債務者に対する請求と保証人に対する請求を併合した場合は、経済的利益の共通性を基礎として、その価額を、訴訟物の価額（訴額）に合算しない。

b 付帯請求

(a) 主たる請求に併合する場合

果実、損害賠償等の請求が、付帯請求として、主たる請求に併合される場合は、当該付帯請求の額は、訴訟物の価額（訴額）に算入しない（民訴9条2項）。

(b) 主たる請求とは別に請求する場合

果実、損害賠償等の請求を、主たる請求と併合せずに、それのみを請求するときは、それが独立の訴訟物となるから、その果実、損害賠償等の請求によって、訴訟物の価額（訴額）が定まる。

2 土地管轄——訴えを提起する裁判所の場所

(1) 被告の普通裁判籍（住所等）所在地を管轄する裁判所への訴え提起

訴えは、原則として、被告の普通裁判籍所在地を管轄する裁判所の管轄に属し（民訴4条1項）、人の普通裁判籍は、住所により、日本国内に住所がないときまたは住所が知れないときは居所により、日本国内に居所がないときまたは居所が知れないときは最後の住所地により定める（民訴4条2項）。法人その他の社団または財産の普通裁判籍は、その主たる事務所または営業所により、事務所または営業所がないときは代表者その他主たる業務担当者の住所により定める（民訴4条4項）。

(2) 義務履行地管轄裁判所

ア 義務履行地管轄裁判所

財産上の訴えは、義務履行地を管轄する裁判所に訴えを提起することができる（民訴5条1号）。信販関係における立替金等の請求やリース料の請求などは、金銭債権であり、義務履行地は、第一次的には当事者の明示または黙示の合意によって定まるが、合意がない場合は、債権者の現時の住所・営業所が義務履行地となるのが原則である（民484条）。したがって、金銭支払いの請求をする原告の住所地を管轄する裁判所にも訴えを提起することができる（『コンメンタール民事訴訟法Ⅰ第2版』109頁）。

イ 不法行為に基づく損害賠償の請求、不当利得に基づく請求の場合

不法行為に基づく損害賠償の請求や不当利得・事務管理に基づく請求については、債権者の現時の住所（民484条）が義務履行地である（『コンメンタール民事訴訟法Ⅰ第2版』111頁）。信販関係の事件において顧客が業者を相手に不法行為に基づく損害賠償請求をするような場合は、原告となる顧客の現時

第4節　訴訟手続

の住所が義務履行地となり、顧客の住所地を管轄する裁判所に訴えを提起することができる。

ウ　債権譲渡があった場合の義務履行地管轄裁判所

債権譲渡があった場合、譲受人である現債権者の住所地が弁済の場所となり（民484条）、債務者の義務履行地は譲受人である現債権者の住所地となり、譲受人である現債権者は、その住所地を管轄する裁判所に訴えを提起することができる（民訴5条1号）（大判大7・2・12民録24輯142頁【35】、大判大12・2・26民集2巻71頁【36】、東京高決平15・5・22判タ1136号256頁参照）（『コンメンタール民事訴訟法Ⅰ第2版』111頁、「注釈民法⑿」184頁）。

(3)　関連裁判籍

一つの訴えで数個の請求をする場合には、そのうちの一つの請求について管轄を有する裁判所に訴えを提起することができる（民訴7条本文）。

この関連裁判籍（民訴7条）は、同一の被告に対し数個の請求を併合提起する場合（請求の客観的併合）に認められる。数人の被告に対する請求を一つの訴えで併合提起する場合（訴えの主観的併合、共同訴訟）の場合は、権利義務の共通または事実上および法律上の原因の同一のとき（民訴38条前段）に限定して認められる（民訴7条ただし書）。

3　管轄の合意

(1)　合意管轄の意義

法定管轄は、公益的要求の強い専属管轄を除けば、主として当事者の公平と便宜を考慮して定められているから、その範囲で、当事者の合意によって法定管轄を変更することが許され、この合意によって定まる管轄を合意管轄という。

(2)　管轄合意の要件

合意管轄が認められるためには、以下の①～⑥の要件が必要となる（『民事訴訟法講義案（再訂補訂版）』30頁(2)）。

①　第一審の管轄裁判所の合意であること（民訴11条1項）

249

② 一定の法律関係に基づく訴えであること（民訴11条2項）
③ 法定管轄と異なる定めであること
④ 書面によること（民訴11条2項。民訴11条1項の合意の内容を記録した電磁的記録も含む（民訴11条3項））
⑤ 専属管轄の定めのないこと（民訴13条）
⑥ 管轄裁判所が特定されていること

(3) 管轄合意の態様

ア 管轄合意の態様

管轄合意の態様には、排他的管轄合意（競合する法定管轄の一部を排除する合意）、選択的（付加的）管轄合意（法定管轄外の裁判所に付加的に管轄を認める合意）、専属的管轄合意（法定管轄の有無を問わず、特定の裁判所にだけ管轄を認める合意）がある。

イ 専属的管轄合意と応訴管轄

原告が専属的管轄の合意を無視して他の裁判所に訴えを起こしても、被告がそれに応訴すれば応訴管轄が生ずる（大判大10・5・18民録27輯929頁）（『民事訴訟法講義案（再訂補訂版）』31頁ア）。

ウ 管轄合意の効力

(ｱ) 管轄合意の効力

管轄合意の効力は、合意当事者のみを拘束し、第三者には及ばないのが原則である。しかし、合意当事者の一般承継人のほか、合意当事者の権利を代わって行使するにすぎない破産管財人や債権者代位訴訟における債権者は合意に拘束される（『民事訴訟法講義案（再訂補訂版）』31頁）。

特定承継人にも管轄合意の効力が及ぶかどうかは、目的たる権利関係の内容が当事者の意思によって定めることができるかどうかによって決まる。債権のように当事者の意思によってその内容を定めることができる権利関係については、特定承継人にもその効力が及ぶが、物権はその内容が法定されており、管轄の合意をその内容に含ませることができないから、その効力は特

定承継人には及ばない（『民事訴訟法講義案（再訂補訂版）』31頁）。

　(イ)　業者の本支店についての管轄合意条項の効力

　クレジット業者等の契約において、管轄について業者の本支店の所在地を管轄する裁判所を合意管轄裁判所とする条項がある場合が多い。この条項の効力については、当該業者の本店または契約を締結した支店等の所在地を管轄裁判所とする合意と解すべきである（福岡高決平 6・7・4 判タ865号261頁、横浜地決平15・7・7 判時1841号120頁・判タ1140号274頁、東京地決平15・12・5 判タ1144号283頁）。

　(ウ)　簡易裁判所を専属的管轄とする合意に基づく地方裁判所から
　　　簡易裁判所への移送申立て

　クレジット契約の顧客が、販売業者や信販会社を被告として、契約締結過程の不法行為に基づく損害賠償請求の訴えを地方裁判所に提起した場合（大阪地判平20・4・23判時2019号39頁参照）などにおいて、クレジット契約等において簡易裁判所を専属的管轄裁判所とする合意があるときに、信販会社等が、民事訴訟法16条1項に基づき簡易裁判所への移送を求めることはできるであろうか。

　これについては、貸金の借主から貸金業者に対する過払金664万円余の地方裁判所への不当利得返還請求訴訟について、貸金業者から、簡易裁判所を専属的管轄とする合意があるとして、民事訴訟法16条1項に基づき当該簡易裁判所への移送を求めた事案において、最高裁は、「地方裁判所にその管轄区域内の簡易裁判所の管轄に属する訴訟が提起され、被告から同簡易裁判所への移送の申立てがあった場合において、当該訴訟を簡易裁判所に移送すべきか否かは、訴訟の著しい遅滞を避けるためや、当事者間の衡平を図るという観点（民訴法17条参照）からのみではなく、同法16条2項の規定の趣旨にかんがみ、広く当該事件の事案の内容に照らして地方裁判所における審理及び裁判が相当であるかどうかという観点から判断されるべきものであり、簡易裁判所への移送の申立てを却下する旨の判断は、自庁処理をする旨の判断

251

と同じく、地方裁判所の合理的な裁量にゆだねられており、裁量の逸脱、濫用と認められる特段の事情がある場合を除き、違法ということはできないというべきである。このことは、簡易裁判所の管轄が専属的管轄の合意によって生じた場合であっても異なるところはない（同法16条2項ただし書）」とした（最決平20・7・18民集62巻7号2013頁）。

㈢　管轄合意と本庁・支部

管轄合意により定められる裁判所は官署としての裁判所であり、その裁判所の本庁または支部のいずれにおいて事件を処理するかは裁判所の内部的事務分配の定めによって決せられる（東京高判昭51・11・25下民集27巻9～12号786頁）。

エ　管轄合意についての意思表示の瑕疵

管轄合意の要件効果は、もっぱら訴訟法によって定まるが、合意自体は訴訟外で実体法上の取引行為に付随してなされる行為であるから、意思表示の瑕疵については民法の規定を類推適用すべきである（『民事訴訟法講義案（再訂補訂版）』31頁エ）。

4　応訴管轄

(1)　応訴管轄（民訴12条）

原告が土地管轄または事物管轄違いの第一審裁判所に訴えを提起した場合、被告が第一審裁判所において管轄違いの抗弁を提出しないで本案について弁論をし、または弁論準備手続において申述をしたときは、その裁判所は、他に専属管轄権を有するものがない限り、管轄権を有することになり（民訴12条）、応訴管轄が生ずる。

(2)　法定管轄原因が認められない訴状の取扱い

法定管轄原因の認められない訴状については、応訴管轄の成立可能性を考慮しないで対応するのが本則である。ただ、訴額が低廉で国民の身近な裁判所としての役割を果たすことが期待されている簡易裁判所においては、被告が応訴しなければ最終的には管轄が生じないことを原告に説明したうえでさ

しあたり訴状送達を試みるという運用を行うことが合理的な取扱いとみる余地もある（『民事訴訟法講義案（再訂補訂版）』31頁(注2)）。

(3) 本案の弁論
ア 本案の弁論の意義
本案の弁論とは、被告が、原告主張の訴訟物である権利または法律関係につき事実上または法律上の陳述を行うことをいう。

被告が、口頭弁論で請求原因その他の事実について認否をすることは本案について弁論をしたことになるが、訴訟要件の欠缺を理由とする訴え却下の申立ては、本案の弁論に含まれない。事実や理由を付することなく単に請求棄却の裁判を申し立てているだけでは、本案の弁論とはいえない（大判大9・10・14民録26輯1495頁）（『民事訴訟法講義案（再訂補訂版）』31頁(2)）。

期日延期の申立て、忌避の申立ては、本案についての弁論ではない（『民事実務講義案Ⅰ（四訂版）』35頁）。

イ 答弁書等の擬制陳述と本案の弁論
被告の反対申立ておよび請求原因事実の認否や被告の主張を記載した答弁書または準備書面を提出した被告が第1回口頭弁論期日に欠席し、同答弁書等が擬制陳述された場合（民訴158条）には、それによって応訴管轄は生じないとされている。これは、被告には、管轄違いの裁判所に出頭する義務はなく、ここでの本案についての弁論とは、いわゆる「明示陳述」であることを要すると解されているからである（『民事実務講義案Ⅰ（四訂版）』35頁）。

5 遅滞を避ける等のための移送
(1) 遅滞を避ける等のための移送（民訴17条）
第一審裁判所は、訴訟がその管轄に属する場合であっても、当事者および尋問を受けるべき証人の住所、使用すべき検証物の所在地その他の事情を考慮して、訴訟の著しい遅滞を避け、または当事者間の衡平を図るため必要があると認めるときは、申立てによりまたは職権で、訴訟の全部または一部を他の管轄裁判所に移送することができる（民訴17条）。

第3章　消費者信用関係紛争解決のための手続

(2) クレジット契約の顧客等の住所地への移送等

　一般の消費者であるクレジット契約の顧客等と全国の者を相手に取引を行うクレジット契約の相手方である信販会社等との間の訴訟において、たとえば、合意管轄を理由として、顧客の住所地から遠い信販会社の本店所在地の裁判所に訴訟が提起された場合、顧客の当該裁判所に出頭する経済的負担は相当大きいものとなる。これに対し、もともと全国の者を相手に契約をしている信販会社等は全国の裁判所で訴訟が提起されることは予想されることであり、全国に支店等もある場合も多く、その経済的負担も大きくないと思われる。そのため、このような顧客・信販会社等の間の訴訟が、顧客の住所地から遠い信販会社等の本店所在地等で提起され、訴訟上の請求に争いがあるような場合には、訴訟の遅滞を避け、当事者間の衡平を図るため、民事訴訟法17条により、顧客の住所地への移送が認められることがある[*1]。

第3　当事者等

1　実質的な権限を有しない法令による訴訟代理人（支配人）

　支配人とは、会社等の商人に代わって、その事業・営業に関する一切の裁判上または裁判外の行為をする権限を有する商人の代理人である（商21条1

---

*1 ①　大阪地決平11・1・14判時1699号99頁は、貸金業者が、大阪の支店で債務者と契約を締結し、債権者の住所地を管轄する裁判所を管轄裁判所とする合意があるとして、大阪簡裁に訴訟を提起し、契約締結後福岡に転居した被告である債務者が、福岡簡裁に移送を求めた事案において、被告本人尋問等の必要性、被告の経済的負担等を考慮し、当事者間の衡平を図るために必要であるとして、福岡簡裁への移送を認めた。
　　②　東京地決平11・3・17判タ1019号294頁は、信販会社と消費者との間の契約書に東京を管轄地とする合意条項がある場合に、証人が広島に在住することによる費用負担と審理の遅延、破産している被告が出頭費用を負担することが困難であること、各地に支店を有する原告が広島で審理されても大きな経済的負担がないことなどから、民事訴訟法17条により訴訟の著しい遅滞を避け、または当事者間の衡平を図るため、東京簡裁から広島簡裁に移送するのが相当であるとした。
　　③　東京高決平15・5・22判タ1136号296頁は、譲受債権者の住所管轄裁判所から保証債務者・譲渡債権者支店管轄裁判所への移送を認めた。

254

項、会社11条1項等)。会社等の商人は、支配人を選任し(商20条、会社10条)、その営業所においてその営業を行わせ(商20条)、会社では本店または支店においてその事業を行わせることができるとされている(会社10条)。

　しかし、信販会社等において、実際に事業・営業における包括的代理権を有しない単なる従業員を、支配人に選任したとして登記をし、その者を支配人代理人として訴訟行為にあたらせることがある。これは、法令により裁判上の行為をすることができる代理人のほか、弁護士でなければ訴訟代理人となることができないとする民事訴訟法54条1項の趣旨を潜脱するものであり、弁護士でない者に裁判上の行為をさせることを目的として、本来支配人でなく裁判上の行為をすることができない者についてこれを支配人とする旨の登記をしたものであり、当該登記は無効であり、登記された支配人は「法令により裁判上の行為をすることができる代理人」には当たらないと解される(仙台高判昭59・1・20(昭58㈱124)判時1112号84頁・判タ520号149頁、仙台高判昭59・1・20(昭57㈱520)判タ520号152頁、仙台高秋田支判昭59・12・28判タ550号256頁、前橋地判平7・1・25判タ883号278頁、東京地判平15・11・17判時1839号83頁・判タ1134号165頁)。支配人の登記は事実上の推定力があるにとどまるので、その権限に問題があると考えられる場合には、その者が包括的代理権を有することを認める資料を提出すべきであり、それが提出されなければ、同人が代理人として提起した訴えは不適法として却下されることになる(仙台高判昭59・1・20(昭58㈱124)判時1112号84頁・判タ520号149頁、東京地判平15・11・17判時1839号83頁・判タ1134号165頁)(竹内努「過払金返還請求訴訟の審理の実情」判タ1306号45頁)。

2　簡易裁判所における訴訟代理人(認定司法書士、許可代理人)

　簡易裁判所では、認定司法書士(司法書士法3条1項6号イ・2項)や裁判所が許可をした会社の従業員等(民訴54条1項ただし書)も訴訟代理人となることができる。

第3章　消費者信用関係紛争解決のための手続

(1) 認定司法書士

　認定司法書士とは、司法書士会の会員である司法書士のうち、所定の研修を受け、法務大臣による能力認定を受け、簡易裁判所において代理人となることを認められた者である（司法書士法3条2項）。認定司法書士は、民事訴訟法の手続においては、目的の価額が簡易裁判所の事物管轄を超えない範囲内（140万円を超えない範囲内（裁判所法33条1項1号））において代理権を有する（司法書士法3条1項6号イ）。

(2) 許可代理人

　簡易裁判所では、その許可を受けて、弁護士でない者を訴訟代理人とすることができる（許可代理人（民訴54条1項ただし書））。代理人として許可を受ける者は、本人が自然人であれば同居の親族、本人が法人であれば当該法人の職員である。それ以外の者については許可されないのが原則である。それは、それ以外の者を代理人とする場合、弁護士法72条の非弁護士による報酬を得る目的での訴訟事件等の法律事務取扱いの禁止の関係などから、問題が生ずる可能性があり、例外的に許可する場合も、代理人許可をする必要性があり、それらの点の問題が生じないと判断される場合である。

(3) 主債務者が保証人の許可代理人となること

　主債務者と保証人が共同被告となる場合があり、その場合に、主債務者が保証人の代理人となることの許可申請をすることがある。これについては、主債務者が保証人の代理人となることにより、保証人の利益が害される可能性があるので、主債務者が保証人の代理人となるのは、相当ではなく、代理許可は認めるべきではないと思われる[*2]。

＊2　主債務者と保証人が共同被告となる訴訟において、保証人の意向を聞いてきた被告である主債務者と原告債権者との間に、分割払い等の合意ができた場合には、和解に代わる決定（民訴275条の2）を行い、決定書を保証人に送付し、異議申立ての機会を与える方法等をとるべきである。

第4 訴えの提起

1 訴え提起の方式

訴えの提起は、訴状を作成して裁判所に提出しなければならない（民訴133条1項）。簡易裁判所に対する訴えの提起は、口頭でもできる（民訴271条）。口頭での訴え提起の場合、裁判所書記官の前で陳述し、裁判所書記官が調書を作成して記名押印する（民訴規1条2項）。

訴状を被告に送達するために、被告の数に応じた訴状副本を提出する必要がある（民訴規58条1項参照）。訴額に応じた手数料を、収入印紙を訴状に貼付するなどして納め（民訴費4条・8条）、被告への訴状の送達費用等も郵便切手等で予納しなければならない（民訴費11条～13条）。

また、早期に実質的審理に入ることができるようにするために、請求を特定するための請求原因事実のほかに、請求を理由づける事実も記載し、かつ、立証を要する事由ごとに、当該事実に関連する事実で重要なものおよび証拠を記載しなければならないとされており（民訴規53条）、基本書証および重要な書証の写しの添付が求められている（民訴規55条）。

2 訴訟における主張立証の構造等

訴訟においては、申立人である原告が、自己の主張する請求権の発生を基礎づける具体的事実である請求原因を主張立証する必要がある。

請求原因と両立する具体的事実で、請求原因から発生する法律効果を排斥するものが抗弁となり、それは相手方である被告側が主張立証する必要がある。そして、抗弁と両立する具体的事実であって、抗弁から発生する法律効果を排斥するものが再抗弁となり、それは原告側が主張立証する必要がある。以下、再抗弁と再々抗弁との関係、再々抗弁と再々々抗弁との関係等、同様の関係で続くことになる。

請求原因事実を相手方である被告が、争わないか、争いがあるときでもその事実の存在を原告が証明した場合、被告側が、抗弁事実を主張立証しない

257

限り、原告の請求が認められることになる。そして、請求原因事実を相手方である被告が争わないか、争いがあるときでもその事実の存在を原告が証明し、抗弁事実を原告が、争わないか、争いがあるときでもその事実の存在を被告が証明した場合は、原告側が、再抗弁事実を主張立証しない限り、原告の請求が認められないことになる。以下、再々抗弁、再々々抗弁と、同様の関係で続くことになる。

　以下、各事件類型ごとに、主張すべき事実および証拠等について説明をする。何を主張し、何を証拠として提出すべきかについては、通常訴訟も少額訴訟も同様であると思われるので、以下の説明は、通常訴訟および少額訴訟に共通するものである。

　通常訴訟と少額訴訟で違いがあるものについては、その都度、説明するものとする。

3　証拠の収集

(1)　書証等の提出

　証拠のうち書証については、原告提出のものは、甲号証として、甲第1号証、甲第2号証……という番号を付して特定し、被告提出のものは、乙号証として、乙第1号証、乙第2号証……という番号を付して特定している。

　書証は、写し2通（相手方が複数のときは、当該相手方の数に1を加えた通数）を裁判所に提出する（民訴規137条1項）。書証の内容がわかりにくいときは、裁判所から、証拠説明書の提出が求められることがある（民訴規137条1項）。

　少額訴訟の場合は、原則として1回の期日で終了することになるので（民訴370条1項）、訴状とともに、主な証拠を提出し、訴状送達および被告に対する期日呼出しとともに、送達しなければならない（民訴370条2項）。

(2)　消費者信用関係訴訟の主な証拠

ア　契約書等

　信販関係事件およびリース関係事件においては、その関係の基になった契

約書等の書面があれば、その立替払契約等およびリース契約の成立を証する客観的証拠となるので、それを提出すべきである。

イ　信販関係事件における20日以上の期間を定めた催告書面

割賦販売および信用購入あっせんにおいては、20日以上の相当な期間を定めて支払いを書面で催告し、その期間内に履行されないときでなければ、期限の利益を喪失させて割賦金等残額の支払いを請求することができない（割販5条（割賦販売）、割販30条の2の4（包括信用購入あっせん）、割販35条の3の17（個別信用購入あっせん））ので、割賦金等の支払いの最終期限前に信販会社等がクレジット代金残額の請求をする場合は、当該催告をした証拠として、当該催告書面を提出することになる。

ウ　リース関係事件におけるリース物件引渡しの証拠

リース関係事件におけるリース物件をユーザーに引き渡した証拠として、物件借受証、物件受領証等の証拠がある。また、リース物件の引渡しを電話で確認をしているような場合は電話確認をしたときの記録である電話確認書等がリース物件引渡しの証拠となる。

エ　クレジット代金・リース料支払いの証拠

信販関係事件において顧客がクレジット代金の支払いを主張する場合やリース関係事件においてユーザーがリース料の支払いを主張する場合、その証拠を提出する必要がある。その支払いが銀行口座からの引き落としでなされていれば、その通帳の該当部分を提出することになる。

第5　倒産手続と民事訴訟との関係

1　個人再生（小規模個人再生・給与所得者等再生）手続と民事訴訟との関係

消費者信用関係事件の債務者等において、小規模個人再生や給与所得者等再生の手続がされることもあるので、以下それらの手続と民事訴訟との関係についての説明をする。

(1) 手続開始と民事訴訟との関係

小規模個人再生手続および給与所得者等再生手続が開始されても、債権の実体的確定がなされないから、再生債務者を当事者とする再生債権に関する訴訟手続は中断しない（民再238条・245条による民再40条の適用除外）。

(2) 債権者一覧表に記載がなく届出もない債権等の効力

一般の再生債権で、無異議債権および評価済債権以外の再生債権（①債権者一覧表に記載がなく届出もない債権、②異議があったのに評価の申立期間を徒過した債権、③評価の申立てをしたが評価されなかった債権）は、再生計画で定められた弁済期間が満了するまでの間は、弁済をし、弁済を受け、その他債権を消滅させる行為（免除を除く）をすることができない（民再232条3項本文・244条）。

この場合の権利行使については、①期間経過後に一括弁済が受けられるとする見解と、②再生計画による分割弁済の定めが適用され分割払いの始期は計画弁済期間満了時であるとする見解に分かれている。

この取扱いには例外があり、それは、①再生債権者の責めに帰することができない事由によって債権届出期間内に届出をすることができず、その事由が付議決定前に消滅しなかったもの、②再生債権の評価の対象となったもの（民再232条3項ただし書）である。上記②は、評価の裁判で認められなかった債権について、弁済期間中に通常訴訟等で債権の存在が確定した場合をいう。

(3) 再生計画認可決定確定

再生計画の認可決定が確定すると、通常の再生手続では、債権調査手続を経て確定した再生債権を有する再生債権者の権利は、計画の定めに従って変更されることになり（民再179条1項）、ここに定められたもの以外は、原則としてその責任を免れるが（民再178条）、小規模個人再生および給与所得者等再生手続では、これらの規定の適用が排除され（民再238条・245条による民再178条・179条の適用除外）、再生債権者の権利は一般的基準（民再156条）に

従って変更されるだけである（民再232条2項・244条）。また、小規模個人再生および給与所得者等再生手続では、再生債権を実体的に確定する手続がないので、再生債権は実体的に確定せず、再生債権者表に執行力は認められない（民再238条・245条による民再180条の適用除外）。

再生計画認可決定が確定しても、訴訟手続は中断しないので、訴訟手続はそのまま審理を続ける（民再238条・245条による民再40条の適用除外）。再生計画認可決定確定前に判決に熟するときは、口頭弁論を終結して判決を言い渡すことができる（岡久ほか『簡易裁判所民事手続法』194頁）。

再生計画認可決定が確定したときは、判決をどのようにするかについて、以下の①②の考え方があるとされている（岡久ほか『簡易裁判所民事手続法』194頁～197頁）が、①確定説に従って、再生計画の内容による判決をすべきである（今中利昭ほか『実務倒産法講義〔第3版〕』（民事法研究会）457頁・472頁）。

① 確定説　再生裁判所の再生計画認可決定は尊重されるべきであり、裁判所の認可した再生計画における権利の変更を無視して裁判することは許されない。

〔主文〕「被告は、原告に対し、平成○年○月○日から平成○年○月○日までの間、平成○年○月を第1回とし、以後○か月ごとに当該月の○日限り○万○○○○円ずつ支払え。原告のその余の請求を棄却する」。

② 不確定説　再生計画認可決定は、貸金請求訴訟等の判決の執行手続における、停止事由（異議事由）にすぎない。再生計画認可決定の確定は、信販関係の立替金等やリース料等の請求訴訟に特に影響を及ぼさない。

〔主文〕「被告は、原告に対し、○万○○○○円及び内金○万○○○○円に対する平成○年○月○日から支払済みまで年○％の割合による金員を支払え」。

確定説は、再生計画認可決定確定の主張を抗弁として訴訟手続内で考慮することになり、不確定説は、訴訟手続は進め、再生債権者が判決を債務名義として強制執行をしてきた段階で、被告（債務者）が請求異議訴訟で争うことになる。

2 破産手続と民事訴訟との関係

信販関係の立替金等やリース料等の債権の債務者において、破産手続がされることがあるので、以下それらの手続と民事訴訟との関係について説明する。

(1) 破産債権と訴訟手続

ア 破産手続開始と訴訟手続の中断

破産手続開始決定は、決定と同時に効力が生じ（破30条2項）、破産手続開始決定があった場合は、破産財団に属する財産の管理および処分の権利は破産管財人に移る（破78条1項）ので、破産財団に関する訴えについては、破産管財人が当事者（原告または被告）となり（破80条）、破産者を当事者とする破産財団に関する訴訟手続は中断する（破44条1項）。

破産財団に関する訴訟手続とは、破産財団に属する財産（破産者の積極財産）に関する訴訟と破産債権となるべき債権（破産者の消極財産）に関する訴訟の双方を含む。

イ 破産債権の確定と訴訟手続

債務者の破産手続開始決定による訴訟手続中断後、債権者から破産債権の届出があると、破産裁判所による破産債権の調査・確定手続が行われ（破115条以下）、債権調査の結果からも他の破産債権者からも異議がなければ、その債権は届出どおり確定し（破124条1項）、その調査の結果を記載した破産債権者表（破124条2項）の記載は、破産債権者の全員に対し確定判決と同一の効力を生じ（破124条3項）、破産者が異議を述べず、異時廃止決定（破217条1項）もしくは同意廃止決定（破218条1項）の確定または破産手続終結決定（破220条1項）があったときは、確定した破産債権についての当該破産

債権者表の記載は、破産者に対して、確定判決と同一の効力を有する（破221条1項・2項）。したがって、破産者にも異議がないことを前提とした破産債権の確定によって中断中の訴訟の目的は達せられ、本案判決を受ける利益を失うことになるから、中断している訴訟は当然終了する（『コンメンタール民事訴訟法Ⅱ第2版』560頁・561頁）。この場合、中断中の破産債権に関する訴訟が係属している訴訟裁判所の裁判所書記官は、破産裁判所に対し、事件番号、破産手続開始決定日、債権調査日、異議の有無、異議撤回の有無などの点について照会し、その調査の結果、破産債権が確定し、破産者からも異議がなかった場合には、訴訟終了書（【書式9】）（裁判所書記官研修所『倒産実務講義案』（司法協会）92頁(ア)参照）を作成し、裁判官の認印を受けたうえで、訴訟の既済処理を行う（既済日は、受訴裁判所が訴訟の終了を認定した日となる）。

【書式9】 訴訟終了書

　　　　　　　　　　　　　　　　　　　　　　裁　判　官　　㊞
　　　　　　　　　　　　　　　　　　　　　　裁判所書記官　㊞

　　　　　　　　　　訴　訟　終　了　書

　　　　　　　　　　　　　　　原　告　　○　　○　　○　　○
　　　　　　　　　　　　　　　被　告　　○　　○　　○　　○

上記当事者間の平成○年(ハ)第○○○号貸金請求事件については，下記の事由により終了した。

　　　　　　　　　　　　　　記

1　被告は，○○地方裁判所平成○年(フ)第○○○号破産事件において，平成○年○月○日午後○時○分破産手続開始決定を受けた。
2　原告は，本件訴訟の請求債権全額を破産債権として破産裁判所に届け出た。
3　上記破産債権は，平成○年○月○日の債権調査期日において異議なく確定した。

> 4 よって，破産債権者表が確定判決と同一の効力を有するので，本件訴訟は当然に終了した。
>
> 　　　　　　　　平成○年○月○日
> 　　　　　　　　　　　　○○簡易裁判所

ウ　破産届出債権に破産管財人または他の破産債権者から異議があった場合

　破産裁判所に届け出られた破産債権について、破産管財人または他の破産債権者から異議が述べられたときは、その債権が債務名義を有しない無名義債権である場合には、本来、破産債権を有する届出債権者自身が破産債権査定異議の訴えを提起して債権の確定を図る必要がある（破126条1項）が、破産手続開始決定当時すでにその債権につき訴訟が係属している場合には、届出債権者が異議者の全員を相手方として、中断中の訴訟手続につき受継の申立てをすることができる（破127条）。受継後の訴訟は、債権確定訴訟としての性質を有することになるから、中断中の訴訟が給付訴訟である場合には、請求の趣旨を確認訴訟に変更する必要がある（『コンメンタール民事訴訟法II第2版』559頁）。

　この場合、受継の申立て自体は、相手方（異議者）からもできる（民訴126条）が、異議を述べられた破産債権の確定を求めるか否かは、本来届出債権者の自由な処分に委ねられるべき事項であるから、相手方からの受継申立てを届出債権者自身が拒絶している限り、受継申立てを却下するのが相当であり、同様の理由で、裁判所が受継申立てをしない届出債権者に対し続行命令（民訴129条）を発令することは困難であると考えられる。したがって、届出債権者自身に受継の意思がない場合には、中断中の訴訟事件がそのままの状態で係属することになり、訴訟裁判所としては、基本的に破産手続終了に基づく破産者による当然受継（破44条6項）を待つほかない（裁判所書記官研修所『倒産実務講義案』（司法協会）93頁a）。

エ　届出債権に破産者から異議があった場合

　破産者から異議があった場合には、破産管財人および破産債権者間では届出どおり債権が確定するが、届出債権者は、破産者に対しては、異時廃止決定（破217条1項）もしくは同意廃止決定（破218条1項）の確定または破産手続終結決定（破220条1項）があった後においても、破産債権者表を債務名義として強制執行をすることはできない（破221条1項・2項参照）。そして、届出債権者が、債務名義を取得するために破産手続中に訴えを提起することは許されない（破100条1項）（裁判所書記官研修所『倒産実務講義案』（司法協会）94頁ｃ）。

オ　破産手続終了と訴訟手続

　破産手続開始決定により中断した破産者を当事者とする破産財団に関する訴訟手続は、受継があるまでに破産手続が終了したときは、破産者は当然訴訟手続を受継する（破44条6項）。

　破産管財人受継後に破産手続が終了した場合は、訴訟は再度中断し、破産者が受継する（破44条4項・5項）。

カ　同時廃止と訴訟手続

　同時廃止（破216条1項）の場合、破産管財人は選任されず、破産者は財産の管理処分権を喪失せず、破産財団も成立しないから、訴訟手続は破産によって影響を受けず、中断はしない（『コンメンタール民事訴訟法Ⅱ第2版』561頁）。

　ただ、破産手続開始の申立てをした個人である債務者は、反対の意思表示をしていない限り、当該申立てと同時に免責許可の申立てをしたものとみなされ（破248条4項）、免責許可申立て後、破産手続同時廃止決定（破216条1項）、破産手続異時廃止決定の確定（破217条1項）、破産手続終結決定（破220条1項）があったときは、免責許可申立てについての裁判が確定するまでは、破産者の財産に対する破産債権に基づく強制執行等をすることができない（破249条1項）。

265

キ　破産免責の効果

(ア)　破産免責の意味——免責債務の履行を求める訴え

免責の対象となった債務については、債務そのものは消滅せず、責任を免除されるにとどまり（破253条1項）、いわゆる自然債務として存続すると解するのが通説判例である。自然債務とされるものの内容は多様であるが、最低限度の効力として、給付保持力を有するが、訴求可能性および執行可能性を欠くことは一般に承認されている。破産免責の効力を受ける債権については、訴えをもってその履行を請求しその強制的実現を図ることができなくなったものであり（最判平9・2・25判時1607号51頁、最判平11・11・9民集53巻8号1403頁）、免責決定確定後に債権者が債務の履行を求めて訴えを提起しても請求棄却となり、強制執行をすることも許されない。つまり、免責許可の対象となった債権の請求訴訟においては、免責許可決定が確定したことが抗弁となる（塚原『事例と解説民事判決の主文』341頁、『最高裁判所判例解説民事篇平成11年度(下)』674頁(四)）（大阪地判平5・10・13判時1514号119頁・判タ840号205頁）*3。

時効中断の手続についても、上記の制限を受け、時刻中断事由も、訴え提起以外の承認（民156条）等に制限されると解すべきである（東京簡判平18・8・31（平18(ハ)768））。

(イ)　免責の対象となった債権を自働債権とする相殺

一般に、相殺が有効であるためには、原則として、相殺の意思表示がされた当時に相殺適状が現存していることが必要であると解するのが相当であるから（最判昭54・7・10民集33巻5号533頁）、免責の対象となり、その履行を強制することができなくなった債権を自働債権とする相殺は、相殺の意思表

＊3　滝澤『民事法の論点』140頁は、すでに債務名義を得ているときには、当該債務名義に基づく債権の消滅時効を中断する必要があるなどの格別の場合を除き、訴えの利益が否定されるため、請求認容の判決を求めることはできず、当該請求に係る訴えが却下されることになるのと同様に、自然債務についても、訴えの利益の問題として、訴訟判決で裁判所の判断を示すのが妥当であるとする。

示がされた当時に相殺適状が現存していないものとして、原則として、その効力を生じないというべきである。しかし、破産債権者であった者は、自己の有する自働債権が免責の対象となっても、破産手続開始決定以前から受働債権との相殺につき合理的期待を有しており、かつ、当該受働債権が破産財団に属すべきものであった場合には、特段の事情がない限り、破産法所定の制約の下に相殺をすることができると解するのが相当である。これは、免責の効果については、その対象となった債務が消滅するのではなく、その責任が免除されるにとどまる（自然債務となる）と解するのが相当であるから、自働債権が免責の対象となっても、対立する2つの債権の存在自体は認めることができるし、時効によって消滅した債権であっても相殺に供しうると定めた民法508条および担保権の存続を定めた破産法253条2項の趣旨に照らすと、破産債権者であった者の相殺に対する合理的期待についても一定の保護を与えるのが相当であるということができ、他方、破産財団に属すべき財産であれば、免責を受けた者がその満足を得るべき地位にはなく、相殺を認めても免責の趣旨に反することにならないからである（岡口『要件事実マニュアル第2巻（第3版）』291頁）*4。

(ウ) 非免責となる債権者名簿等に記載しなかった請求権の範囲

破産者が知りながら債権者名簿（破産手続開始申立てに伴う免責許可のみなし申立て（破248条4項本文）の場合は「債権者一覧表」）に記載しなかった請求権は、免責許可決定による免責の効果が及ばず、非免責債権とされる（破253条1号6号）。

この場合、記載しなかったことについて、破産者に故意または過失が必要であるとする見解と、故意も過失も不要とする見解があるが、裁判例では、

＊4　名古屋地判平17・5・27判時1900号135頁・判タ1203号295頁は、建物共済契約について失念して破産裁判所に申告せずに破産免責決定を受けた者が、その後共済掛け金を支払わなかったために共済契約が失効消滅し、返戻金等請求権を取得したとして、その請求訴訟を提起したことに対して、共済契約の相手方である被告が、同原告に対する破産前の貸金と相殺することを認めた。

過失を必要とし、債権者名簿に記載することを失念した場合には過失がないときは免責を認めている（東京地判平15・6・24金法1698号102頁、東京地判平12・2・27金法1656号60頁、神戸地判平元・9・7判時1336号116頁）（今中利昭ほか『実務倒産法講義〔第3版〕』（民事法研究会）959頁(カ)）。

　金額が未確定な債権も債権者名簿に記載しなければ非免責債権となる（東京地判平11・8・25金判1109号55頁）。未記載の請求権も、当該破産債権者が、破産手続開始決定があったことを知っていた場合は、免責の対象となる（破253条1号6号）（今中利昭ほか『実務倒産法講義〔第3版〕』（民事法研究会）960頁）。

　(エ)　免責と別除権

　担保権は別除権（破2条9項）として、免責の対象とならず、その被担保債権は担保権の価値の範囲で財団債権と同視できるから、被担保債権も担保権の価値の範囲では免責の対象とならない（今中利昭ほか『実務倒産法講義〔第3版〕』（民事法研究会）961頁）。

　たとえば、破産者が自宅の住宅ローンのために抵当権を設定している場合は、破産者が免責を受けた後も住宅ローン債権者は破産者の自宅に対して住宅ローン債権を被担保債権とする抵当権の実行ができ、抵当権実行によって回収できなかった住宅ローン債権の残額については免責されており、破産者に請求できないことになる（今中利昭ほか『実務倒産法講義〔第3版〕』（民事法研究会）962頁）。

　担保権実行の代わりに、担保権受戻しによる任意売却の方法によって被担保債権を回収する場合も同様である（今中利昭ほか『実務倒産法講義〔第3版〕』（民事法研究会）962頁）。

　(2)　法人と破産

　ア　会社・取締役の破産手続開始と取締役の地位

　株式会社と取締役との関係は、委任に関する規定に従うこととされており（会社330条）、破産手続開始決定は民法上の委任終了事由に該当し（民653条

2号)、委任関係を終了させることになる(会社が破産した場合、会社と取締役間の関係は委任に関する規定に従い(最判昭43・3・15民集22巻3号625頁)、破産手続開始決定当時の取締役(代表者)は、会社財産に対する管理処分権限を失う(最決平16・10・1判時1877号70頁)が、株主総会の招集等の会社組織に係る行為については取締役としての権限を行使しうるとされている(最判平16・6・10民集58巻5号1178頁))。したがって、会社法施行後も、破産手続開始決定を受けた取締役は、その地位を失うことになる。会社法の下では、「破産手続開始の決定を受け復権していない者」を取締役の欠格事由としないこととしたので(会社331条参照)、破産手続開始決定を受けた取締役を、復権前に再度取締役として選任するか否かは、株主総会の判断に委ねられることとなった(会社329条参照)(相澤哲『立案担当者による新・会社法の解説』(別冊商事法務 No. 295) 99頁)。

イ 破産手続終了と取締役の地位

会社法330条によれば、会社と取締役との間の関係は委任に関する規定に従うべきものであり、民法653条によれば、委任は委任者または受任者の破産によって終了するのであるから、取締役は会社の破産により当然取締役の地位を失うのであって、同時廃止の場合も含め破産手続が終了したからといって、当該会社の残余財産が存するときに、すでに委任関係が終了した取締役が会社法478条1項1号により当然清算人となると解することはできず、会社法478条1項2号・3号の場合を除き、会社法478条2項により利害関係人の申立てによって裁判所が清算人を選任すると解されている(最判昭43・3・15民集22巻3号625頁)(今中利昭ほか『実務倒産法講義〔第3版〕』(民事法研究会) 891頁)。

したがって、破産した会社に残余財産があり、そのような会社に対し訴訟を提起する場合は、代表者がいないことになるので、特別代理人の選任をする必要がある(民訴35条)。

Ⅱ　信販関係の訴訟

第1　割賦販売における残代金請求

1　割賦販売における残代金請求の請求原因

　割賦販売（割賦2条1項）における、販売業者・役務提供事業者（原告）からの購入者・役務受領者（被告Y_1）およびその保証人（Y_2）への残代金請求の請求原因は、以下の①～⑥のとおりである（『大阪簡裁定型訴状モデル解説』275頁4、岡口『要件事実マニュアル第3巻（第3版）』314頁）。

①　原告と被告Y_1（主債務者）との間での売買契約の成立
　　手数料支払いの合意があれば、その記載もする。

②　分割払いの約定（および期限の利益喪失の約定）
　　最終期限到来の場合は、期限利益喪失約定の主張は不要である。

③　支払期日の経過

④　20日以上の期間を定めた書面による催告とその期間の経過
　　最終期限到来の場合は、この主張は不要である。

⑤a　（年6分の遅延損害金を請求する場合）
　　原告が商人であること

　b　（リボルビング方式を除く場合で約定利率による遅延損害金（年14.6%等）の請求をする場合）
　　遅延損害金の利率についての約定

⑥　（保証人に請求する場合）
　　原告と被告Y_2（（連帯）保証人）との間での書面による（連帯）保証契約の成立

〈記載例1〉　割賦販売の残代金請求の訴状における請求の趣旨・原因
　　　　　　（個別割賦販売型）

請求の趣旨及び原因

請求の趣旨
　被告　は，原告に対し，　　　次の金員を支払え。
　1(1)　金402,000円（下記請求の原因2の残額）
　 (2)　上記(1)の金額に対する平成〇年3月24日から完済まで年6％の割合による遅延損害金
　2　訴訟費用は，被告　の　　　負担とする。
との判決及び仮執行の宣言を求める。

請求の原因
　1(1)　契 約 の 日　平成△年10月31日
　 (2)　契約の内容　被告　は，原告から購入した下記商品の代金を分割して支払う。
　　　　　　　　（商品）　〇〇
　 (3)　連帯保証人　──
　　　　　　　　　□　平成　年　月　日付書面による保証

2

代金及び手数料	支払済みの額	残　　額
1,206,190円 （うち手数料 △△, △△△円）	804,190円 （最後に支払った日 ×11.4）	402,000円 （内訳） 代金　△△△, △△△円 手数料　　△, △△△円

　3　┬☑支払を催促する書面が届いた日（期限の利益喪失の場合）
　　　│　　　　　　　　　　　　　　　　　　　　　平成〇年3月3日
　　　└□分割金の最終支払期限（　年　月　日）の経過

〈記載例2〉 割賦販売の残代金請求の訴状における請求の趣旨・原因
（包括割賦販売型）

請求の趣旨及び原因

請求の趣旨
　被告　は，原告に対し，　　　次の金員を支払え。
　1(1) 金63,698円（下記請求の原因2の残額）
　　(2) 上記(1)の金額の内金59,683円（下記請求の原因2の残代金）に対する平成○年3月24日から完済まで年6％の割合による遅延損害金
　2　訴訟費用は，被告　の　　　負担とする。
との判決及び仮執行の宣言を求める。
請求の原因
　1(1) 契約の日　平成△年5月16日
　　(2) 契約の内容　被告　　は，カードを利用して原告から購入した商品の代金に手数料を加えた金額を1回払または分割払で支払う。
　　(3) 連帯保証人 ──
　　　　　　　　　□ 平成　年　月　日付書面による保証
　2

代金及び手数料	損害金	支払済みの額	残額
79,880円 （うち手数料461円） （明細は別表）	3,698円 （○.3.3まで）	19,880円 （最後に支払った日○.2.5）	63,698円 （内訳） 代金　　59,683円 手数料　　317円 損害金　3,698円

　3 ┬□支払を催促する書面が届いた日（期限の利益喪失の場合）
　　　　　　　　　　　　　　　　　　　　　　平成　年　月　日
　　 └☑分割金の最終支払期限（平成○年○月○日）の経過

第2　ローン提携販売による求償請求

1　ローン提携販売による求償請求の請求原因

　ローン提携販売（割賦2条2項）における、販売業者・役務提供事業者（原告）からの購入者・役務受領者（被告）への、保証委託契約に基づく事後求償請求の請求原因は、以下の①～⑥のとおりである（『大阪簡裁定型訴状モデル解説』297頁4、岡口『要件事実マニュアル第3巻（第3版）』320頁Ⅲ）。

① 被告とローン提供業者との間での金銭消費貸借契約の成立
② 上記①につき割賦払いの約定（および期限の利益喪失の約定）
　　最終期限到来の場合は、期限利益喪失約定の主張は不要である。
③ 原告が被告から保証の委託を受け、上記①の債務につき原告と①のローン提供業者との間で保証契約が成立したこと
④ 支払期日の経過
⑤ 原告が上記③の保証債務の弁済をしたこと
⑥ a　（リボルビング方式を除く場合で附帯請求につき年6分を請求する場合）
　　　原告が商人であること（6条類推適用）（最判昭51・11・4民集30巻10号915頁）
　　b　（リボルビング方式の場合で約定利率による遅延損害金（年14.6％等）を請求する場合）
　　　遅延損害金の利率についての約定

2　ローン提携販売による求償請求における抗弁

　ローン提携販売による求償請求における抗弁としては、販売業者等に対する抗弁権の接続の抗弁がある。
　抗弁権の接続の抗弁については、第1章第1節第7（46頁）を参照されたい。

〈記載例3〉 ローン提携販売による求償請求の訴状における請求の趣旨・原因
（包括ローン提携販売型）

請求の趣旨及び原因

請求の趣旨
　被告　は，原告に対し，　　　　　次の金員を支払え。
1(1)　金12,100円（下記請求の原因2(2)の支払総額）
　(2)　上記(1)の金額に対する平成○年2月1日から完済まで年6％の割合による遅延損害金
2　訴訟費用は，被告　の　　負担とする。
との判決及び仮執行の宣言を求める。

請求の原因
1(1)　契約の日　平成△年12月25日
　(2)　契約の内容　被告　　は下記のとおり原告発行のカードを利用して原告から商品を購入する資金として貸主から金銭を借り入れ，これを貸主に分割して支払う。この支払について被告は原告に連帯保証を委託する。
　　①　貸　　　　　主　　株式会社○○銀行
　　②　買主（借主）　　債務者
　　③　商　　　　　品　　ビデオ1台
　　④　販　売　取　扱　店　　株式会社○○電器
　　⑤　貸付金の利息　　利率　年10.9％
　　　　　　　　　　　　（アドオン方式年6％）
　　　貸付金の遅延損害金　利率　年14.6％
　(3)　原告に対する支払（求償債務）についての連帯保証人 ──
　　　□　平成　年　月　日付書面による保証
　(4)

貸付金額	利息・損害金の合計額	支払済みの額	残　　額
137,000円	8,220円	133,120円	12,100円

　(5)　分割金の支払を怠った日（期限の利益喪失）　　平成○年1月7日

2　債権者による保証債務の履行
 (1)　最後に支払った日　平成〇年1月31日
 (2)　支払総額　金12,100円（上記1(4)の残額）

第3　信用購入あっせんによる立替金等請求

1　個別信用購入あっせんにおける請求原因
(1)　立替金型個別信用購入あっせんにおける請求原因

立替金型個別信用購入あっせんによる、信用購入あっせん業者（原告）からの購入者・役務受領者（被告）への立替金請求における請求原因は、以下の①～⑥のとおりである（『大阪簡裁定型訴状モデル解説』284頁4、岡口『要件事実マニュアル第3巻（第3版）』326頁2）。

① 原告と被告との間での商品購入代金等の立替払契約および手数料支払い等の合意の成立
② 割賦払いの約定（および期限の利益喪失の約定）
　最終期限到来の場合は、期限利益喪失約定の主張は不要である。
③ 原告が上記①に基づいて立替払いをしたこと
④ 支払期日の経過
⑤ 20日以上の期間を定めた書面による催告とその期間の経過
　最終期限到来の場合は、この主張は不要である。
⑥ （附帯請求につき年6分を請求する場合）
　原告が商人であること

〈記載例4〉　立替金型個別信用購入あっせんによる立替金請求の訴状における請求の趣旨・原因

請求の趣旨及び原因

請求の趣旨
　被告　は，原告に対し，　　　　次の金員を支払え。

1 (1)　金63,526円（下記請求の原因3の残額）
　(2)　上記(1)の金額に対する平成○年5月14日から完済まで年6％の割合による遅延損害金
2　訴訟費用は，被告の負担とする。
との判決及び仮執行の宣言を求める。

請求の原因
1 (1)　契約の日　平成△年8月25日
　(2)　契約の内容　原告は，被告　　の下記の購入代金を立替払する。
　　　　　　　　　被告　　は，原告に対し，立替払金に手数料を加えた金額を分割して支払う。
　　　　① 売主　○○○株式会社
　　　　② 商品　○○
　(3)　連帯保証人　──
　　　　　　　　　　□　平成　年　月　日付書面による保証
2　原告が立替払をした日　平成△年9月8日
3

立替払金及び手数料	支払済みの額	残　額
210,000円 （うち手数料73,636円）	146,474円 （最後に支払った日 ○.5.13）	63,526円

4　┌─☑支払を催促する書面が届いた日（期限の利益喪失の場合）
　　│　　　　　　　　　　　　　　　　　　　　　平成○年4月20日
　　└─□分割金の最終支払期限（　年　月　日）の経過

(2)　貸金型個別信用購入あっせんの請求原因

　貸金型個別信用購入あっせんによる、信販会社（原告）からの購入者・役務受領者（被告）への請求における請求原因は、以下の①〜⑥のとおりである（岡口『要件事実マニュアル第3巻（第3版）』328頁2）。

　①　原告と被告との間での商品購入代金等の資金とする金銭消費貸借契約の合意の成立

② 原告の被告または販売業者・役務提供事業者への上記①の貸金の交付
③ 割賦払いの約定（および期限の利益喪失の約定）
   最終期限到来の場合は、期限利益喪失約定の主張は不要である。
④ 支払期日の経過
⑤ 20日以上の期間を定めた書面による催告とその期間の経過
   最終期限到来の場合は、この主張は不要である。
⑥ （附帯請求につき年6分を請求する場合）
   原告が商人であること

〈記載例5〉 貸金型個別信用購入あっせんによる請求の訴状における
請求の趣旨・原因

請求の趣旨及び原因

請求の趣旨
　被告　は，原告に対し，　　次の金員を支払え。
 1(1)　金424,961円（下記請求の原因2の残額）
  (2)　上記(1)の金額の内金421,971円（下記請求の原因2の残元金）に対する平成〇年2月1日から完済まで利息制限法所定の年18％の割合による遅延損害金
 2　訴訟費用は，被告　の　　　負担とする。
との判決及び仮執行の宣言を求める。

請求の原因
 1(1)　契約の日　平成△年11月16日
  (2)　契約の内容　①　被告　　は，〇〇〇株式会社から買い受けた商品代金を原告から借り，被告　　は借入金を分割して債権者に支払う。
　　　　　　　　　②　利　　息　利率年18％
　　　　　　　　　　遅延損害金　利率年18％
  (3)　連帯保証人　──

277

2	貸付金の合計額	利息・損害金の合計額	支払済みの額	残　　額
	900,000円	△△,△△△円 (○.1.31まで)	△△△,△△△円 (最後に支払った日○.1.31)	424,961円 (内訳) 残元金 421,971円 損害金 2,990円

□　平成　年　月　日付書面による保証

3　┬─☑支払を催促する書面が届いた日（期限の利益喪失の場合）
　　　　　　　　　　　　　　　　　　　　　　　平成○年1月10日
　　└─□分割金の最終支払期限（　年　月　日）の経過

(3)　保証委託クレジット型個別信用購入あっせんの請求原因

　保証委託クレジット型（提携ローン（四者型））個別信用購入あっせんにおける、信販会社（原告）からの購入者・役務受領者（被告）への請求における請求原因は、以下の①～⑦のとおりである（『大阪簡裁定型訴状モデル解説』303頁4、岡口『要件事実マニュアル第3巻（第3版）』331頁Ⅴ）。

①　原告と金融機関との間での商品購入代金等の資金とする金銭消費貸借契約の合意の成立

②　原告と被告との間での保証委託（および原告が上記①の借受金を代理受領して販売業者・役務提供事業者に支払うことの合意）

③　原告と金融機関との間での（連帯）保証契約の締結

④　原告が上記①の借入金を代理受領して販売業者・役務提供事業者へ交付したこと

⑤　上記①の貸金債務が弁済期にあり原告が保証債務の履行として代位弁済したこと

⑥　20日以上の期間を定めた書面による催告とその期間の経過

最終期限到来の場合は、この主張は不要である。
⑦　(附帯請求につき年6分を請求する場合)
　　原告が商人であること

〈記載例6〉　保証委託クレジット型個別信用購入あっせんによる請求の訴状における請求の趣旨・原因

請求の趣旨及び原因

請求の趣旨
　　被告　は、原告に対し、　　　　次の金員を支払え。
1(1)　金260,080円（下記請求の原因2(2)の支払額と請求の原因1(4)の保証料残額の合計額）
　(2)　上記(1)の金額に対する平成○年2月1日から完済まで年6％の割合による遅延損害金
2　訴訟費用は、被告　の　　　　負担とする。
との判決及び仮執行の宣言を求める。

請求の原因
1(1)　契約の日　平成△年7月13日
　(2)　契約の内容　被告は下記のとおり商品の購入代金を貸主から借り、借入金は原告を通じて売主に支払われる。被告　は原告を通じて借入金を分割して支払う。この支払について被告　は原告に連帯保証を委託し、保証料を分割して原告に支払う。被告　は原告が保証債務の履行として支払った金額を原告に支払う。
　　　　①　貸　　　　　主　　城東生命保険相互会社
　　　　②　売　　　　　主　　千代田ガス
　　　　③　買　主（借　主）　被告
　　　　④　商　　　　　品　　エアコン
　　　　⑤　貸　付　金　の　利　息　利率　年6.25％
　　　　　　　　　　　（アドオン方式年3.75％）
　　　　　　貸付金の遅延損害金　　利率　年14.6％

279

(3) 債権者に対する支払（求償債務）についての連帯保証人 ――
　　　□　平成　年　月　日付書面による保証

(4)

貸付金額	利息・損害金の合計額	保証料	支払済みの額	残　　額
750,000円	73,575円	112,725円	676,220円	260,080円 （内訳） 元金・利息 228,770円 保証料 31,310円

(5) 分割金の支払を怠った日（期限の利益喪失）　　平成×年9月27日
2　債権者による保証債務の履行
　(1) 支払った日　平成×年10月27日
　(2) 支払額金　228,770円（上記1(4)の残元金・利息）
3　─☑支払を催促する書面が届いた日　平成○年1月10日
　　└□分割金の最終支払期限（　年　月　日）経過

2　個別信用購入あっせんにおける抗弁

　個別信用購入あっせんにおける信用購入あっせん業者等からの購入者等に対する、上記1の立替金等の請求における抗弁には、以下の(1)〜(5)がある。

　(1)　抗弁権の接続の抗弁（岡口『要件事実マニュアル第3巻（第3版）』333頁1）

　抗弁権の接続の抗弁については、第1章第1節第7（46頁）を参照されたい。

　(2)　クーリング・オフの抗弁等（岡口『要件事実マニュアル第3巻（第3版）』334頁2）

　クーリング・オフの抗弁等については、第1章第1節第4（25頁）を参照されたい。

ア　クーリング・オフの抗弁の要件事実

クーリング・オフの抗弁の要件事実は、以下の①②のとおりである（岡口『要件事実マニュアル第3巻（第3版）』335頁イ）。

① 販売契約・役務提供契約が、「訪問販売」「電話勧誘販売」「特定連鎖販売個人契約」「特定継続的役務提供等契約」「業務提供誘引販売個人契約」のいずれかであること

② クーリング・オフの意思表示を発信したこと

イ　クーリング・オフの抗弁に対する再抗弁

クーリング・オフの抗弁に対しては、「被告（購入者等）が、クーリング・オフの意思表示発信より8日（訪問販売・電話勧誘販売・特定継続的役務提供等契約の場合）又は20日（特定連鎖販売個人契約・業務提供誘引販売個人契約の場合）以上前に、契約書面又は申込書面を受領したこと」が再抗弁となる（岡口『要件事実マニュアル第3巻（第3版）』335頁ウ）。

(3) 過量販売契約の解除等の抗弁等（岡口『要件事実マニュアル第3巻（第3版）』336頁3）

過量販売契約の解除等の抗弁等については、第1章第1節第5（36頁）を参照されたい。

ア　過量販売契約の解除等の抗弁

イ　過量販売契約の解除等の抗弁に対する再抗弁（岡口『要件事実マニュアル第3巻（第3版）』336頁(2)）

過量販売契約の解除等の抗弁に対する再抗弁としては、以下の①②がある。

① 購入者に過量販売契約の締結を必要とする特別の事情があったこと（割販35条の3の12第1項ただし書）（第1章第1節第5・2(3)（39頁）参照）

② 1年間の除斥期間の経過（割販35条の3の12第2項）（第1章第1節第5・2(4)（39頁）参照）

(4) 不実告知・重要事項故意不告知による与信契約等の取消しの抗弁

（岡口『要件事実マニュアル第3巻（第3版）』336頁4）

　不実告知・重要事項故意不告知による与信契約等の取消しの抗弁については、第1章第1節第6（42頁）を参照されたい。

　(5) 加盟店調査義務違反による権利濫用の抗弁

　個別信用購入あっせん業者には、販売契約等が特定商取引法で禁止されている不実告知等の行為が行われたか否かに関する調査する義務（割販35条の3の5第1項）（『平成20年割賦販売法解説』178頁）があるが、当該調査をすれば容易に違反行為が発覚したのに、当該調査をすることなく訴えを提起した場合、権利濫用となり、その点を抗弁として主張できるとの考え方もある（岡口『要件事実マニュアル第3巻（第3版）』336頁5）。

3　包括信用購入あっせんにおける請求原因

　包括信用購入あっせんによる、信用購入あっせん業者（原告）から購入者・役務受領者（被告）への立替金等請求における請求原因は、以下の①～⑦のとおりである（岡口『要件事実マニュアル第3巻（第3版）』340頁）。

① 　原告と被告との間でのカード等会員契約の成立（原告と被告の間でのカード等利用による商品購入代金等の立替払契約および手数料支払い等の合意の成立）

② 　上記①における割賦払いの約定（および期限の利益喪失の約定）
　　最終期限到来の場合は、期限利益喪失約定の主張は不要である。

③ 　被告が上記①のカード等により商品購入等がなされたこと

④ 　原告が上記①に基づいて③の代金等の立替払いをしたこと

⑤ 　支払期日の経過

⑥ 　20日以上の期間を定めた書面による催告とその期間の経過
　　最終期限到来の場合は、この主張は不要である。

⑦a　（リボルビング方式を除く場合で附帯請求につき年6分を請求する場合）
　　原告が商人であること

b （リボルビング方式の場合で約定利率による遅延損害金（年14.6％等）を請求する場合）

　　　遅延損害金の利率についての約定

4　包括信用購入あっせんにおける抗弁

　包括信用購入あっせんによる、信用購入あっせん業者（原告）から購入者・役務受領者（被告）への立替金等請求における抗弁としては、抗弁権の接続（第1章第1節第7（46頁）参照）（岡口『要件事実マニュアル第3巻（第3版）』343頁1）がある。

　抗弁権接続の要件事実は、以下の①②のとおりである（岡口『要件事実マニュアル第3巻（第3版）』344頁イ、『大阪簡裁定型訴状モデル解説』286頁）。

　①　販売業者等に対する抗弁事由の要件事実
　②　上記①の抗弁を行使するとの権利主張

〈記載例7〉　包括信用購入あっせんによる立替金等請求の訴状における請求の趣旨・原因

請求の趣旨及び原因

請求の趣旨
　　被告　は，原告に対し，　　　　　次の金員を支払え。
　1(1)　金346,212円（下記請求の原因3の残額）
　　(2)　上記(1)の金額に対する平成○年2月22日から完済まで年6％の割合による遅延損害金
　2　訴訟費用は，被告　　の　　　　負担とする。
との判決及び仮執行を求める。
請求の原因
　1(1)　契約の日　平成△年3月12日
　　(2)　契約の内容　原告は，被告　　　がカード（○○○○○カード）を利用して加盟店から購入した商品もしくは権利の代金または役務の対価に相当する額を立替払する。被告

283

　　　　　　　　　　　は，原告に対し，立替払金に手数料を加えた金額を分
　　　　　　　　　　　割して支払う。
　　(3) 連帯保証人 ──
　　　　　　　　　　□ 平成　年　月　日付書面による保証
 2　原告は別表記載の代金を立替払した。
 3

立替払金及び手数料	支払済みの額	残　　額
769,370円 （うち手数料　106,120円） （明細は別表）	423,158円 （最後に支払った日 △.11.26）	346,212円

 4　┬☑支払を催促する書面が届いた日（期限の利益喪失の場合）
　　│　　　　　　　　　　　　　　　　　　　　平成○年1月31日
　　└□分割金の最終支払期限（　年　月　日）の経過

別表　利用明細				
年月日	加盟店	商品・権利・役務	代金・対価	手数料
△.6.19	○○デンキ	ビデオ	300,600	48,060
△.6.21	○○○スポーツ	ゴルフ用品	362,650	58,060
		合　計	663,250	106,120

第4　不正使用カード等の利用代金請求

1　カードの紛失・盗難事例

(1) 盗難等カードの不正使用のカード利用代金の請求の請求原因

　盗難等カードの不正使用の場合のカード利用代金請求とカード会員自身の利用によるカード利用代金請求は、同一の訴訟物であると解するのが近時の傾向である（浦和地判平11・10・29判時1717号108頁）（尾島・判時1734号168頁、『現代裁判法体系(23)』210頁、岡口『要件事実マニュアル第3巻（第3版）』347

頁)。

　そうすると、カードを誰が利用したかは要件事実ではなくなり（浦和地判平11・10・29判時1717号108頁、大阪地判平12・3・31判タ1058号265頁）、盗難等カードの不正使用の場合のカード利用代金請求とカード会員自身の利用によるカード利用代金請求の請求原因の要件事実は同一になる（『現代裁判法体系⑳』209頁、尾島・判時1734号172頁四、岡口『要件事実マニュアル第3巻（第3版）』348頁）。

　(2)　**盗難等カードの不正使用のカード利用代金の請求における抗弁等**

　盗難等カードの不正使用のカード利用代金の請求における抗弁等には、以下のものがある。

　ア　他人によるカードの不正使用であることの抗弁等[*5]

　　(ア)　抗弁の要件事実

　盗難等カードの不正使用のカード利用代金の請求における、カードを紛失しまたは盗難にあったことをカード会社等に届け出たことの抗弁の要件事実は、以下の①〜④のとおりである（尾島・判時1734号173頁、岡口『要件事実マニュアル第3巻（第3版）』348頁ア）。

① 「会員がカードの紛失・盗難を直ちにカード会社及び所轄警察署に届けた場合、カード会社がその届出を受理した日から60日前以降に発生した損害について、カード会社は会員に対し、その支払を免除する」旨の合意の成立（第1章第1節第10・1(1)（72頁）参照）

② 　上記①のカードの紛失または盗難

　　これは、カード会員に主張立証責任がある（大阪高判平12・8・22判タ1072号254頁）。

③ 　上記①のカード会員がカード会社等に紛失・盗難の届出を出したことおよびこれが受理されたこと

＊5　東京地判平3・8・29判時1411号120頁、浦和地判平11・10・29判時1717号108頁、大阪地判平12・3・31判タ1058号265頁

④　カード利用が上記③の受理日から60日前以降のものであること

(イ)　会員の故意または重過失の再抗弁の要件事実

　盗難等カードの不正使用のカード利用代金の請求における、カードを紛失しまたは盗難にあったことをカード会社等に届け出たことの抗弁に対する、会員の故意または重過失の再抗弁の要件事実は、以下の①②のとおりである（尾島・判時1734号173頁、岡口『要件事実マニュアル第3巻（第3版）』349頁イ）*6。

① 「カードの紛失・盗難が会員の故意又は重大な過失に起因する場合は会員の支払を免除しない」旨の合意の成立
② カード会員の故意または重大な過失*7

イ　カード会社または加盟店の過失の抗弁

　カード会社やその履行補助者である加盟店が、善管注意をもって立替払いをした場合に限り、委任事務処理費用請求権が発生するから、他人の不正使用であることを看過したカード会社やその履行補助者である加盟店の善管注意義務違反（＝過失）が抗弁となる（岡口『要件事実マニュアル第3巻（第3版）』349頁2）*8。

＊6　東京地判平3・8・29判時1411号120頁、浦和地判平11・10・29判時1717号108頁
＊7　長崎地佐世保支判平20・4・24金商1300号71頁は、長男が父名義のクレジットカードを勝手に使用し、カード上の識別情報（名義人名、カード番号、有効期間）のみをインターネット上有料サイトにアクセスしたことによる、カード会社からの利用代金請求について、暗証番号等本人確認情報の入力を要求しておらず、会員本人以外の不正使用を排除する利用方法を構築していなかったなどとして、カード名義人の重過失を否定し、損害てん補規約の除外事由「会員の故意又は重過失」に当たらないとして、カード会社の請求を棄却した。
＊8　札幌地判平7・8・30判タ902号119頁は、夫が妻のクレジットカードを無断利用した事例について、「原告（信販会社）としても、被告（カード会員）との関係で、各加盟店をして本人確認等を徹底させるべき義務を負っていると考えられるとともに、各加盟店は、原告（信販会社）の被告（カード会員）に対する債務の履行を補助する者と評価できるから、右事情を前記損害の算定に斟酌することができると解されるところ、前記義務違反は、加盟店として基本的な義務違反であるから、その過失割合は5割をもって相当とする」とした。

2　家族カード利用責任

(1)　家族カード利用代金請求の要件事実

ア　請求原因

家族カード利用代金請求における請求原因の要件事実は、①家族会員契約の締結およびその内容、②家族会員の家族カードの利用である（梶村ほか『全訂版割賦販売法』611頁）。

イ　抗弁

家族カード利用代金請求における抗弁として、以下の①②がある。

①　家族会員が家族でなくなったことの抗弁（梶村ほか『全訂版割賦販売法』611頁）

　　カード会社が、離婚後も同居しており、実質的には家族であると認められる特殊な状況にあると主張することは、上記①の事実の積極否認である（梶村ほか『全訂版割賦販売法』611頁）。

②　離婚等により家族会員が家族でなくなったことの届出をしたことの抗弁（梶村ほか『全訂版割賦販売法』611頁）

ウ　再抗弁

家族カード利用代金請求における抗弁に対する再抗弁として、会員に家族カードの回収義務があることの再抗弁がある（梶村ほか『全訂版割賦販売法』611頁）。

エ　再々抗弁

家族カード利用代金請求における抗弁に対する再抗弁に対する再々抗弁として、会員による家族カード回収困難の再々抗弁がある。

家族カード利用代金請求における抗弁に対する再抗弁に対する会員による家族カード回収困難の再々抗弁の要件事実は、①会員が家族カードを回収することが困難であること、②カード会社に家族カード利用阻止義務があることである（梶村ほか『全訂版割賦販売法』611頁・612頁）。

オ　再々々抗弁

　家族カード利用代金請求における抗弁に対する再抗弁に対する再々抗弁に対する再々々抗弁として、カード会社が加盟店に家族カード無効等の通知・連絡義務を果たすことに期間がかかることの再々々抗弁がある（梶村ほか『全訂版割賦販売法』611頁）。

　カード会社が加盟店に家族カード無効等の通知・連絡をして、家族カード利用を阻止する期間は、少なくとも1カ月程度あれば十分であると思われる（梶村ほか『全訂版割賦販売法』610頁）。

Ⅲ　リース料等請求関係の訴訟

1　リース料等請求の請求原因

(1)　ユーザーの債務不履行による期限の利益喪失型の残リース料請求の請求原因

　ユーザーの債務不履行による期限の利益喪失によって、リース会社がユーザーに対し、残リース料を請求する場合の請求原因の要件事実は、以下の①～⑤のとおりである（滝澤『消費者取引関係訴訟の実務』324頁ア、梶村ほか『新リース契約法』210頁(ｲ)、岡口『要件事実マニュアル第3巻（第3版）』304頁）。

①　リース契約の締結
②　ユーザーがリース業者に借受証を発行したことおよびその日
③　上記②の後、リース業者がサプライヤーに売買代金を支払ったこと
④　上記①の契約における期限の利益喪失特約の存在
⑤　ユーザーの上記④の特約違反

　ユーザーの特約違反がリース料の支払遅滞である場合、リース業者は、リース料支払時期の到来を主張すれば足り、弁済の事実は、ユーザーが主張・立証責任を負う抗弁事実となる。

(2) ユーザーの債務不履行による契約解除型の損害金等請求の請求原因

ユーザーの債務不履行による契約解除によって、リース会社がユーザーに対し、損害金等を請求する場合の請求原因の要件事実は、以下の①～⑥のとおりである（滝澤『消費者取引関係訴訟の実務』324頁イ、梶村ほか『新リース契約法』210頁(ロ)、岡口『要件事実マニュアル第3巻（第3版）』309頁）。

① リース契約の締結
② ユーザーがリース業者に借受証を発行したことおよびその日
③ 上記②の後、リース業者がサプライヤーに売買代金を支払ったこと
④ 上記①の契約における契約解除特約の存在（規定損害金額を含む）
⑤ ユーザーの上記④の特約違反
⑥ 上記①の契約の解除（上記④の特約に従った解除の手続要件（たとえば、催告、相当期間の経過）、解除の意思表示）

〈記載例8〉 残リース料等請求の訴状における請求の趣旨・原因

請求の趣旨及び原因

請求の趣旨
　被告　は，原告に対し，　　　次の金員を支払え。
1(1)　金126,500円（下記請求の原因2の残額）
　(2)　上記(1)の金額に対する平成〇年3月29日から完済まで年14.6％の割合による遅延損害金
　2　訴訟費用は，被告の負担とする。
との判決及び仮執行の宣言を求める。
請求の原因
1(1)　契約の日　平成△年1月10日
　(2)　契約の内容　訴外有限会社カンダに対する下記物件のリース契約
　　　　　　　　　　（物件）　ファクシミリ
　(3)　連帯保証人　被告

☑ 平成△年１月10日付書面による保証
2 原告は，訴外有限会社カンダに対し，上記1(2)の物件を引き渡した。
3

リース料	支払済みの額	物件返済による清算額	残　　額
330,000円	△△△,△△△円（最後に支払った日○.2.28）	△△,△△△円	126,500円

4 ─□契約解除の日　年　月　日
　├☑リース料の支払を怠った日（期限の利益喪失）　平成○年３月28日
　└□リース料の最終支払期限（　年　月　日）の経過

2　リース料等請求における抗弁等

　リース会社のユーザーに対するリース料等請求における抗弁等として、以下のものがある。

(1) リース業者がユーザーに対しリース物件の引渡しがないことを知っていた（悪意）かまたは知り得たこと（重過失）の抗弁

　リース業者がユーザーに対しリース物件の引渡しがないことを知っていた（悪意）かまたは知り得たこと（重過失）の抗弁の要件事実は、①ユーザーがリース物件の引渡しを受けていないこと、②リース業者の①についての悪意または重過失である（滝澤『消費者取引関係訴訟の実務』320頁・321頁、岡口『要件事実マニュアル第３巻（第３版）』306頁）。

(2) リース業者の責めに帰すべき事由によるリース物件の滅失または修繕不能の毀損の抗弁（最判平５・11・25金法1395号49頁）（岡口『要件事実マニュアル第３巻（第３版）』306頁イ）

(3) リース物件に瑕疵があることによる支払拒絶の抗弁等（『簡易裁判所民事手続法』272頁、岡口『要件事実マニュアル第３巻（第３版）』306頁ウ）

第4節　訴訟手続

ア　リース物件に瑕疵があることによる支払拒絶の抗弁の要件事実

リース物件に瑕疵があることによる支払拒絶の抗弁の要件事実は、①リース物件に瑕疵があること、②①の瑕疵が重大で、契約の目的を達成することができないことである（滝澤『消費者取引関係訴訟の実務』331頁、岡口『要件事実マニュアル第3巻（第3版）』306頁ウ）。

イ　瑕疵担保免責特約の再抗弁

ウ　免責特約成立の主張の信義則違反の再々抗弁

リース業者の免責特約主張が信義則に反するとして、リース料支払いを拒絶できる再々抗弁事実として、以下の①～④の信義則違反の評価根拠事実等がある（滝澤『消費者取引関係訴訟の実務』333頁(3)、岡口『要件事実マニュアル第3巻（第3版）』307頁）。

① リース物件の瑕疵についてリース業者が悪意または重過失であった場合（盛岡地遠野支判昭63・5・18判時1305号109頁・判タ693号141頁）

② 瑕疵の存在をリース会社が悪意・重過失によりユーザーに告げなかった場合

③ リース業者がリース物件の品質・性能を保証した場合（大阪高判昭58・8・10判時1100号77頁・判タ509号148頁）

④ リース業者とサプライヤーに経済的一体性があり、かつ、瑕疵が重大である場合（福岡地判平元・1・9判時1320号121頁・判タ699号214頁）

エ　消費者契約であることの再々抗弁

消費者契約法が適用される消費者契約である場合、瑕疵担保責任を全部免除する特約は原則として無効であり（消契8条1項5号）、例外として、リース契約以前に、リース業者とサプライヤーとの間で、リース物件についての保守契約が締結されている場合に限り有効となる（消契8条2項2号）。したがって、リース業者の瑕疵担保責任を全部免除する特約がある場合、リース業者は、当該保守契約の存在を主張立証しなければならない（滝澤『消費者取引関係訴訟の実務』333頁、岡口『要件事実マニュアル第3巻（第3版）』307頁

d）。

(4) **サプライヤーに対する抗弁の接続の抗弁**（滝澤『消費者取引関係訴訟の実務』333頁(3)、岡口『要件事実マニュアル第3巻（第3版）』307頁）

(5) **リース物件の引き揚げによる清算金債権との相殺の抗弁**

　ファイナンス・リース契約において、リース業者がリース期間の途中でリース物件の返還を受けた場合には、その原因が利用者（ユーザー）の債務不履行にあるときでも、リース業者は、リース期間全部についてのリース料債権を失うものではないから、特段の事情がない限り、その返還によって取得した利益を、リース料債権から清算する必要がある。この場合に清算の対象となるのは、リース物件が返還時において有していた価値と本来のリース期間満了時において有すべき残存価値との差額と解するのが相当であり、返還時からリース期間満了時までの利用価値と解すべきではない（最判昭57・10・19民集36巻10号2130頁）。

　リース物件返還による清算の主張立証責任については、以下の考え方がある。

　ア　最高裁昭和57年10月19日判決（民集36巻10号2130頁）は、清算金額の具体的算定をリース業者の責任と解しており、リース業者からの残リース料の請求に対して、利用者（ユーザー）からのリース物件返還による清算の要求が抗弁となり、リース業者からの清算金額の主張が再抗弁となる（「最高裁判所判例解説民事篇昭和57年度」811頁注22）。

　イ　利用者（ユーザー）が、リース業者の残リース料等請求に対し、以下の①〜③の事実を抗弁として主張する（井手良彦「簡易裁判所におけるリース取引関係訴訟」市民と法53号94頁、滝澤『消費者取引関係訴訟の実務』341頁、岡口『要件事実マニュアル第3巻（第3版）』308頁）。

① 　リース業者にリース物件を引き渡した（返還した）こと
② 　清算金額（リース物件返還時の価値と本来のリース期間満了時の見込残存

価値の差額)

③ 上記②の清算金額をもって相殺するとの意思表示をしたこと

なお、リース物件返還による清算不要の特約の効力については、リース業者の清算義務は、リース契約そのものに内在するものとして、明示の約定の有無にかかわらず認められることなどから、それを有効とみることには問題がある(「最高裁判所判例解説民事篇昭和57年度」804頁・805頁)。

Ⅳ 金融商品の販売等に関する法律(金融商品販売法)5条に基づく損害賠償請求訴訟

第1 金融商品販売法5条に基づく損害賠償請求の請求原因

1 金融商品販売法5条に基づく損害賠償請求の請求原因の要件事実

金融商品販売法5条に基づく損害賠償請求の請求原因の要件事実は、以下の(1)〜(4)のとおりである(「消費者関係法執務資料(改訂版)」106頁(1)、「消費者契約法執務資料」69頁、升田『要件事実の基礎と実践』56頁、岡口『要件事実マニュアル第4巻(第3版)』39頁)。

(1) 被告が金融商品販売業者等(金販2条2項・3項)であること

(2) 被告が原告に業として金融商品の販売等(金融商品の販売またはその代理もしくは媒介(顧客のために行われるものを含む)(金販2条2項))をしたこと

(3) 被告が、原告に対し、

ア 上記(2)の前に、金融商品販売法3条1項に定める重要事項(金融商品販売の仕組み、元本割れのおそれ等)の説明をしなかったことまたは、

第3章 消費者信用関係紛争解決のための手続

　　　　イ　金融商品の販売に係る事項について、不確実な事項について断定的判断を提供し、または確実であると誤認されることを告げて勧誘をしたこと（金販4条）（平成18年改正法により追加）
　　(4)　損害の発生・額および上記(3)との因果関係
　　　　ア　（元本欠損額を請求する場合）
　　　　　　原告に元本の欠損が生じたことおよびその額
　　　　イ　（元本欠損額を超える額を請求する場合）
　　　　　(ｱ)　元本欠損額を超える損害の発生および額
　　　　　(ｲ)　上記(3)と(4)アとの因果関係

2　因果関係と損害額の推定

(1)　説明義務違反・断定的判断の提供等と損害発生との間の因果関係の推定

　金融商品販売法5条に基づく損害賠償請求においては、説明義務違反または断定的判断の提供等と損害発生との間の因果関係は推定される（「消費者関係法執務資料（改訂版）」105頁、「消費者契約法執務資料」68頁、岡口『要件事実マニュアル第4巻（第3版）』40頁）。

(2)　損害額の元本欠損額との推定

　金融商品販売法5条に基づく損害賠償請求においては、金融商品の販売による損害は、元本欠損額と推定される（金販6条）（「消費者関係法執務資料（改訂版）」105頁、岡口『要件事実マニュアル第4巻（第3版）』40頁）。

(3)　元本欠損額

　金融商品販売法5条に基づく損害賠償請求において金融商品の販売による損害と推定される元本欠損額とは、以下の金額をいう（「消費者関係法執務資料（改訂版）」105頁・106頁注3）。

元本欠損額＝顧客の支払った金銭および支払うべき金銭の合計額
　　　　　　－〔顧客が取得した金銭等および取得すべき金銭等の合計

額＋顧客等が取得した金銭以外の物・権利であって当該顧客等が売却その他の処分をしたものの処分価額の合計額〕

(4) 元本欠損額を超える損害の請求

顧客は、元本欠損額を超える損害を請求することもできるが、その場合、当該損害の発生および説明義務違反または断定的判断の提供等との因果関係を立証しなければならない(「消費者関係法執務資料（改訂版）」105頁)。

第2 金融商品販売法5条に基づく損害賠償請求における抗弁等

1 説明義務違反または断定的判断の提供等に基づく損害賠償請求における抗弁～過失相殺等の抗弁

重要事項について説明をしなかったことまたは断定的判断の提供等を行ったことによる金融商品販売業者等に対する損害賠償責任については、金融商品販売法の規定によるほか、民法の規定によるとされており（金販7条）、民法上の過失相殺等は認められる（「消費者関係法執務資料（改訂版）」106頁・107頁、岡口『要件事実マニュアル第4巻（第3版）』40頁1)。

2 説明義務違反に基づく損害賠償請求における抗弁等

説明義務違反に基づく損害賠償請求における抗弁等として、以下の(1)～(3)がある。

(1) **複数の金融商品販売業者等が説明義務を行う場合で、他の金融商品販売業者等による説明があったことの抗弁等**（金販3条6項本文）（「消費者関係法執務資料（改訂版）」106頁①、岡口『要件事実マニュアル第4巻（第3版）』41頁4）

当該他の金融商品販売業者等が、顧客の行為を代理する者であることが再抗弁となる（金販3条6項ただし書、金販令9条）（岡口『要件事実マニュアル第4巻（第3版）』41頁)。

これは、顧客の代理人である金融商品販売業者等Ａと金融販売業者等Ｂとの間で金融商品の販売が行われた場合、Ｂ業者は顧客の代理人であるＡ業者に対して説明すれば顧客に説明したことになるが、金融商品販売法3条6項本文によれば、顧客の代理人であるＡ業者は顧客に対して説明する必要がないことになってしまうので、同項ただし書および金融商品販売法施行令9条において、このような場合も、顧客の代理人であるＡ業者は顧客に対して説明義務を負うことにしたのである（「消費者関係法執務資料（改訂版）」101頁注）。

(2) 顧客が、金融商品の販売等に関する専門的知識および経験を有する金融商品販売業者等および特定投資家（特定顧客）（金商2条31項）であることの抗弁（金販3条7項1号、金販令10条）（「消費者関係法執務資料（改訂版）」106頁、岡口『要件事実マニュアル第4巻（第3版）』41頁5）

(3) 顧客から重要事項について説明を要しない旨の意思表明があったことの抗弁（金販3条7項2号）（「消費者関係法執務資料（改訂版）」106頁、岡口『要件事実マニュアル第4巻（第3版）』41頁6）

Ⅴ 消費者保護法上の抗弁等

信販関係訴訟およびリース料等請求訴訟等においては、いずれの訴訟においても、消費者保護法上の抗弁等を主張できる場合もあるので、以下、それらについてまとめて述べることとする。

第1 消費者契約法上の抗弁等

1 消費者契約の申込みまたはその承諾の意思表示の取消し（消契4条）

消費者契約法4条による取消しについては、業者からの代金等請求に対する抗弁として、被告（購入者等、消費者）側から主張されることもあるが、

購入者等（消費者）が業者に対し、同条による取消しに基づいて既払代金等の不当利得返還請求をすることもある。

　不当利得返還請求の要件事実は、①原告の損失、②被告の利得、③上記①②間の因果関係、④被告の利得が法律上の原因に基づかないことであるが、購入者等（消費者）が業者に対し同条による取消しに基づいて既払代金等の不当利得返還請求をする場合、上記④の事実として、以下の同条による取消しの事由を主張立証することになる（『大阪簡裁定型訴状モデル解説』214頁）。

(1)　誤認による意思表示の取消しの抗弁（消契4条1項・2項）

ア　重要事項についての不実告知による消費者契約の申込みまたはその承諾の意思表示の取消しの抗弁（消契4条1項1号）

　重要事項についての不実告知による消費者契約の申込みまたはその承諾の意思表示の取消しの抗弁の要件事実は、以下の①～⑤のとおりである（落合『消費者契約法』72頁、岡口『要件事実マニュアル第4巻（第3版）』43頁2、『大阪簡裁定型訴状モデル解説』215頁(ｱ)）。

①　対象となる契約が消費者契約であること
②　原告（事業者またはその受託者等）が対象となる契約の締結について、勧誘する際に、重要事項について不実の告知をしたこと
③　被告（消費者）が上記②により②の内容が事実であると誤認したこと
④　被告（消費者）が上記③により対象となる契約の申込みまたは承諾の意思表示をしたこと
⑤　対象となる契約を取り消すとの意思表示をしたこと

イ　不確実な事項についての断定的判断の提供による消費者契約の申込みまたはその承諾の意思表示の取消しの抗弁（消契4条1項2号）

　不確実な事項についての断定的判断の提供による消費者契約の申込みまたはその承諾の意思表示の取消しの抗弁の要件事実は、以下の①～⑤のとおりである（落合『消費者契約法』79頁、岡口『要件事実マニュアル第4巻（第3版）』43頁2、『大阪簡裁定型訴状モデル解説』215頁(ｲ)）。

① 対象となる契約が消費者契約であること
② 原告（事業者またはその受託者等）が対象となる契約の締結について、勧誘する際に、契約の目的となるものに関して、将来におけるその価額、将来において当該消費者が受け取るべき金額その他変動が不確実な事項について、断定的判断の提供をしたこと
③ 被告（消費者）が上記②により②の断定的判断の内容が確実であると誤認したこと
④ 被告（消費者）が上記③により対象となる契約の申込みまたは承諾の意思表示をしたこと
⑤ 対象となる契約を取り消すとの意思表示をしたこと

ウ 重要事項等について消費者の利益になる旨告げ、不利益事実を告げないことによる消費者契約の申込みまたはその承諾の意思表示の取消しの抗弁
（消契4条2項）

重要事項等について消費者の利益になる旨告げ、不利益事実を告げないことによる消費者契約の申込みまたはその承諾の意思表示の取消しの抗弁の要件事実は、以下の①〜⑤のとおりである（落合『消費者契約法』81頁、岡口『要件事実マニュアル第4巻（第3版）』43頁2、『大阪簡裁定型訴状モデル解説』215頁(ｳ)）。

① 対象となる契約が消費者契約であること
② 原告（事業者またはその受託者等）が対象となる契約の締結について、勧誘する際に、
　a 重要事項またはそれに関連する事項について、消費者の利益になる旨告げたこと
　かつ、
　b 当該重要事項についての不利益事項を故意に告げなかったこと
③ 被告（消費者）が上記②により②の不利益事実が存在しないと誤認したこと

④　被告（消費者）が上記③により対象となる契約の申込みまたは承諾の意思表示をしたこと
⑤　対象となる契約を取り消すとの意思表示をしたこと
　(2)　**困惑による意思表示の取消しの抗弁（消契4条3項）**
　困惑による意思表示の取消しの抗弁の要件事実は、以下の①～⑤のとおりである（落合『消費者契約法』87頁・89頁、升田『要件事実の基礎と実践』296頁、岡口『要件事実マニュアル第4巻（第3版）』46頁2、『大阪簡裁定型訴状モデル解説』216頁イ）。
①　対象となる契約が消費者契約であること
②　原告（事業者またはその受託者等）が消費者契約の締結について勧誘する際に、
　　a　消費者が、事業者等に対し、その住居または業務を行っている場所から退去すべき旨の意思を示したにもかかわらず、当該事業者等がその場から退去しないこと
　　または
　　b　消費者契約の締結について勧誘をしている場所から消費者が退去する旨の意思を示したにもかかわらず、事業者等がその場所から当該消費者を退去させないこと
③　消費者が、上記②により困惑をしたこと
　「困惑」とは、畏怖を含む広い概念で、精神的に自由な判断ができない場合であるとされている（「消費者契約法執務資料」18頁、岡口『要件事実マニュアル第4巻（第3版）』46頁）。
　　上記②が立証されると、③の「困惑」は事実上推定されると考えられる（落合『消費者契約法』89頁、岡口『要件事実マニュアル第4巻（第3版）』46頁）。
④　消費者が上記③により対象となる消費者契約の申込みまたは承諾の意思表示をしたこと

299

⑤　消費者が、対象となる消費者契約を取り消すとの意思表示をしたこと

(3)　消費者契約の申込みまたはその承諾の意思表示の取消しにおける再抗弁

ア　重要事項等について消費者の利益になる旨告げ、不利益事実を告げないことによる消費者契約の申込みまたはその承諾の意思表示の取消しの抗弁（上記(1)ウ（298頁））に対する重要事項についての不利益事項の告知を消費者が拒んだことの再抗弁（消契4条2項ただし書）

上記(1)ウの重要事項等について消費者の利益になる旨告げ、不利益事実を告げないことによる消費者契約の申込みまたはその承諾の意思表示の取消しの抗弁（消契4条2項）に対して、事業者による不利益事実の告知を消費者が拒んだこと（消契4条2項ただし書）が再抗弁となる（「消費者契約法執務資料」14頁、岡口『要件事実マニュアル第4巻（第3版）』45頁ア）。

この事業者の免責事由の立証責任は、事業者が負う（『逐条解説消費者契約法〔第2版〕』129頁、「消費者関係法執務資料（改訂版）」14頁）。

イ　取消権の消滅時効・除斥期間の再抗弁（消契7条1項）

(ｱ)　取消権の消滅時効の再抗弁（消契7条1項前段）

取消権の消滅時効の再抗弁（消契7条1項前段）の要件事実は、①消費者が誤認に気づいたこと（誤認による意思表示の取消し（消契4条1項・2項）（上記(1)（297頁））の場合）または困惑を脱したとき（困惑による意思表示の取消し（消契4条3項）（(2)（299頁））の場合）、②上記①から6カ月が経過したこと、③時効の援用である（升田『要件事実の基礎と実践』295頁、「消費者契約法執務資料」23頁、岡口『要件事実マニュアル第4巻（第3版）』45頁イ・46頁3）。

(ｲ)　取消権の除斥期間の再抗弁（消契7条1項後段）

取消権の除斥期間の再抗弁（消契7条1項後段）の要件事実は、対象となる契約締結の日から5年が経過したことである（升田『要件事実の実践と裁判』295頁、岡口『要件事実マニュアル第4巻（第3版）』45頁ウ・46頁3）。

ウ　善意の第三者（消契4条5項）の再抗弁

　消費者契約法4条1項～3項までの規定による消費者契約の申込みまたはその承諾の意思表示の取消しは、これを善意の第三者に対抗できない（消契4条5項）ので、当該取消しの抗弁に対し、善意の第三者であることが再抗弁となる（岡口『要件事実マニュアル第4巻（第3版）』45頁エ・46頁3）。

　この場合の第三者は、取消し前の第三者であり、取消し後の第三者は含まない（本人と取消し後の第三者の関係は対抗関係となる（大判昭17・9・30民集21巻911頁））（「消費者関係法執務資料（改訂版）」21頁）。

　第三者の無過失は要件ではない（落合『消費者契約法』95頁、岡口『要件事実マニュアル第4巻（第3版）』45頁・46頁3）。

エ　取消し前に消費者が追認（民122条・124条）または法定追認（民125条）に該当する行為をしたことの再抗弁

（升田『要件事実の基礎と実践』294頁、岡口『要件事実マニュアル第4巻（第3版）』45頁オ・46頁3）

第2　特定商取引に関する法律（特定商取引法）上の抗弁等

1　クーリング・オフの抗弁等

(1)　クーリング・オフの抗弁

　特定商取引法上のクーリング・オフの抗弁の要件事実は、以下の①～③のとおりである（滝澤『消費者取引関係訴訟の実務』275頁・285頁、岡口『要件事実マニュアル第4巻（第3版）』52頁イ、齋藤ほか『特定商取引法ハンドブック第4版』684頁）。

　① 契約が特定商取引法のクーリング・オフの規定（訪問販売：特商9条、電話勧誘販売：特商24条、連鎖販売契約：特商40条、特定継続的役務提供等契約：特商48条または業務提供誘引販売契約：特商58条または訪問購入：特商58条の14）の適用がある商取引に該当すること

　② クーリング・オフの意思表示を発信したこと

③ a　（連鎖販売契約の場合）

　　　被告が無店舗個人であること

　　b　（業務提供誘引販売契約の場合）

　　　被告が当該業務を事業所等によらずに行う個人であること

　なお、購入者等が、事業者に対し、クーリング・オフをしたとして、すでに支払った代金等を不当利得返還請求権に基づいて返還を求める場合、以上の事実に加え、「上記①に基づいて、購入者等が、事業者等に対し、代金等を支払ったこと」を主張立証することになる（『大阪簡裁定型訴状モデル解説』238頁）。

(2)　クーリング・オフの抗弁に対する再抗弁等
ア　被告（購入者等）の法定書面の法定期間内の受領の再抗弁等
(ｱ)　被告（購入者等）の法定書面の法定期間内の受領の再抗弁の要件事実

　被告（購入者等）の法定書面の法定期間内の受領の再抗弁の要件事実は、法定書面（訪問販売：特商4条（申込書面）・5条（契約書面）、電話勧誘販売：特商18条（申込書面）・19条（契約書面）、連鎖販売取引：特商37条2項（契約書面）、特定継続的役務提供：特商42条2項（特定継続的役務提供契約の場合）・3項（特定権利販売契約の場合）（契約書面）、業務提供誘引販売取引：特商55条2項（契約書面）、訪問購入：特商58条の7（申込書面）・58条の8（契約書面））をクーリング・オフの発信より8日（訪問販売：特商9条1項ただし書、電話勧誘販売：特商24条1項ただし書、特定継続的役務提供：特商48条1項、訪問購入：特商58条の14第1項ただし書）または20日（連鎖販売取引：特商40条1項、業務提供誘引販売取引：特商58条1項）以上前に顧客（被告）が受領したこと（岡口『要件事実マニュアル第4巻（第3版）』52頁a、齋藤ほか『特定商取引法ハンドブック第4版』684頁）である。

(ｲ) クーリング・オフ妨害行為が行われたことの再々抗弁

クーリング・オフ妨害行為が行われたことの再々抗弁については、第2章第2節第1・1(2)ウ(ｵ)（116頁）を参照されたい（岡口『要件事実マニュアル第4巻（第3版）』53頁(3)）。

(ｳ) クーリング・オフ妨害行為後の書面の交付が8日（訪問販売：特商9条1項ただし書括弧書、電話勧誘販売：特商24条1項ただし書括弧書、特定継続的役務提供契約：特商48条1項括弧書、訪問購入：特商58条の14第1項ただし書括弧書）または20日（連鎖販売取引：特商40条1項括弧書、業務提供誘引販売取引：特商58条1項括弧書）以上前であったことの再々抗弁または予備的再抗弁（岡口『要件事実マニュアル第4巻（第3版）』53頁）

イ 指定消耗品の使用または消費の再抗弁

指定消耗品の使用または消費の再抗弁（訪問販売・電話勧誘販売の場合（特商26条4項1号、特商令6条の4別表第3、特商48条2項ただし書、特商令14条2項別表第5第1号イ・ロ）（岡口『要件事実マニュアル第4巻（第3版）』53頁b）については、第2章第2節第1・2(3)（127頁）を参照されたい。

2 不実告知・重要事項故意不告知による販売契約等の取消しの抗弁等

(1) 不実告知・重要事項故意不告知による販売契約等の取消しの抗弁等の要件事実

訪問販売・電話勧誘販売・連鎖販売・特定継続的役務提供・業務提供誘引販売取引における不実告知・重要事項故意不告知による販売契約等の取消し（訪問販売：特商9条の3、電話勧誘販売：特商24条の2、連鎖販売：特商40条の3、特定継続的役務提供：特商49条の2、業務提供誘引販売取引：特商58条の2）（第2章第2節第2・4（148頁）・同第4・4（161頁）・同第5・4（175頁）・同第6・5（196頁）・同第7・3（208頁）参照）の抗弁の要件事実は、以下の①

〜⑤のとおりである（岡口『要件事実マニュアル第 4 巻（第 3 版）』54 頁イ）。
① 契約が特定商取引法の不実告知・重要事項故意不告知による販売契約等の取消しの規定が適用される商取引に該当すること
② 販売業者等（またはその受託者等）が当該契約の締結について勧誘をする際に、
　a 当該契約に関する事項で、被告（購入者等）の判断に影響を及ぼすこととなる重要な事実についての不実告知をしたこと
　または
　b 当該契約に関する事項で、被告（購入者等）の判断に影響を及ぼすこととなる重要な事実を故意に告げなかったこと
③ 被告（購入者等）が上記②により、以下の誤認をしたこと
　a （上記②aの場合）　その内容が事実であると誤認
　または
　b （上記②bの場合）　その事実が存在しないと誤認
④ 被告（購入者等）が上記③により当該契約の申込みまたは承諾の意思表示をしたこと
⑤ 当該契約を取り消すとの意思表示

なお、購入者等が、事業者等に対し、不実告知・重要事項故意不告知による販売契約等の取消しをしたとして、すでに支払った代金等を不当利得返還請求権に基づいて返還を求める場合、以上の事実に加え、「上記①に基づいて、購入者等が、事業者に対し、代金等を支払ったこと」を主張立証することになる（『大阪簡裁定型訴状モデル解説』241頁）。

(2) 再抗弁

ア 取消権の消滅時効の再抗弁

訪問販売・電話勧誘販売・連鎖販売・特定継続的役務提供・業務提供誘引販売取引における不実告知・重要事項故意不告知による販売契約等の取消しの抗弁に対する当該取消権の消滅時効（訪問販売：特商9条の3第4項、電話

勧誘販売：特商24条の2第2項（9条の3第4項）、連鎖販売：特商40条の3第2項（9条の3第4項）、特定継続的役務提供：特商49条の2第2項（9条の3第4項）、業務提供誘引販売取引：特商58条の2第2項（9条の3第4項））の再抗弁の要件事実は、①被告（購入者等）が誤認に気がついたこと、②上記①から6カ月が経過したこと、③時効の援用である（升田『要件事実の実践の裁判』295頁、岡口『要件事実マニュアル第4巻（第3版）』55頁ａ）。

イ　取消権の除斥期間の再抗弁

訪問販売・電話勧誘販売・連鎖販売・特定継続的役務提供・業務提供誘引販売取引における不実告知・重要事項故意不告知による販売契約等の取消しの抗弁に対する当該取消権の除斥期間（訪問販売：特商9条の3第4項、電話勧誘販売：特商24条の2第2項（9条の3第4項）、連鎖販売：特商40条の3第2項（9条の3第4項）、特定継続的役務提供：特商49条の2第2項（9条の3第4項）、業務提供誘引販売取引：特商58条の2第2項（9条の3第4項））の再抗弁の要件事実は、契約締結日から5年が経過したことである（岡口『要件事実マニュアル第4巻（第3版）』55頁ｂ）。

ウ　善意の第三者の再抗弁

訪問販売・電話勧誘販売・連鎖販売・特定継続的役務提供・業務提供誘引販売取引における不実告知・重要事項故意不告知による販売契約等の取消しは、善意の第三者に対抗することができないので（訪問販売：特商9条の3第2項、電話勧誘販売：特商24条の2第2項（9条の3第2項）、連鎖販売：特商40条の3第2項（9条の3第2項）、特定継続的役務提供：特商49条の2第2項（9条の3第2項）、業務提供誘引販売取引：特商58条の2第2項（9条の3第2項））、当該取消しに対し、善意の第三者であることが再抗弁となる（岡口『要件事実マニュアル第4巻（第3版）』55頁ｃ）。

エ　取消し前に被告（購入者等）が追認（民122条・124条）または法定追認（民125条）に該当する行為をしたことの再抗弁（升田『要件事実の実践の裁判』294頁、岡口『要件事実マニュアル第4巻（第3版）』55頁ｄ）

3　過量販売契約の解除等の抗弁等

(1)　訪問販売における過量販売契約の解除等の抗弁

平成20年改正法で、訪問販売における過量販売契約の解除等に関する規定が設けられた（訪問販売：特商9条の2）（第2章第2節第2・3（144頁）参照）。購入者等は、訪問販売における過量販売契約の解除等の抗弁を主張立証することができる（岡口『要件事実マニュアル第4巻（第3版）』55頁4）。

(2)　再抗弁

訪問販売における過量販売契約の解除等の抗弁に対する再抗弁として、以下の①②がある。

① 　購入者等に過量販売契約の締結を必要とする特別の事情があったこと（特商9条の2第1項柱書ただし書）の再抗弁（岡口『要件事実マニュアル第4巻（第3版）』56頁イ、齋藤ほか『特定商取引法ハンドブック第4版』716頁・717頁）

② 　除斥期間（契約締結日から1年）（特商9条の2第2項）経過の再抗弁（岡口『要件事実マニュアル第4巻（第3版）』56頁ウ）

4　中途解約等の抗弁

連鎖販売取引および特定継続的役務提供においては、クーリング・オフ期間経過後においても、将来に向かっての中途解約等をすることが認められている（連鎖販売取引：特商40条の2、特定継続的役務提供：特商49条）（第2章第2節第5・3（171頁）・第6・4（188頁）参照）（岡口『要件事実マニュアル第4巻（第3版）』56頁5）。

5　通信販売における返品等の抗弁

平成20年改正法では、購入者等は、販売業者が通信販売の広告において、返品を受け付けないなどの返品特約に関する記載を行った場合を除き、商品

の引渡し等を受けた日から8日を経過するまでは、返品送料等購入者等負担で、当該売買契約の解除等をすることができるとした（特商15条の2）ので、通信販売において返品等ができる場合には、商品代金等請求に対し、返品等をしたことが抗弁となる（第2章第2節第3・1（156頁）参照）（岡口『要件事実マニュアル第4巻（第3版）』53頁2）。

第3 電子消費者契約及び電子承諾通知に関する民法の特例に関する法律（電子消費者契約等特例法）上の電子消費者契約に関する民法の特例

1 電子消費者契約において表意者に重過失があるときの特例（電子消費者特例3条）の再々抗弁等

(1) 電子消費者契約において表意者に重過失があるときの特例の再々抗弁

売買契約に基づく代金支払請求に対し、被告（購入者・消費者側）から当該申込みまたは承諾の意思表示を行う意思がなかったまたは別個の意思表示を行う意思があったとの錯誤無効の抗弁が提出され、これに対し原告（売主・事業者側）から重過失の再抗弁が提出されたときの、被告（購入者・消費者側）の再々抗弁として、電子消費者契約等特例法3条の適用が主張される（岡口『要件事実マニュアル第4巻（第3版）』62頁、『大阪簡裁定型訴状モデル解説』69頁）。

その要件事実は、①原告（売主）が事業者であること、②被告（購入者）が消費者であること、③当該契約が、電子計算機の映像面を介して締結されたこととなる（岡口『要件事実マニュアル第4巻（第3版）』62頁）。

(2) **事業者が商品確認申込みの確認措置をとったことまたは消費者がこのような確認措置を要しない旨の意思表示をしたことの再々々抗弁**

電子消費者契約において、消費者がインターネットのウェブ上で申込みまたは承諾の意思表示に際し、事業者が、電磁的方法によりその画面を介して、その消費者の申込みまたは承諾の意思表示を行う意思の有無について確認を求める措置を講じたことまたはその消費者から当該事業者に対して当該措置を講ずる必要がない旨の意思の表明があったことを、事業者から再々々抗弁として主張できる（岡口『要件事実マニュアル第4巻（第3版）』62頁イ、『大阪簡裁定型訴状モデル解説』69頁）。

― 条文索引 ―

【か行】

割賦販売法
  2条1項　*4*
  2条1項1号括弧書　*5*
  2条1項2号　*5*
  2条2項1号括弧書　*8*
  2条2項2号　*8*
  2条2項2号括弧書　*8*
  2条3項　*16*
  2条3項1号　*12*
  2条3項2号　*12*
  2条4項　*10, 12, 13, 16, 18*
  2条5項　*4*
  5条　*21*
  5条2項　*22*
  8条　*23, 25, 63*
  29条の4　*63*
  29条の4第1項　*62*
  29条の4第2項　*46, 63*
  29条の4第3項　*46, 63*
  30条の2の4　*21*
  30条の2の4第2項　*22*
  30条の4　*46*
  30条の4第4項　*63*
  30条の5　*46*
  30条の5第1項　*63*
  35条の3の10　*26*
  35条の3の11　*26*
  35条の3の12　*37*
  35条の3の13　*42*
  35条の3の14　*42*
  35条の3の15　*42*
  35条の3の16　*42*
  35条の3の17　*21*
  35条の3の17第2項　*22*
  35条の3の19　*46*
  35条の3の19第4項　*63*
  35条の3の60　*23, 25, 63*
  35条の3の60第1項1号　*62*
  35条の3の60第2項　*63*
  35条の3の60第2項1号　*62*
金融商品の販売等に関する法律（金融商品販売法）
  5条　*215*

【さ行】

消費者契約法
  2条1項　*87*
  2条2項　*87*
  2条3項　*87*
  4条　*296*
  4条1項1号　*89, 297*
  4条1項2号　*90, 297*
  4条2項　*91, 298*
  4条3項　*93, 299*
  4条4項　*92*
  4条4項柱書　*89*
  4条5項　*301*
  5条　*95*
  6条　*96*
  7条1項　*96, 300*
  7条2項　*97*
  8条　*97*
  8条1項　*97*
  8条2項　*98*
  9条　*100*
  9条1号　*101*
  9条2号　*104*
  10条　*105*

11条　*104, 107*
48条　*87*

【た行】

電子消費者契約及び電子承諾通知に関する民法の特例に関する法律（電子消費者契約等特例法）
　3条　*219, 307*
　4条　*220*

特定商取引に関する法律（特定商取引法）
　2条1項　*130*
　2条3項　*157*
　9条　*111*
　9条の2　*144*
　9条の3　*148*
　10条　*153*
　18条　*158*
　19条　*159*
　24条　*111*
　24条の2　*161*
　25条　*165*
　26条　*123, 155, 168*
　33条1項　*169*
　37条　*169*
　40条　*112*
　40条の2　*171*
　40条の2第2項　*173*
　40条の2第3項　*172*
　40条の2第4項　*174*
　40条の2第5項　*174*
　40条の2第6項　*174*
　40条の2第7項　*174*
　40条の3　*175*
　41条　*179*
　41条1項　*179*
　41条1項1号　*179*
　41条1項2号　*179*
　41条2項　*179, 180*

42条　*186*
48条　*112*
48条2項　*184*
49条　*188*
49条1項　*188*
49条2項　*188*
49条3項　*192*
49条4項　*192*
49条4項1号　*193*
49条4項2号　*193*
49条4項3号　*193*
49条5項　*194*
49条6項　*195*
49条6項1号　*195*
49条6項2号　*196*
49条6項3号　*196*
49条7項　*196*
49条の2　*196*
50条　*123, 201*
51条　*201*
51条1項　*201・202*
51条2項　*202*
55条　*203*
55条2項　*205*
55条2項2号　*206*
58条　*112*
58条の2　*208*
58条の2第1項　*209*
58条の3　*211*
58条の3第1項　*211*
58条の3第2項　*212*
58条の14　*112*
58条の17　*124*

【ま行】

民事訴訟法
　12条　*252*
　17条　*253*

― 事項索引 ―

【あ行】

委託保証ローン提携販売　8
一括請求等のための催告　20
訴えの提起　257
訴えを提起する裁判所の場所　248
訴えを提起する第一審裁判所　246
SF商法　132
応訴管轄　252
オペレーティング・リース　75

【か行】

カードの紛失・盗難　72
貸金型個別信用購入あっせんにおける請求原因　276
家族カード利用責任　73
家族カード利用代金請求の要件事実　287
割賦販売　4
割賦販売における残代金請求　270
割賦販売における残代金請求の請求原因　270
割賦販売法における契約の解除等に伴う損害賠償等の額の制限　23
割賦販売法における適用除外　63
加盟店調査義務違反による権利濫用の抗弁　282
空クレジットと保証人の責任　73
空リース　75
過量販売　36
過量販売契約の解除等　36, 144
過量販売契約の解除等の抗弁　281, 306
管轄の合意　249

関連裁判籍　249
関連商品　183
期限の利益喪失型の残リース料請求の請求原因　288
義務履行地管轄裁判所　248
キャッチ・セールス　133
給与所得者等再生手続と民事訴訟との関係　259
給料仮差押え　228
狭義の名義貸し　50
業務提供誘引販売契約の解除に伴う損害賠償等の額の制限　211
業務提供誘引販売取引　201
業務提供誘引販売取引における重要事項故意不告知による意思表示の取消し　208
業務提供誘引販売取引における不実告知による意思表示の取消し　208
業務提供誘引販売取引における法定書面交付義務　203
許可代理人　256
金融商品の販売等に関する法律　215, 293
金融商品の販売等に関する法律5条に基づく損害賠償請求訴訟　293
金融商品販売法　215, 293
金融商品販売法5条に基づく損害賠償請求　215
金融商品販売法5条に基づく損害賠償請求訴訟　293
金融商品販売法5条に基づく損害賠償請求における抗弁　295
金融商品販売法5条に基づく損害賠償請求の請求原因　293

311

事項索引

クーリング・オフ　25
クーリング・オフの抗弁　280, 301
クーリング・オフの発信主義　34, 112
クーリング・オフのまとめ　111
クレジットカード等購入あっせん業者　16
クレジットカウンセリング協会の相談窓口　227
クレジット契約と保証　73
契約の解除型の損害金等請求の請求原因　289
契約の解除等に伴う損害賠償等の額の制限　153, 165, 211
合意管轄　249
公益財団法人クレジットカウンセリング協会の相談窓口　227
口頭によるクーリング・オフ　31, 113
抗弁権の接続　46
個人再生手続と民事訴訟との関係　259
誤認による意思表示の取消し　89
誤認による意思表示の取消しの抗弁　297
個別割賦販売　5
個別信用購入あっせん　12
個別信用購入あっせん業者　11
個別信用購入あっせんにおけるクーリング・オフ　25
個別信用購入あっせんにおける抗弁　280
個別信用購入あっせんにおける請求原因　275
困惑による意思表示の取消し　93, 299

【さ行】

催眠商法　132
サプライヤー　75

事業者　87
事業者の損害賠償の責任を免除する条項の無効　97
指定役務　4
指定権利　4
指定商品　4
事物管轄　246
氏名冒用　50
重要事項故意不告知による意思表示の取消し　196, 208
重要事項故意不告知による販売契約等および与信契約等の取消し　42
重要事項故意不告知による販売契約等の取消し　148, 161, 175
重要事項故意不告知による販売契約等の取消しの抗弁　303
重要事項故意不告知による与信契約等の取消しの抗弁　282
小規模個人再生手続と民事訴訟との関係　259
消費者　87, 88
消費者が支払う損害賠償の額を予定する条項等の無効　100
消費者契約　87
消費者契約の申込みまたはその承諾の意思表示の取消し　89, 296
消費者契約法　87
消費者契約法上の抗弁　296
消費者の利益を一方的に害する条項の無効　105
消費者保護法上の抗弁　296
消費者リースの取消し　83
所有権留保　70
信販関係の訴訟　270
信用購入あっせん　11
信用購入あっせん業者　11
信用購入あっせんによる立替金等請求

275
政令指定関連商品 *184*
訴訟事件の管轄 *246*
訴訟事件の申立裁判所 *246*
訴訟手続 *241*

【た行】

立替金型個別信用購入あっせんにおける請求原因 *275*
遅滞を避ける等のための移送 *253*
地方自治体の相談窓口 *222*
中途解約権 *188*
中途解約権等 *171*
中途解約等の抗弁 *306*
通信販売における返品等 *156*
通信販売における返品等の抗弁 *306*
次々販売 *36*
提携ローン（四者型） *12*
デート商法 *55*
電子承諾通知に関する民法の特例 *220*
電子消費者契約及び電子承諾通知に関する民法の特例に関する法律 *219, 307*
電子消費者契約及び電子承諾通知に関する民法の特例に関する法律上の電子消費者契約に関する民法の特例 *307*
電子消費者契約等特例法 *219, 307*
電子消費者契約等特例法上の電子消費者契約に関する民法の特例 *307*
電子消費者契約に関する民法の特例 *219, 307*
電話勧誘販売 *157*
電話勧誘販売における契約の解除等に伴う損害賠償等の額の制限 *165*
電話勧誘販売における重要事項故意不告知による販売契約等の取消し *161*
電話勧誘販売における適用除外 *168*
電話勧誘販売における不実告知による販売契約等の取消し *161*
電話勧誘販売における法定書面交付義務 *158*
同行型販売 *133*
倒産手続と民事訴訟との関係 *259*
盗難等カードの不正使用のカード利用代金の請求における抗弁 *285*
盗難等カードの不正使用のカード利用代金の請求の請求原因 *284*
特定継続的役務 *179*
特定継続的役務提供 *179*
特定継続的役務提供契約 *179*
特定継続的役務提供等契約 *179*
特定継続的役務提供における関連商品 *183*
特定継続的役務提供における重要事項故意不告知による意思表示の取消し *196*
特定継続的役務提供における中途解約権 *188*
特定継続的役務提供における適用除外 *201*
特定継続的役務提供における不実告知による意思表示の取消し *196*
特定継続的役務提供における法定書面交付義務 *186*
特定権利販売契約 *179*
特定顧客 *133*
特定商取引に関する法律 *111, 301*
特定商取引に関する法律上の抗弁 *301*
特定商取引法 *111, 301*
特定商取引法上のクーリング・オフの

313

事項索引

まとめ　111
特定商取引法上の抗弁　301
特定調停　232
特定負担　202
土地管轄　248

【な行】

２月払購入あっせん　16
認定司法書士　256
ネガティブ・オプション　213

【は行】

破産免責の効果　266
破産手続と民事訴訟との関係　262
販売目的隠匿型アポイントメント・セールス　134
販売目的隠匿型呼出販売　134
ファイナンス・リース　75
ファイナンス・リース契約と倒産手続　84
不実告知による意思表示の取消し　196, 208
不実告知による販売契約等および与信契約等の取消し　42
不実告知による販売契約等の取消し　148, 161, 175
不実告知による販売契約等の取消しの抗弁　303
不実告知による与信契約等の取消しの抗弁　282
不正使用カード等の利用代金請求　72, 284
文化預金方式割賦販売　5
平均的損害　101
包括割賦販売　4
包括信用購入あっせん　12
包括信用購入あっせん業者　11

包括信用購入あっせんにおける抗弁　283
包括信用購入あっせんにおける請求原因　282
包括ローン提携販売　8
法定書面交付義務　135, 158, 169, 186, 203
訪問販売　130
訪問販売における過量販売契約の解除等　144
訪問販売における契約の解除等に伴う損害賠償等の額の制限　153
訪問販売における重要事項故意不告知による販売契約等の取消し　148
訪問販売における適用除外　155
訪問販売における不実告知による販売契約等の取消し　148
訪問販売における法定書面交付義務　135
保証委託クレジット　12
保証委託クレジット型個別信用購入あっせんの請求原因　278

【ま行】

マンスリークリア　16
民事調停手続　229
民事調停の申立て　229
民事保全手続　228
名義貸し　50
モニター商法　54

【や行】

ユーザー　75
有利条件告知型アポイントメント・セールス　135
有利条件告知型呼出販売　135

【ら行】

リース業者　*75*
リース物件の引渡未了　*75*
リース料等請求における抗弁　*290*
リース料等請求の請求原因　*288*
リボルビング方式割賦販売　*5*
リボルビング方式信用購入あっせん　*12*
リボルビング方式ローン提携販売　*8*
連鎖販売加入者　*172*
連鎖販売取引　*169*
連鎖販売取引における中途解約権等　*171*
連鎖販売取引における法定書面交付義務　*169*
連鎖販売における重要事項故意不告知による販売契約等の取消し　*175*
連鎖販売における不実告知による販売契約等の取消し　*175*
ローン提携販売　*7*
ローン提携販売による求償請求　*273*
ローン提携販売による求償請求における抗弁　*273*
ローン提携販売による求償請求の請求原因　*273*

315

― 判例索引 ―

大判明38・12・19民録11輯1786頁 ……………………………………………………… *73*
大判大 6・11・10民録22輯1960頁 ……………………………………………………… *61*
大判大 7・ 2・12民録24輯142頁 ………………………………………………………… *249*
大判大 9・10・14民録26輯1495頁 ……………………………………………………… *253*
大判大10・ 5・18民録27輯929頁 ………………………………………………………… *250*
大判大12・ 2・26民集 2 巻71頁 ………………………………………………………… *249*
大判昭 5・10・31民集 9 巻1018頁 ……………………………………………………… *56*
最判昭29・11・26民集 8 巻11号2087頁 ………………………………………………… *73*
最判昭36・ 4・20民集15巻 4 号774頁 …………………………………………………… *221*
最判昭43・ 3・15民集22巻 3 号625頁・判時516号71頁 ……………………………… *269*
最判昭43・12・17民集22巻13号2998頁 ………………………………………………… *221*
最判昭46・ 1・26民集25巻 1 号126頁・判時621号34頁 ……………………………… *71*
最判昭46・11・ 9 民集25巻 8 号1160頁・判時648号24頁 …………………………… *82*
最判昭47・11・16民集26巻 9 号1619頁 ………………………………………………… *61*
最判昭50・ 5・29判時783号107頁 ……………………………………………………… *82*
最判昭51・11・ 4 民集30巻10号915頁 ………………………………………………… *273*
最判昭54・ 7・10民集33巻 5 号533頁 …………………………………………………… *266*
最判昭56・ 4・ 9 判時1003号89頁 ……………………………………………………… *77*
最判昭57・ 3・30民集36巻 3 号484頁・判時1039号127頁 …………………………… *85*
最判昭57・10・19民集36巻10号2130頁・判時1061号29頁 …………………… *83, 292*
最判平 2・ 2・20判時1354号76頁・判タ731号91頁・集民159号151頁 …*47, 48, 56*
最判平 5・11・25金法1395号49頁・集民170号553頁 ………………………*75, 76, 80*
最判平 7・ 4・14民集49巻 4 号1063頁・判時1533号116頁・判タ880号147頁
　……………………………………………………………………………………*75, 85, 86*
最判平 9・ 2・25判時1607号51頁 ……………………………………………………… *266*
最判平11・11・ 9 民集53巻 8 号1403頁 ………………………………………………… *266*
最判平13・ 3・ 2 民集55巻 2 号185頁・判時1774号108頁・判タ1058号107頁 …*82*
最判平14・ 7・11判時1805号56頁・判タ1109号129頁 ……………………………*74, 77*
最判平16・ 6・10民集58巻 5 号1178頁・判時1864号168頁 ………………………… *269*
最決平16・10・ 1 判時1877号70頁・判タ1168号130頁 ……………………………… *269*
最判平18・11・27（平17(受)1158、1159）民集60巻 9 号3437頁・
　判時1958号12頁・判タ1232号97頁 ……………………………………*102, 103, 104*
最判平18・11・27（平17(受)1437、1438）民集60巻 9 号3597頁・
　判タ1232号89頁 ……………………………………………………………………… *104*

最判平18・11・27（平17(オ)886）判タ1232号82頁 ……………………………… *102*
最判平19・4・3民集61巻3号967頁・判時1976号40頁 ……………………… *191*
最決平20・7・18民集62巻7号2013頁・判時2021号41頁・判タ1280号118頁 … *252*
最判平20・12・16民集62巻10号2561頁・判時2040号16頁 …………………… *85*
最判平21・3・10民集63巻3号385頁・判時2054号37頁・
　判タ1306号217頁 ……………………………………………………………… *72,82*
最判平22・3・30判時2075号32頁・判タ1321号88頁 ……………………… *93*
最判平23・10・25民集65巻7号3114頁・判時2133号9頁・
　判タ1360号88頁 ……………………………………………………………… *56,59*

［著者紹介］

園　部　　　厚（そのべ　あつし）

●著者略歴●

昭和61年3月最高裁判所書記官研修所一部修了し、最高裁判所刑事局、東京地方裁判所民事21部主任書記官を歴任し、現在東京簡易裁判所判事

●主な著書および論文●

共著「平成2年度主要民事判例解説」判例タイムズ762号、共著「債権執行の諸問題」判例タイムズ、共著「不動産の競売手続ハンドブック〔改訂版〕」金融財政事情研究会、共著「供託先例判例百選〔第二版〕」別冊ジュリスト158号、「一般民事事件論点整理ノート（紛争類型編）」、「同（民事訴訟手続編）」新日本法規、「一般民事事件裁判例論点整理ノート」新日本法規、「簡裁民事訴訟手続の実務と書式」新日本法規、「和解手続・条項論点整理ノート」新日本法規、「書式　意思表示の公示送達・公示催告・証拠保全の実務〔第五版〕」民事法研究会、「書式　支払督促の実務〔全訂八版〕」民事法研究会、「書式　借地非訟の実務〔全訂三版〕」民事法研究会、「書式　代替執行・間接強制・意思表示擬制の実務〔第五版〕」民事法研究会、「書式　不動産執行の実務〔全訂九版〕」民事法研究会、「書式　債権・その他財産権・動産等執行の実務〔全訂12版〕」民事法研究会、「わかりやすい物損交通事故紛争解決の手引〔第2版〕」民事法研究会、「わかりやすい敷金等返還紛争解決の手引〔第2版〕」民事法研究会、「わかりやすい労働紛争解決の手引〔第2版〕」、「わかりやすい貸金・保証関係紛争解決の手引」民事法研究会など

【わかりやすい紛争解決シリーズ⑤】
わかりやすい消費者信用関係紛争解決の手引

平成24年10月17日　第1刷発行

定価　本体3,000円（税別）

著　　者　園部　厚
発　　行　株式会社　民事法研究会
印　　刷　シナノ印刷株式会社

発行所　株式会社　民事法研究会
〒150-0013　東京都渋谷区恵比寿3-7-16
［営業］TEL 03(5798)7257　FAX 03(5798)7258
［編集］TEL 03(5798)7277　FAX 03(5798)7278
http://www.minjiho.com/　info@minjiho.com

落丁・乱丁はおとりかえします。　　ISBN978-4-89628-808-7　C3332　￥3000E
カバーデザイン／袴田峯男